恒星战纪

股市投资者如何持续盈利

庞有明　著

在股市的起伏中如何应对**市场变化**的全过程

本书会带你到另一个维度上看**K线背后**投资的本质

帮助你重新**认识投资**，并早日实现能力的提升

经济管理出版社

ECONOMY & MANAGEMENT PUBLISHING HOUSE

图书在版编目（CIP）数据

恒星战纪：股市投资者如何持续盈利 / 庞有明著 .—北京：经济管理出版社，2022.7
ISBN 978-7-5096-8585-3

Ⅰ.①恒… Ⅱ.①庞… Ⅲ.①股票投资—基本知识 Ⅳ.① F830.91

中国版本图书馆 CIP 数据核字（2022）第 118214 号

组稿编辑：杨国强
责任编辑：杨国强
责任印制：黄章平
责任校对：张晓燕

出版发行：经济管理出版社
　　　　　（北京市海淀区北蜂窝 8 号中雅大厦 A 座 11 层 100038）
网　　址：www.E-mp.com.cn
电　　话：（010）51915602
印　　刷：北京晨旭印刷厂
经　　销：新华书店
开　　本：710 mm × 1000 mm/16
印　　张：19.5
字　　数：286 千字
版　　次：2022 年 9 月第 1 版　　2022 年 9 月第 1 次印刷
书　　号：ISBN 978-7-5096-8585-3
定　　价：68.00 元

前　言

　　一个职业操盘手的自白——你为什么必须拥有这本书？

　　本书不是故事，而是写实内容，它详细记录了近年来我们在股市起伏中应对市场变化的全过程。不管是成功的经历，还是失败的经验，通过几年积累的操盘笔记和市场过往，最大限度地还原并展现到读者面前。因此，相比那些图表战法，实用性和实战性是它最重要的特点，也是本书与市面上很多股票投资相关书籍的区别所在！

　　本书的名字取材于天文学家对宇宙中星星的认识，过去天文学家认为恒星的位置是永远不变的，所以称之为恒星，而与恒星相比，行星和流星则不安分和不确定了很多。就好像证券投资的现状，几乎每几年就会诞生一些新的市场传说，如某某人从市场中赚了多少多少钱，谁谁谁捕捉市场机会有多厉害，可随着时间的推移，这些名字并没有创造持续的辉煌，而是在各领风骚三五年后，就像一闪而过的流星，淹没在市场的波动里，取而代之的是辈出的其他新人。

　　但是，对于普通投资者而言，大家需要的是在保住自己的本金的同时，能够获得持续的回报。本书的创作初衷是帮助普通投资者树立正确的投资理念并力争实现持续盈利。不知道大家发现没有，曾经在国内风靡过的证券投资书籍，很少听说有人通过书中的内容获得持续盈利。并不是这些读者钻研得不刻苦，而是很多书籍的作者仅仅把成功的案例做了描写和表述，而对错误与失败的案例却闭口不提。这让对市场认知本就不全面的普通投资者对股票的认知维度越来越低，最终在错误的道路上越走越远。如果我们拿出来的内容不能帮助投资者，而让投资者走了更多的弯路，那么对于读者是一种伤害，这是笔者最不能够接受的。本书中所有的案例，都是我们培训班内部所有学员和客户共同经历及操作过的，而不是上涨以后再去回头总结，这就是实战交易和"看图说话"最大的区别，只有经历过的人，才能真正把持股心态和分析过程还原出来。

笔者 1997 年进入证券市场，2000 年进入证券行业从业，2006~2016 年为京城 3 家机构管理大资金获得了稳定持续的盈利。互联网时代，随处可见股票类投资技巧的讲座和收费培训，但实际上多数培训讲师并不是实战者出身。在创作本书时，笔者主张一定要把在机构实战且沉淀 10 年的过往，通过文字完整地披露出真正的实战思维，而不是很多人想象中的机构和主力庄家可以肆意操纵股价，并且以散户为对手盘出货盈利。这些都是 2000 年前的市场理论，早就被淘汰了。要知道目前我们国家的一线机构手中的资金大概有 27 万亿元，大家每天都在忙着发现和跟踪市场中的机会，哪有时间去研究股民手里那几十万几百万元？以"主力拉升"为例，很多人说主力可以对倒拉升，可是但凡你敢做对倒交易，中登公司的大数据监控就会自动报警，请问这些"奇葩理论"为什么散户就不能动脑想一想，它是不是真的？遗憾的是，好多散户已经完全被这些"奇葩理论"同化了，在错误的道路上越走越远，再也没办法回到真正正确的投资体系内。为此，在成功帮助很多学员和客户扭亏盈利以后，经过笔者和学员的沟通，2018 年底我们创立了一个以 100 万元资金为起点的实战账户，目的是通过正确的方法和理念，用带来实际的结果让后来者有迹可循，如果"做的永远没有说的动听"，那么我们现在应该是行业内少有的能够拿着近 5 年持续业绩跟普通投资者对话的团队了。用实际业绩去告诉大家，这应该是我们的投资理念与那些给股民幻想进而获得既得利益的从业者最大的区别所在，毕竟实战是检验真理的唯一标准。

如果你曾经反复研究短线技巧，反复研究 K 线形态却始终无法扭转亏损，那么本书会带你到另一个维度上看 K 线背后投资的本质；如果你曾经被反复地收费培训和伪高手们误导，那么本书会帮助你重新认识投资，并早日实现能力的提升，这也是你必须拥有本书的关键原因。我们愿意用最真实的实践结果和宝贵的实战经验与读者进行对话，以帮助大家早日实现持续盈利。

庞有明

目 录

上篇

普通投资者对股票的认知误区

本篇内容是结合笔者24年的证券投资经验和10年的机构操盘经验，表达对投资的认知，在市场和行业中所经历的人与事以及个人见解。笔者认为，想做好一件事情，重点不是比谁更努力、更勤奋，而是如何能够正确理解自己要做的事情和正确理解应该努力的方向。根据笔者的从业经验，有太多的投资者一开始就南辕北辙地输在了起跑线上，自然获得失败的结果。本篇不讲方法、不讲规则，也不讲过程，单从结果出发，帮助大家摆脱一些导致多数人输在起跑线上的、很容易形成的"认知误区"。希望大家通过学习本篇的内容快速武装自己，进而能够早日在正确的方向上努力做事。

一、不要轻易相信捷径（上）

这个开篇起得很沉重，而且，能把这个道理说明白的人炒股并不一定能赚钱。因为行业内好多人，即便能讲明白原因和道理，最终仍然无法赚市场的钱。

1997 年至今，笔者遇到过太多被市场淘汰的投资者，非常了解他们的过往心态和经历，并且笔者也并不是科班出身学金融的，甚至仍看不懂财务报表；正因为是从普通投资者一步一步成长起来的，凭着对普通投资者的心态以及过往经历的理解，对于多数人亏损的原因，笔者自认为是有发言权的。

一个完整的证券投资过程主要有三个部分：第一，根据市场环境做出操作决策；第二，根据市场环境执行决策；第三，根据市场变化修正决策。在这个过程中，任何一个环节出现问题，都会导致投资亏损。然而，在普通投资者成长过程中所出现的阻碍，既有投资者自身的原因，也有外界的其他原因。比如说绝大多数投资者和笔者一样，都不是学金融、学投资出身的，那么要找到一个自学的起点。可我们自以为能接受的、直观的起点就真的对吗？

笔者 1997 年开始炒股。那时，交易都是通过填写纸质单据到柜台办理电脑交易，由于信息闭塞和认知有限，大家都尽可能地通过购买书籍和报纸来完成投资能力的提升。然而多数人对股票的直观理解是庄家行为和图表分析。直到 2000 年以后，庄家操纵陆续退出历史舞台，但 20 世纪 90 年代的分析手法却持续传承至今。如今，90 年代的投资者在市场中已经所剩无几。但很多投资者在学习股票知识的初期，仍是以 90 年代的投资理论为起点的。比如说 MACD 指标，它的成功率大概是 48%，这个数据说明，在不以盈亏比例计算输赢的情况下，100次交易中只有 48 次可以成功。而通过指标背离技巧的应用，这个成功率可以提升到58%左右。但是笔者认为，盈亏次数和盈亏比例是不同的。不要说58%的实战成功率，曾经有机构操盘的名牌大学理科生做出了92%成功率的指标，但最后实战效果很差也被淘汰掉了。这里是拿MACD指标给大家举个例子，还有其他诸如KDJ和BOLL等指标的实战情况基本大同小异。其实，聪明的读者清楚这个道理，如果这些基础指标能够实现持续盈利，就不会导致20世纪90年代的投资者陆续退出市场了，所以研究指标这条路可能走不通。

既然研究技术指标走不通，那么研究图形呢？互联网时代，我们可以很轻松地找到讲财经的专业媒体，有很多人在传授图表分析的方法和交易技巧。不管是讲K线组合的，还是讲波浪理论和缠论的，相信大家都不难搜索到。然而这里可以客观地向大家反馈：笔者在机构操盘的10年中，未曾见过一个通过K线组合和波浪理论以及缠论实现持续盈利的高手。笔者是在北京见识的太少，真正通过这些方法赚钱的大师都在闷声发财，还是这些研究可能对实战根本没有效果？如果通过分析可以赚股票的钱，为什么各机构要耗费大量的财力和人力在研发上，直接找看图高手就可以了，还用得着上班和教导股民吗？很多投资者在"不知道如何开始学习股票投资"这个阶段，抱着听一听也没有损失的想法尝试了解。然而多数人并没有意识到这里面最大的问题不是你了解到的方法和技巧"花不花钱"及"有没有损失"，而是直接把你对投资的研究方向带到了错误的维度，这才是最大的损失！在本来对投资认知很有局限性的情况下，还走错了方向，会直接导致很多人刚刚开始炒股就能猜到最终的结局，只不过结局到来的时间不同而已。所以，古代关于"刻舟求剑"或者"南辕北辙"的成语都是描述这类人的。

可能有投资者会意外，既然这些方法都不能够实现持续盈利，为什么还有太多人持续在互联网上输出关于波浪理论或者缠论等图表结构分析的内容呢？事实上，投资这件事情，怎么可能依靠看过去的走势图或者技术指标就能实现持续盈利呢？笔者曾经看见过一个老人将20万元亏成2万元蹲在路边哭，在错误的理念影响下仍然不思悔改，因为曾经追涨停获得过短期暴利，那种感觉一直无法释怀，所以才获得了这样的结果。可惜当他真正被股市扫地出门时，都没有理解股票到底是什么。

那么，股票到底是什么呢？

股票交易的本质，是买卖生意的一部分。科班出身的人虽然未必在股市一定有优势，但至少他们在接受股票知识的学习过程中是从市盈率、市净率以及企业增值率等数据和投资学原理开始的，而普通股民对股票的认知却是从图表和技术分析开始的。技术分析的流派又有波浪流派、指标流派及打板流派等。

法国作家古斯塔夫·勒庞的大众心理学传世著作《乌合之众》曾经做过总结：大众所寻求的并不是真相，而是谁能够给予他们想听到的答案。只要能够给予大众幻想，就可以轻松地主宰和支配他们做自己需要的事。如果我们还想赚到股票的钱，那么至少要和相信捷径的大众区别开来。只要交易思维和投资行为与大众有效区别开，投资结果才能有效区别开来。否则大家的思维方式和操作方式都差不多，那么交易的结果也不会差很多。

二、不要轻易相信捷径（下）

证券行业中的人分成两种：第一种人是赚市场的钱；第二种人是赚股民的钱。

第一种人，赚市场的钱，不会迎合多数股民的喜好去做事情！这个道理太简单了，如果多数股民的想法是对的，为什么结果是亏损的？在错误的思想和策略里怎么可能获得正确的投资结果呢？所以真正能够赚市场的钱的人，其想法和做法是不被大多数股民接受的。因此，即便是从事证券服务业，这类人也根本不讨喜。凭借自身可以赚市场的钱，所以根本不屑于去割"韭菜"或者服务"韭菜"。到市场真正发生大的波动时，这类人仍然可以和自己的客户谈笑风生，坦然面对，因为多年的业绩证明波动以后，长期结果仍然是持续的市值新高，而正因如此，笔者很不喜欢和那种根正苗绿的准韭菜浪费时间。记得2013年，老板把他的朋友分配到我们资管部要求提供"服务"，当笔者和他说到长春高新和科大讯飞有多么好的时候，他直接打断我说："你这些股票，都不是我喜欢的风格。"听到他的观点，我觉得说再多都只能是废话！这种人以自我为中心，不管是做人还是做投资永远都是要失败的。根本就不知道自己几斤几两就敢于提要求，市场是你想怎样就怎样的吗？笔者怎么可能达到这种人的预期呢？他这样的回答，正好可以到老板那里交差了，因为笔者把正确的交易策略和部门核心的交易标的都告诉了对方，但他不采纳则是他自己的事情，日后输赢和笔者没有什么关系了，笔者只要管理好手中的资金并对结果负责，就做好了资金管理者的本职工作。

第二种人，赚股民的钱。他们每天研究的是股民对什么话题感兴趣，想听到什么。笔者曾经在某财经上看到一个陈姓分析师，号称炒港股赚了40倍，炒A股10个月获利15倍，他经常天还没亮就已经开始做文字解盘了。这里不能说他自己写的这些业绩是假的，因为没有人看到过这些翻了N倍的账号，可是正因为没有人看过这些翻倍的业绩，那么我们如何证明这些业绩是真实的？难道像我们一样，直接设置表演盘公开操作吗？真正在赚市场钱的人，怎么可能有时间每天5点多就起床陪散户聊天到夜里？他不是一直在根据自己的指标做量化交易吗？难道有八只手，可以一边和股民聊天，一边去翻倍？可散户不愿意这样考虑问题，他们需要的是让自己面对市场时多一份安全感，为了可怜的安全感，只要有人在盘中一直给他发观点推送，他就不愿意去思考长期的结果是好是坏，而是非常享受这种被陪伴和爱护的感觉，进而为此支付了"智商税"，并且损失了本金。

这样的人在行业里其实很多，他们才是让普通投资者误入歧途、持续亏损的罪魁祸首！笔者曾经带过一个分析师，唯一一次自己炒股是2015年套现了2万元信用卡，最终亏损仅剩5000元离场。后来应用自己的编程经验，把MACD指标用另外一种形式表述，起名为"××指标"。

他通过收取股民 18888 元的培训费在天津买了一套房子（仅首付），从此走上了职业讲股之路。类似这种以"量化交易"为幌子的人，很容易就被人知道是假的。现在是互联网时代，只要在百度搜索输入"名字＋骗"，基本上亏损过的投资者都会有相关内容能找到。可是很多人宁愿要一份可以看图赚钱的梦想，也不愿意花点时间了解真相。行业里很多大 V，依靠给普通股民足够的幻想来赚钱，赚钱的方式包括卖公众号广告、顾人当托、开拍卖公司和收费培训等，总之是不会自己去炒股票。只有他的粉丝认为他一年可以赚几倍，但他高抛低吸量化交易如此好，却从来没看他拿出赚钱的账户，或者直播表演如何赚钱的？为什么大师写了那么多文章而没有牛股交易心得，全部是指数分析的技巧和所谓的逻辑？难道大师每天只交易指数基金吗？"大师"充斥在互联网的各个媒体平台，在某财经、某音和某手等新媒体平台太多太多，没有标准说股民谁会炒股，谁不会炒股。而股民的认知也参差不齐，如果想专业投资赚钱，你连一个人都看不懂，又怎么能看懂一个复杂的企业和行业，然后赚到股票的钱呢？

孔子说："所信者目也，而目犹不可信；所恃者心也，而心犹不足恃。弟子记之，知人固不易矣。"意思是，人相信的都是眼见为实，但事实上眼睛看到也不可以完全相信；人所依仗的是自己的内心，但凭借内心来揣度事物也是不可靠的。弟子们一定要牢记，看清楚一个人的本性不是容易的事情。

如果还想在未来成为一个成功的投资者，那么至少应该有基本的判断力用在投资方法上、用在讲投资方法的人身上。不然，诸如"看图就能发现主力，看图就可以预测高低点"这种低维度的认知你都能信，那么只能是亏损，这是目前除市场风险以外，最大的投资风险。

三、股市的钱有两种，选择决定命运

大家都想从股票市场赚到钱，但前提是要清楚自己赚的是什么钱。

股票市场里的钱分为两种：第一种，市场波动的钱；第二种，企业成长的钱。清楚自己赚的是什么钱，非常非常重要，因为清楚自己在做什么，才能知道该坚持做什么，避免做什么，这也是为什么很多人一开始的选择和认知就已经注定最终的命运。

第一种，赚市场波动的钱。很多投资者在不了解股票投资逻辑前，每天"眼前"都是赚市场波动的钱，所以总觉得它距离自己非常近，仿佛一伸手就可以摸得到。而且市场中一直流传着各种传说，如某某大佬和某某大师通过各种技巧赚取了庞大的利润。这期间不乏真的有人在某个阶段大幅度跑赢市场，获得了阶段性的快速盈利，但最终结果却不能持续，在市场调整阶段又还给了市场。当初和笔者一起进京操盘的同事，很多就是这样被市场淘汰的。所以阶段性地跑赢市场可能不难，但拉长周期看，不可能在多年后保持超额收益并且持续胜出。

第二种，赚企业成长的钱。依靠选择好企业并买入其股票持有，等未来获得股权增值的一种形式。举个例子：一个企业 100 人，每年利润 1 亿元；后面企业增值到 1000 个人，每年利润 10 亿元。股票代表生意的一部分，那么在这个公司发展过程中，股权价格自然随着生意的扩大而增值，典型的代表有贵州茅台（600519）、云南白药（000538）等，如图 1-1 所示。

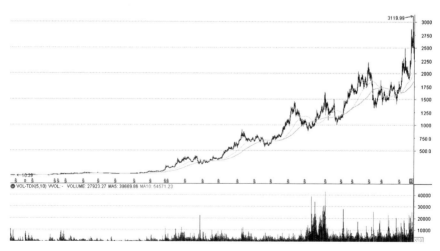

图 1-1　云南白药后复权日 K 线

　　之所以说"清楚自己赚的是什么钱，非常非常重要"，是因为目前可能无人做到单纯依靠赚市场波动的钱而持续盈利。但是，有很多人通过赚企业成长的钱而从市场中赚取庞大利润。笔者曾经结交过一位连 K 线图都看不太懂的投资者，资产从 10 万元达到 2000 万元，就是单纯地依靠"赚企业成长的钱"实现的。所以，笔者前面说"多数人一开始的选择已经决定了最终的命运"，指的是那些励志在市场中赚取波动利润的人，其最终命运早已经注定，可仍然有人不断选择这条路前仆后继地"努力"，这些人中多数最终被市场扫地出门的时候，仍不懂股票到底是什么。

　　我们真的不能赚到波动的钱吗？这可以通过近期的公募基金排行数据进行总结。在数以千计的基金产品中，以 5 年以上为周期进行业绩排序的情况下，能够维持年增速 20% 以上的产品，都排在前 60 名。这个衡量标准的意义是，谁能保持 5 年后资产增值才能入选，然而最终成立超过 5 年且盈利的结果高于年化收益率 20% 的基金只有 60 只（见图 1-2）。看来不要说短期快速获得利润，就是 1 年从股市中赚20% 都是很难的。如果通过技巧和方法能够洞悉主力追涨杀跌并积累超额利润，那么股神就不应该是沃伦·巴菲特，从他和搭档芒格的操作业绩看，根本无法实现以年为单位持续地从股市获得利润，更不要说以月为单位盈利了。但这样的业绩在投资界依靠真实的长期数据成为第一，足以证明那些吹嘘通过高超的技术或方法获得利润是嘴上说出来的，是听闻到的，在没有看到账户数据以前，你可以看作是为获得培训费、咨询费等既得利益所做的营销话术。很多投资功底深厚的专业投资者，赚取 20% 的长期回报结果都很难，在普通投资者没有任何投资功底的情况下，不要被这些人利用。投资者应该努力学习正确的理念和知识，扩大自己的能力圈，这样才能为将来的持续盈利打下基础。

对比	#	基金简称	排名期最新净值	日涨幅 ⇕	‹ 近一年 ⇕	近两年 ⇕	近三年 ⇕	近五年 ▾ ›	累计收益 ⇕
☐	55	工银瑞信国家战略…股票型	2.3440 2022.01.28	-0.97%	23.19%	32.58%	42.98%	**20.80%**	134.40%
☐	56	华宝品质生活股票股票型	2.0380 2022.01.28	-0.73%	-3.72%	25.73%	37.86%	**20.59%**	110.79%
☐	57	汇丰晋信低碳先锋…股票型	3.9741 2022.01.28	-1.29%	21.78%	61.27%	60.31%	**20.48%**	333.37%
☐	58	嘉实新消费股票股票型	2.3320 2022.01.28	0.00%	-9.59%	25.47%	26.47%	**20.46%**	144.35%
☐	59	嘉实物流产业股票A股票型	2.5470 2022.01.28	0.20%	22.23%	32.01%	32.74%	**20.36%**	154.70%
☐	60	腾华价值精选股票股票型	3.3530 2022.01.28	-0.59%	8.99%	42.36%	48.14%	**20.14%**	235.30%
☐	61	嘉实物流产业股票C股票型	2.5090 2022.01.28	0.20%	21.69%	31.42%	32.24%	**20.00%**	150.90%

图 1-2　5 年年化收益率达到 20% 的基金（前 60 名左右）

四、炒股不可以依靠抄底逃顶持续获得利润

在笔者职业操盘多年的投资生涯里，没见到过稳定持续赚波动利润的高手；截至目前，笔者没遇到过可以通过反复抄底逃顶而获得利润的高手。笔者认识一个专门探访股神的书籍作者，他曾经描写了一名湖南股神可以做到每次逃顶和抄底，后来这位作者还把湖南股神介绍到我们操盘部试工了一段时间，但很快被老板炒鱿鱼了。现在给股民讲故事赚钱比炒股赚钱容易多了，以至于抄底逃顶这个故事可以在市场中讲好久。笔者还认识一个骑着电动车跑到电视台讲课赚学费的"大神"，他 28888 元股票培训课程的第一课就是抄底逃顶。如果他真的能抄底逃顶，那是不是可以把门口的电动车换一换。半年以后，他还真的换了，正是那些被"骗"的投资者，让他开上了宝马，过上了幸福生活。

上面说的都是笔者的亲身经历，那么抄底逃顶为什么不能实现？这里用最简单的道理告诉大家：以 2015 年最高点 5178 点为例，以上涨末

期最后一个交易日向后延伸 5 天时间，如果能够在顶部产生一周的时候卖出股票，都可以称之为逃顶。而事实上，这 5 天的成交金额加起来，不过 4.3 万亿元。这是什么概念呢？要知道 2015 年 6 月底沪市总市值 36 万亿元左右，4.3 万亿元占整体流通市值的比例是 13%。换句话说，如果说逃顶，并且把最后的 5 天时间都称为顶部，那么真正逃离顶部的 100 个人当中只有不到 13 个人逃跑，这还不算逃跑以后再买回来的资金，如果细细统计，这个比例绝对很高了。所以大家认为这样的顶，会不会有人每次都可以先知先觉远离市场？如果这个人每次都可以逃顶，那么这个发财方法、逃顶的秘诀为什么以很低的价格卖给其他人？不仅仅是 2015 年的高点，所有的高点本质逻辑都是一样的。所以大家可以看机构公布的净值曲线图，根本没有任何一家机构可以实现逃顶，只要股市见顶下跌，大家的净值都会回撤。区别在于顶部出现以后，大家应对风险的策略各有不同，但无论怎样的策略，也绝对做不到逃顶。

如果逃顶是不能实现的，那么抄底更不可能实现。因为顶部的成交量必然比底部的成交量更大，而顶部的成交量只占整体市值的 10% 多一点点，则底部可供买入的筹码又有多少呢？笔者在机构操盘的这些

图 1-3　上证指数 2015 年日 K 线

年，大多数重仓项目都是趋势走出来以后才加仓的，所以，即使是机构，也根本无法实现抄底逃顶的想法。然而真实的机构净值数据和市场成交数据摆在那里，很多人为了利益，智商已经下降到"石头水平"，才会被人以"抄底逃顶"这种口号忽悠。

五、炒股不能以短周期高抛低吸持续赚取市场利润

"抄底逃顶"其实是"高抛低吸"认知里的一部分。大众有一个非常普遍的认知错误，即炒股能否短周期高抛低吸赚取市场利润？因为长期看，我们交易是为了高抛低吸，但大多数人无法实现持续的短周期的高抛低吸并积累利润。大家对短周期的"短"有不同理解，有人觉得三天两天是短，有人觉得1个月左右是短。但事实上，短周期相对应的不是天数，而是股价上涨预期兑现的时间节点。当然，可能有人不太懂什么是上涨预期兑现的时间节点，泛指一只股票从3元涨到16元，那么3元涨到5元的过程，可以称为短周期，因为距离未来13元的上涨来说，阶段性的3元到5元仅仅是实现了2元的涨幅，距离最终的目标价格还差得很远，因此不应该为了短期的一点利润而高抛掉手中的筹码。要知道，在整个上涨过程中，股价波动状态是随机的，但如果趋势方向确定，那么盲目高抛就可以认定为是错误的，很容易导致为了几毛钱的差价而与最终的长牛上涨失之交臂，未来真正到达目标价格时，手中的筹码已经没了，一切都晚了。

多数散户在这个问题上容易犯的错误有两个：第一，如何认定个股上涨趋势方向是确定的？第二，通过高抛低吸降低了持股成本，跌了再买回来就是了，难道不对吗？

关于"认定个股上涨趋势的方向是确定的"，其前提是找到上涨趋势形成的确定逻辑，而关于逻辑的形成和发现的方法，会在本书最后一

章详细阐述。这里强调的是，上涨趋势的方向是所有研究的重点，而不是如何短周期做高抛低吸。笔者曾经遇到过一个"中毒"很深的普通投资者，她说："老师，我不想知道股票未来为什么形成趋势，您就告诉我买卖点的技巧就可以。"真的是被她的认知打败了！很多人不知道真正决定自身长期盈利结果的根本不是买卖点，而是对目标个股整体趋势方向的判定。因为股票投资怎么可以像买彩票一样提前预测到中奖号码？如果不能提前预测中奖号码，同样不能提前预测买卖点，这是第二个认知错误——"高抛低吸可以降低持股成本"形成的主要原因！这个观点本身是没有问题的，但难点是哪里高又哪里低呢？于是"假大师"号称可以预测高低点，这又回到如何实现"抄底逃顶"的老路上了。所以高抛低吸降低成本的动作，是不能制定规则持续应用的，倘若研究高低点的预测和鉴定方法，最终是浪费生命。如果有人这样说，我们可以无情地拆穿谎言。

此外，一个最直接的证据可以证明炒股不能通过持续的高抛低吸获得利润，即查阅所有公募机构和私募基金最优秀的业绩净值曲线，会发现没有一个产品是长期与指数波动不同步的。这说明市场在任何一次波动中，没有人依靠持续的差价做出净值优势，而是周而复始地依靠正确的选股眼光和耐心而获得长期盈利。也就是说，最优秀的净值，不是依靠高抛低吸，而是依靠反复的复利获得的。

当你对一只股票未来的上涨有明确的逻辑预期后，当初在3元买入，在3.3元高抛，然后回落到3元再买进，这个交易完美地完成0.3元的净利润，即10%。可如果未来该股能够上涨到16元，则0.3元的波动恐怕对总市值的影响连2%都不到了。那么，当初引以为傲的10%差价回头看，不仅没有吸引力，而且容易因为短线操作，导致持股者踏空错过后面的上涨机会，最终与牛股失之交臂。

前文所说的3元涨到16元的行情，正是我们在2021年5月将成本3元的华贸物流持股到16元的真实过程。当我们从16元再回头看那几毛钱的差价时，对整体的盈利没有任何影响和意义。你买入的价格再

4元涨到16元，上涨途中还完成了10股送2股的除权

图1-4　华贸物流日 K 线

高，如果未来是持续上涨趋势，那么这个价格终究要被蹚平并踩在脚下；可是如果你买入的价格再便宜，股价正在走下降趋势，终究你的"买入价格优势"会随着时间的推移在趋势面前被碾压得渣都不剩。

六、通过 K 线分析主力行为能不能实现持续盈利

　　通过 K 线分析主力行为进而发现主力操盘轨迹、洞察资金意图并实现盈利，这是笔者在 2003~2005 年持续学习和研究的重要课题。笔者认为这个课题有一定的研究价值，单纯依靠这一维度去做策略实现持续盈利不太现实。主力行为分析可以作为完整的操盘体系的研判方法！因为随着市场的发展，这个课题的研究价值已经逐渐地被弱化。根据中国证券投资基金业协会发布的截至 2021 年 12 月底公募基金市场数据，我国境内有基金管理公司 137 家，管理的公募基金净值合计 25.56 万亿元。而 2001 年以前，这个数据接近并等于 0。也就是说，公募基金这 25.56 万亿元的现金，已经成为中国证券市场中的绝对一线主力。如果

我们此刻还研究主力行为，笔者认为更应该研究公募基金的投资逻辑与投资风格。而基金的投资风格从理念上看非常重视基本面，重视企业的持续成长性，因为买了绩优成长股出现下跌还可以和自己的客户解释为价值投资；可如果买了绩差股做题材炒作，一旦发生净值大幅度亏损，恐怕自己连基金经理这份工作都要丢了。再从投资风格上看，其投资行为偏中长期，导致操作上基金不会因为短期的波动而进行"高抛低吸的降低成本操作"。所以真的要研究主力行为，就多花点时间把它们的特征好好研究一下。

然而很不幸的是，很多自媒体平台上，很多"大神"都在利用K线组合和K线波动给散户讲主力如何洗盘、如何做差价及如何看图就能发现主力出逃。真是服了这帮人，割韭菜的形式花样百出。目前只要某几个账户敢于大量对倒，中登公司的大数据系统就可以自动识别并预警，则在半小时以内电话就可以直接打到账户控制人的手机上。所以他们说的所谓"对倒拉抬"和"主力洗盘"，都是2000年以前，市场成交一天只有几十亿元，处于主力和散户博弈阶段的技巧总结，这种研究早被市场淘汰了，竟然到今天还能在各种自媒体平台看见。更可恨的是，一批股民还以为"大神"真的看图就能看到主力洗盘和出货，其实多数主力跟散户在大部分时间里根本不再是博弈关系了，还洗什么盘又出什么货？用过去的图形讲一个主力建仓洗盘出货的股市，就像幼儿园的时候讲"看图说话"学语文是一个道理。

对于我们来说，不要对主力加仓减仓行为过分地研究。因为笔者在机构操盘的多年中，身边主力建仓后被套的比比皆是，因为主力可以改变短期的股票价格，但不能决定它的总体趋势和内在价值；主力机构卖出股票也未必是因为机构不看好，也可能有其他原因和因素。比如面对市场的赎回压力时，公募基金会非常被动地进行减仓，即便市场接近底部，也要通过被动减仓应对投资者的赎回操作，这都是没办法的事情。为了让大家更直观地理解，这里举两个笔者身边发生的例子：

第一个是某北京机构2012年在货币投放周期开始建仓中创环保

（300056），当时的名字是三维丝。入场时动用了京城某大型实力企业的巨额资金，可是建仓完毕后市场继续下跌，该主力机构被动套牢浮亏达50%。后该机构管理者曾经在2013年下半年放出风声要自救，于是身边其他机构开始持续跟踪，可2013年冬季，北京发生了非常严重的雾霾，三维丝作为"口罩概念股"股价直接N个空心涨停一飞冲天，让那些准备观察图形上呈现放量时跟风搭车的资金扑了空，随后更是一路完成了12倍的股价涨幅。对这只股票进行剖析，是希望大家明白，即便你真的看懂了中线主力介入，恐怕也无法持有到最后赚大钱。

图1-5　2012~2016年中创环保日K线

第二个是2015年下半年的创业慧康（300451）。该股原名创业软件，上市后迎来了机构的大量建仓。后因为股市大幅度下跌，机构选择清仓。2015年第三季度业绩报告出来时，前面重仓的机构已经在9月30日前完成了清仓退出，可就在一线主力砍仓离场后，股价却一飞冲天出现高达200%的涨幅。可见并不是机构清仓以后，个股就一定是下跌的。这些机构极有可能是因为赎回压力，被迫对持仓较轻亏损不大的个股进行卖出操作，而此时创业软件就成为和基本面无关、被动卖出的倒霉蛋。

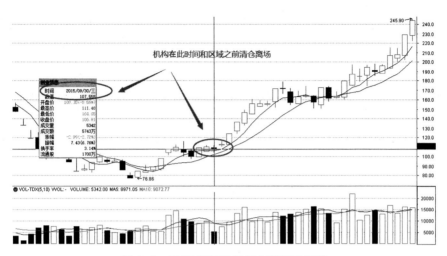

图1-6　2015年下半年创业慧康日K线

中篇

庞氏策略交易体系的基础研究框架

在前文中，我们对各种最容易形成的错误认知进行总结并梳理了一遍。如果不是笔者亲自走过很多弯路，又到证券行业从业，恐怕看到"波浪大师""形态大师"或者"短线大神"时，也会形成"原来股票可以有很多种风格和玩法"的错觉。现在大家应该明白了，股票界同样有着N多的大师在帮助那些希望不劳而获的散户们学习到他们想要的"赚钱技巧"。投资者渴望实现持续盈利，本来就缺少投资经验而容易陷入认知误区，最后在渴望成长、渴望知识时，又被人带到错误的认知道路上，最终会彻底远离实战交易并被市场消灭。

本篇将详细披露笔者在交易过程中的几个关键研究思路与分析框架。大家避开认知误区以后，不知道应该从哪里入手开始学起，那么这部分应认真阅读，仔细推敲，也许会成为扭亏为盈和持续盈利的起点。

一、趋势不会偶然形成也不会偶然消失

趋势未来的延续方向是非常重要的。我们绝无可能单纯依靠选择图表的买卖点而持续投机获利，所以，真正长期为投资提供源源不断财富的根本是选择了什么样的趋势。从股价趋势看，股票走势周而复始地持续"人"字形走势。真正决定投资结果的是所持股票在人字的"一撇"的位置上，还是在人字的"一捺"的位置上。如果在"一撇"的趋势中参与，只要确定趋势没有结束，那么任何时候参与都是正确的；反之，如果在"一捺"的位置买入，只要确定下行趋势要延续，那么什么时候卖出都是正确的。

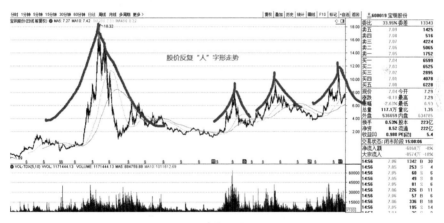

图 2-1　宝钢股份日 K 线

我们以宝钢股份（600019）的日 K 线图为例。在过去十几年的走势中，股价上涨与下跌的波动就好像一个"人"字形。如果我们的交易是在"一撇"趋势中持股，那么只要参与的趋势对了，实际上买入成本的不同无非是赚多赚少的问题；同理，如果我们的交易在"一捺"当中，不管我们应用什么样的交易策略和交易技巧，只要买入做多并参与，那么大概率的结果是亏损的，区别仅仅是亏损的幅度不同而已。不只是宝钢股份，所有个股波动都是这个道理。如果想赚股票的钱，那么就必须清楚趋势研究的重要性。

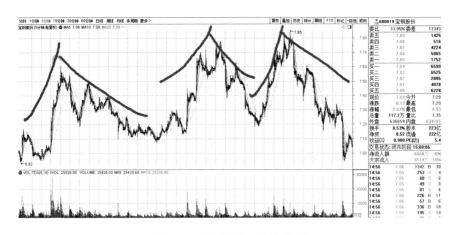

图 2-2　宝钢股份 5 分钟 K 线

　　如果把研究的周期放得很短，通过宝钢股份 5 分钟 K 线图一样可以看到"人"字的反复出现。由于股票波动受各种因素的影响，短期有随机性和不确性。虽然长期以来一直有人总结短线的波动技巧并应用，但是至今笔者没看到一个人的账户是通过长期的短线交易而稳定获利的。笔者涉足投资的 25 年里，看见过的在市场坚持时间最久的短线交易者，他的市值波动基本是在 20 万~200 万元持续大幅震荡。虽然不稳定，但从他的账户结果看，他已经通过经验和操作技巧"活"下来了。普通投资者也跃跃欲试做短线，但成功的人太少了。这个结果和各机构的公开业绩排名结果相吻合。所以，想赚市场波动的钱，赚一次或者几次不难，难的是持续下去。因为短期的趋势波动有可能是市场因素引发的，也可能是基本面因素引发的，但其随机性越强烈，越难以持续捕捉并积累利润；而对应着短期波动的不确定，我们把研究周期拉长以后，股价的趋势反而更容易把握，且获得利润的机会和获得利润的空间都会大幅增加。

　　我们说买股票，就是买到了生意的一部分。大家都知道，贵州茅台（600519）股票涨得好，茅台公司的产品如果希望以相对便宜的价格买

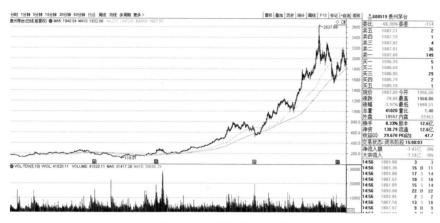

图2-3 贵州茅台日K线

到，需要像发行新股一样进行摇号抽签去认购。茅台公司的产品价格在过去数十年中一路上涨，毛利率达到惊人的98%却从来不会因为销量发愁，所以该公司从几亿元利润到现在的几百亿元利润，它的股权怎么可能不升值呢？因此在公司产品如此抢手的情况下，股价的长期趋势很难改变方向！如果我们尝试放弃短期波动的研究，反而研究周期拉长会更容易实现盈利。茅台的市值演变可以证明：只要公司的成长依旧，那么长期趋势的"一撇"就始终看不到尽头，直到这个增长逻辑消失，股价的上涨趋势才有可能切换到"一捺"。

贵州茅台的长期上涨，在市场中并不是个案。按照这个逻辑，投资者认同公司产品且公司没有竞争对手的股票还有云南白药（000538）和片仔癀（600436）。

云南白药从1996年开始持续上涨，因为苗药的配方是国家绝密的，所以很难有其他同类产品的出现；又由于公司产品的需求量仍然持续扩大，因此股价的震荡上涨趋势无穷无尽、难以完结。

片仔癀（600436）也是国家级绝密配方，就连制作工艺也是"国家绝密"。现在市面上一粒片仔癀早涨至千元以上，而且是有钱也买不到的。所以股价趋势是怎样的，未来又会轻易完结吗？2003年片仔癀上市后，曾经有位高手买了10万元，并且说市值1000万元以前绝无卖出可能。可惜那个时候笔者太年轻，错过了人生很重要的一次发财机会。

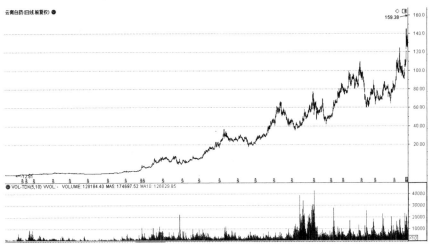

图 2-4　云南白药后复权日 K 线

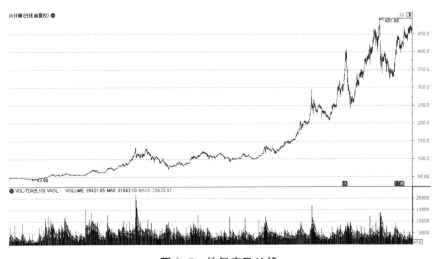

图 2-5　片仔癀日 K 线

以上案例都是市场中非常经典的持续成长型公司，它们在各自的领域有着绝对的核心竞争力，因为所处行业的增长而导致股价的趋势长期向上，即便是 2015~2018 年 A 股市场从 5178 点到 2440 点的剧烈波动，也没有从根本上影响它们的上涨趋势。可见投资者买入股票的决策过程中，行业的增长和公司的核心竞争力是非常重要的参考指标。如果有朝一日行业增长不在了，或者公司的核心竞争力优势不在了，那么对上涨趋势的打击也是毁灭性的！

图 2-6　苏宁电器日 K 线

2004~2007 年，苏宁易购（002024）业绩年复合增速接近100%，业绩成长的背后是连锁经营模式抢走了传统百货的客户；然而 10 年后，京东和淘宝的崛起让昔日的巨头沦落到业绩巨亏，卖身求生存的境地。复盘苏宁易购整个崛起和衰退的过程，在公司高速成长的 3 年中，苏宁的股价随着业绩的增长出现了几十倍的涨幅；随着公司所在的电器零售领域的竞争优势不在，行业规模在增长的同时，公司股价已经跌得面目全非。

再说一个行业趋势形成拐点的案例——IDC 龙头网宿科技（300017），当年因为 4G 的商用，各企业对数据中心服务的需求大幅度增加，导致公司的业绩大幅度增长，股价出现连续翻倍涨幅。而后行业增长在 2015~2016 年形成向下拐点，公司股价开始下跌趋势，如今股价跌没了 80% 仍看不到止跌迹象。

通过这些案例，希望大家清楚地看到股价和行业趋势以及自身竞争

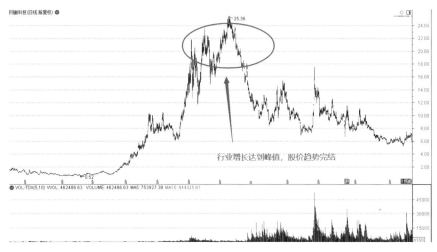

图 2-7　网宿科技日 K 线

力不同所呈现的差异化结果而有所感悟。因为未来投资的道路上，大家还会遇到一个又一个新的"片仔癀"和"网宿科技"。这里我们把几个案例中趋势的形成和转折的规律做一个总结：企业趋势决定 K 线趋势，趋势不会偶然形成也不会偶然发生。

　　这个总结是做趋势定义的根本逻辑。如果我们无法实现对短期趋势的判断，通过这个逻辑可以推理中长期股价趋势的方向；当市场突然发生波动时，根本逻辑又可以是我们做决策的底线，并且会提供足够的信心和研判标准。

　　实战中，很多散户在买入一只股票前甚至还不清楚这个公司做什么产品、前景怎样，但他们到菜市场买一棵白菜时，却要扒开外面一层皮看一看里面的菜心烂没烂；去商场买一件衣服，也会仔细地观察衣服的品牌和吊牌标明的材质，可是在股票交易中，却非常随意。往往是买入时满怀欣喜，期望股价能够很快上涨，一旦发生下跌的情况，就会因为不清楚股价的趋势形成逻辑，让错误和风险失去控制。而真正成熟的投资者非常清楚股价的波动性是持续存在的，既然不可能每次都买在起涨点，那么一旦股价下行波动，个股是否有持续的趋势依据做支撑，才是我们决定持股或者止损的核心。如果真的一跌下来就慌了，没有信心了，那么显然是参与交易前根本没有做过明确的理解，还不如一开始就不要买入。而对趋势的逻辑有正确理解后再进行交易，则应该像云南白药或者片仔癀那样，即便是介入以后突然地下跌或者调整，我们也应该清楚地知道，只要趋势向上的逻辑在，股价大概率还是要继续它原有的趋势轨迹而再创新高的。只要跟踪注意避免出现类似网宿科技和苏宁易购的行业增长逻辑变化以及竞争对手崛起的情况，就不会犯原则性错误。

二、研判趋势的市场标准

我们前面一直在强调趋势的重要性，因为找对了趋势并且参与其中，就能赚钱了。交易真的并不复杂，我们只需要反复跟踪论证所持仓的股票是否在人字的"一撇"里，这是买入前和买入后持续研究的重点。但很多人不知道趋势的重要性，也不知道如何定性趋势，因此误入歧途，放弃趋势研究，跑去学赚钱的捷径，导致持续亏损。

"企业趋势决定了K线趋势"，单纯以这样的表述对很多投资者来说并不直观，很多人会喜欢图表分析，因为技术分析更加直观；毕竟了解一个公司，输入股票代码，价格走势图会直接呈现在眼前。其实，我们也可以通过K线图直观定性股价状态是上涨趋势还是下降趋势，具体研判标准参考股价"密集成交区"所在的位置。

股价在某一个价格区间停留的时间越久，则在这个价格区间的筹码交换越充分，我们把停留位置的震荡换手区域称为"密集成交区"。以招商银行（600036）为例，股价持续走出上行趋势的过程其实是市场换手成本逐渐抬高的过程。因此K线图上典型特征是"密集成交区"持续上移。

那么，"密集成交区"如果持续下移呢？聪明的投资者已经猜到了，说明股价正在走持续的下行趋势。

以机器人（300024）近6年来的走势为例，每一次密集成交区的下移都是下行趋势的延续。

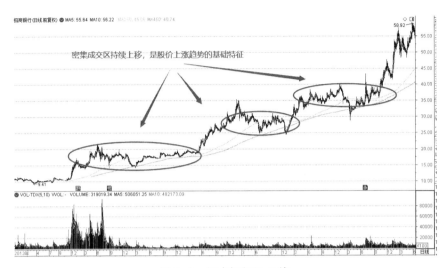

图 2-8　招商银行日 K 线

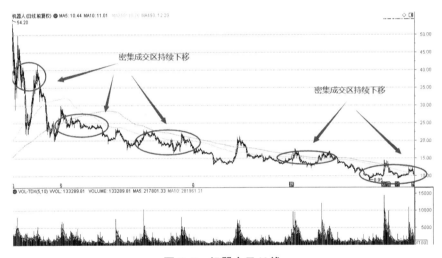

图 2-9　机器人日 K 线

这个简单的识别标准并不可以作为买入股票的依据，但在选股过程中，在对一个企业不了解之前，当发现它的股价趋势呈现"密集成交区上移"特征时，根据"企业趋势决定 K 线趋势"原则，可以从市场面推理公司的基本面上涨逻辑，快速找到股价上涨的必然因素；反之，如果股价呈现"密集成交区持续下移"，就应该非常谨慎。市场里资金量如此充足，而且资本都是逐利的，怎么可能会放任一个有明确持续增长前景的公司持续下跌？从这个角度看，用密集成交区持续形成的状态作为最基础的衡量标准，可以帮助很多普通投资者快速过滤掉那些趋势下行的个股。当然它不可能是绝对有效的，也会把未来可能上涨的大牛股剔除，但这样做的优势是能帮助我们快速过滤掉那些持续走低的垃圾股，进而在一个人的精力有限的前提下，尽可能提高选股效率。笔者不可能把有限的精力放在机器人（300024）这种被市场持续抛弃的股票上，读者们也一样。

当然，有的新股民不这样想，他们会本能地觉得连续下跌的股票见底可能性更大，毕竟高位跌到低点的价格差很明显，因此喜欢研究"底部放量"的股票。可惜底部抄完后就看到了更低的位置，然后是比更低位置还低的位置，这样的"抄底"交易是不懂股价逻辑"和趋势对抗"的做法。笔者身边就有这样的人，他根本不懂趋势是怎么来的，永远买入下降趋势，但绝对不允许别人说他的交易思路是错的，时刻捍卫着自己的交易观点，而多年以来，他的亏损从未真正停止过。有股民问笔者买入这样的股票被套怎么办，笔者都会告诉他这根本不是股票的问题，因为即便这一次侥幸解套了，下一次还会买下降趋势的股票，还要面临同样的问题。但仍有人根本不听笔者的说法。

三、交易策略的不完美

不管是从企业增长逻辑发现牛股，还是从股价趋势状态发现牛股，最终都是通过企业增长逻辑来预估并研判未来趋势的，不然单纯地依靠图表分析交易，不可能稳定盈利。投资初期做进场决策，只有搞清楚趋势运行的逻辑，才能遇到买卖点的问题。因为一旦买完下跌，不是跌幅达到百分之多少去止损，而是一边按照交易逻辑止损，一边避免盲目地止损，所以最好别把其他书上和网络上的"跌幅达到百分之多少止损"当成一个绝对的参考标准。真正的风控与止损的核心是看买入的逻辑还在不在、依据对不对，当我们跟踪研究发现看多的逻辑和依据还在，且并没有发生其他不确定因素前都应该以持股为主；反之，如果出现了新的风险与没有把握的情况时，应该考虑风控离场，这才是真正的交易原则。所以实战中，在上涨逻辑没有发生变化以前，特别是市场发生剧烈波动时，应该以执行做多策略为主。2017年至今，很多学员赚取了大量的财富，主要是坚定执行这样的策略而实现的。

我们在执行过程中要兼顾市场环境的波动特征与趋势分析的其他要素，尽可能做到"选势"和"择时"能够更加优秀及精准。操作股票和说股票的区别在于，不可能每次把实战都做到精准！因为通过择时高抛低吸赚股票钱是不可能的，但这并不代表我们不努力去做。

在具体的实战执行过程中，执行买入策略分为低吸和追涨两种。低吸策略即看好一只个股的持续增长逻辑，在股价回落到市场可能见底反弹的位置或者股价趋势的重要支撑位置时买入；追涨策略即看好一只个股的持续增长逻辑，在股价创出新高形成趋势确立的位置时买入，但千万不要看很多书中如何追涨快速获利的故事，那只是把成功的案例罗列出来了，还有很多失败的案例根本就没写进去。笔者在股商集团操盘的那几年，公司有位老先生出版了几十本股票书籍，全部是教股民如何看图做突破的，实际上他自己根本不用书里的方法买股票。

真正在实战过程中，任何一种策略都有其优势和劣势。假设未来上涨趋势延续的逻辑清晰且确定，那么趁股价回落的低吸策略就相比追涨策略的买入价格更有优势，在股价未来出现持续上涨后获利会更加丰厚。但是，它的缺点也非常明显，由于低吸后股价的震荡到底会持续多久是不确定的，因此想要买到低吸的价格，必须研究调整周期股价的波动和所消耗的时间。股价的突破走势有可能结束原来的调整趋势进入新的趋势，此时应用追涨策略，更有可能规避调整而快速获利，但因为买入的价格相对低吸的交易策略要高，突破后并不一定是股价真正的持续上涨开始，也有可能突破后股价再度陷入调整甚至下跌。

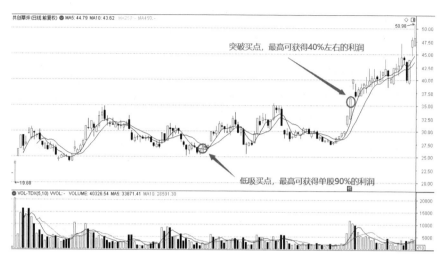

图 2-10　共创草坪日 K 线

以 2021 年初我们实战操作的共创草坪（605099）为例，低吸的位置很主动，在等待上涨的过程中，股票价格从 25 元涨到 35 元，再由 35 元回落到 27 元，历时两个多月后股价真正向上突破。最终离场时，单股大赚了接近 90% 的利润。但是，如果不愿意接受这种震荡，也不愿意参与这种调整，那么只有在趋势突破确立的位置买进，可如果真的在那里追涨买入，最高的单股盈利只有 40% 左右。两个策略各有千秋，也各有优势，好在终究共创草坪如预期上涨，能赚到钱就是好的。然而同样是 2021 年初，另外一只个股执行追涨策略就吃到了"苦头"，这只个股是帝尔激光（300776）。

我们在 2020 年末突破前期高点的位置进行了买入操作，随后股价从 160 元附近跌到了 99 元。按照"企业趋势决定 K 线趋势"的原则，光伏确定成为未来双碳经济的绝对核心产业，公司也是提供光伏制造设备的绝对行业龙头，虽然当时行情不好，但趋势逻辑在，未来持续不断的上涨趋势必然躺平短期买点不好的问题。

大家一定要理解，对个股执行"追涨策略"的原因不是为了赚快钱或者快赚钱，而是当发现一只股票的趋势运行逻辑时，即已经走到突破的位置上，此时比起帝尔激光这种可能的短期被套，笔者更害怕错过未

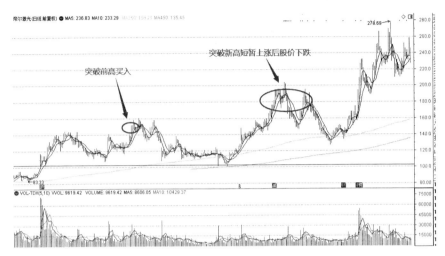

图 2-11　帝尔激光日 K 线

来的上涨趋势。因为突破策略不成功的概率永远存在，而股价的中长期趋势则是相对确定的，把这个道理想清楚再去交易，就不会因为波动而在低位交出优质筹码了。

　　要强调的是，我们完全没有必要因为某个技巧的某个交易不成功就否定并且放弃它，因为看市场趋势做买点交易根本不能持续盈利，所以，创新高买入的"追涨策略"本身就是一个交易技巧，而不是其他教科书和各种培训中所吹捧的"战法"，把上涨的非必要条件当成上涨的核心逻辑去操作。做决策前要清楚，在以后的交易中，技巧和方法不是一个维度的定义，低吸以后很可能有新的低点，突破以后执行追涨策略也可能会再次被套，这都是未来不可避免且会持续发生的事。我们应该对这些策略技巧的不完美有正确认识，然后再探讨低吸的技巧与突破的策略时，才能有正确的心态和认知。

四、低吸策略的实战应用技巧

　　想从市场中持续盈利，绝不可以走忽略趋势逻辑而研究图表技巧的死路，策略与技巧是起辅助作用的，而不能用来替代趋势分析，这才是它存在的意义。我们反复阐述策略的不完美，是因为策略不能取代趋势逻辑在实战中的位置，只有客观地接受其不完美，再谈实战中的应用技巧时才会有正确的认识。

低吸策略的关键取决于低位的"低"，所谓的低位并不是100元跌到5元的位置叫作低位，现在的5元看似低，但它参照的价位是100元；而投资实战的参照价格，不应该是过去它曾经到达的价格，而是预期未来可能到达的价格。比如说，某只股票从10元涨到50元时，这个位置是高还是低，取决于未来预期它可能会达到的价格，而不是曾经10元的低价。要知道，涨幅100倍的牛股，也都是从5倍或者10倍的涨幅开始的，可见单纯地参照最高点和最低点的价格而定性现在股价的高与低是完全错误的。

生活中最直接的数据可以讲清楚这个道理：1980年，北京市的房子均价1300元/平方米，而2021年，北京的房子均价44300元/平方米，均价比曾经低点的1300元涨幅3000%还要多，如果北京房价用K线表示，那么是不是有投资者看到涨幅30倍的结果也会担心跳水？

所以，探讨低吸策略的实战技巧，前提是趋势判定要明确，不然明显的低吸操作，会因为参照价格的不同而被很多散户理解为追涨操作。2017年，我们重仓的中际旭创（300308），就是看到重组以后业绩持续增长和估值提升的趋势上涨逻辑，进而进行了低吸操作。

在中际旭创这只个股的操作上，如果把低位价格作为参考标准，那么在此后巨大涨幅的位置买入都是典型的"追高"操作；如果按照未来预期的目标价格看，用当时的动态PE来衡量，价格却非常有吸引力，是典型的趋势确立后回调低吸。所以，不同的角度和不同的维度看到的结果永远不一样，重要的是，我们的认知维度和知识储备能否正确理解市场现象。

以上是对"低吸"的正确认知，本意是告诉大家买股票买的是未来趋势，低吸一定建立在对未来趋势方向有正确判定的基础上，而不是参考过去价格。理论上，只要趋势在，低吸策略是逢下跌就可以进行交易，对投资人的眼光、格局和心态有比较高的要求。如果从实战技巧总结，因为买的是上涨趋势的一部分，而上涨趋势个股的特征是"密集成交区持续上移"，因此低吸操作的重要技巧之一是结合密集成交区所在的位置进行操作。从经验上看，股价在突破后回落至市场密集成交区附近时，往往是一个重要的支撑位，如果未来趋势持续向上，那么这就是一个比较优秀的低吸买点。

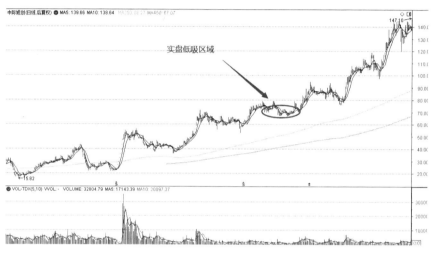

图 2-12　中际旭创后复权日 K 线

图 2-13　中际旭创日 K 线

我们大资金实盘重仓的中际旭创（300308），就是在股价靠近密集成交区附近时执行了低吸策略。

图 2-14　共创草坪日 K 线

共创草坪（605099）是我们 2021 年初操作的一只个股，同样在股价靠近密集成交区附近时进行低吸，学员获利颇丰。还有其他实战案例和实战纪要会在后文详细讲述，这里不做展开举例。

除靠近前期密集成交区低吸的技巧外，还有一个重要技巧是对大盘环境的判断。通过判断大盘阶段性见底或者迎来上涨趋势初期，是非常重要的低吸技巧之一。大盘的趋势判定和货币供应有绝对关系，往往是银行货币投放时股市迎来上涨，而银行货币回笼阶段股市下跌，所以，选定目标股后可以关注重要的货币投放节点进行低吸操作，进而达到事半功倍的效果。

股市是货币的晴雨表。从 2017 年下半年开始，我们国家开始"去杠杆"，货币回笼银行的过程中，股市从高点下跌 1100 点。2019 年初的降准和 2020 年春节后的货币投放成为股市两次上涨的重要推手。投资者在看到央行关于货币投放的表态后，就应该意识到股市上涨的结果，因为股票是以人民币作为定价的，货币的投放直接利好股市。在货币投放

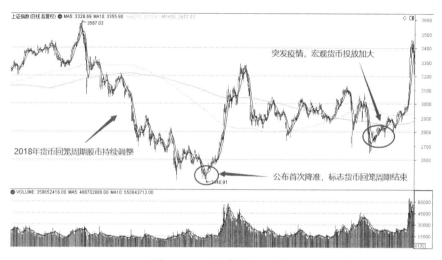

图 2-15　上证指数日 K 线

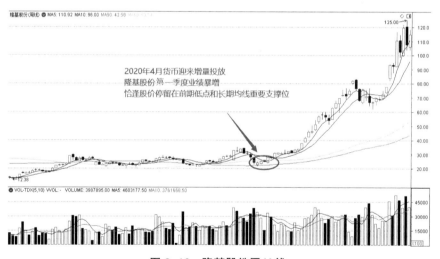

图 2-16　隆基股份周 K 线

的背景下，投资者要注意那些有明确上涨逻辑的个股，如果既在趋势重要支撑位止跌，又迎来指数的反转，那么低吸获利就非常容易实现。

2020 年 4 月，为了稳定疫情引发的经济下行导致货币供应量增加，我们根据基本面货币预期变化可以预计市场将迎来上涨，选股重点是寻找增长趋势明确且股价处于重要支撑位的龙头品种。我们发现隆基股份（601012）在第一季度各行各业业绩全部跳水的环境下实现了大幅度增长，同时股价在前期低点以及长期均线附近止跌，按照刚刚总结的几个重要依据执行低吸策略，正确地抄底能快速、持续地盈利。

五、追涨策略的实战应用技巧

追涨策略的实战应用，目的是不错过可能正在发生的"趋势确立行情"。在低吸阶段我们不想承受波动，或者不想耗费时间等待进而错过低吸的契机，只有在股价向上突破形成"创新高"的走势时，执行追涨策略才能不错过未来可能发生的上涨趋势。如果突破以后上涨趋势得以延续，那么这里的买入策略就充分发挥了追涨策略的技巧与优势；但实战中，并不是所有的突破都能够持续上行，导致明明是想"追涨"，最后却成了"追高"。长期看，我们无法逃避追涨变追高的结果，就好像我们无法低吸就一定是底部一样要在市场持续发生，但交易的核心肯定和低吸策略一样，就是先清楚趋势的逻辑再下单，这样发现自己追高时，才能够根据趋势和市场环境想出应对之策。同时根据每次突破的市场特征，对股价的突破进行归类，根据不同的类型执行不同的应对策略。这里说到的"归类"不考虑基本面分析，单纯以市场角度，根据资金参与的程度和意图对股价的突破趋势进行划分，从而更好地"对症下药"。

笔者把股价的突破归纳为三类：轻松过头的股价突破；强势突破；反转型突破。

"轻松过头"。喜好技术分析的投资者知道这个市场现象的表述，是指股价在前一个头部下方的成交量巨大，构筑阶段头部后开始回档，但回档时成交量逐步减少，当股价再次上攻冲过前头部时，成交量并未明显放大，称为"轻松过头"。

传统的教科书和网络上的注释多把"轻松过头"解读为"主力建仓造成前期放量巨大，而后回落洗盘减轻了新高压力最终不需要放量即可以拉抬突破"，这是绝对错误的认知！因为这是2000年以前的市场逻辑，现在主力和散户不再是直接博弈的关系了，像贵州茅台（600519）、片仔癀（600436）和招商银行等牛股，它们的换手率常年在2%以下，难道有庄家控盘了几千亿元的公司市值未来倒手给散户吗？所以"轻松过头"的本质是多头资金没有分歧，在持续上涨趋势下各路主力资金达成共识的结果。试想一下，大家经过研究，未来股价还要涨得很高，那么有必要在突破以后就卖出吗？因此共识形成以后，成交量自然会很低，股价也就形成了"轻松过头"的走势，并且延续了原始的持续上行趋势。

如图2-17所示，贵州茅台在持续的上涨过程中，"轻松过头"的情况反复出现。几万亿元市值的股票，真想问问那些讲主力拉升出货的大师们，哪里有实力庄家操纵得了？没有人操纵的股票，换手率低到惊人的0.2%左右，说明场内资金对个股是没有分歧的，不用想着主力要把筹码卖给你，因为那点儿钱主力根本就看不上。

换手率很低就可以突破新高是"轻松过头"的典型市场特征，而股价在突破的过程中真的开始放量却不是一件好事。以云南白药

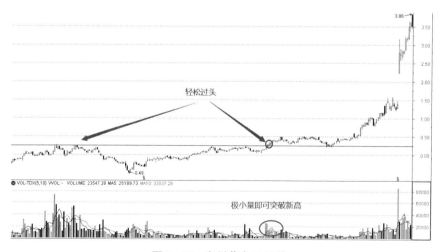

图2-17 贵州茅台日K线

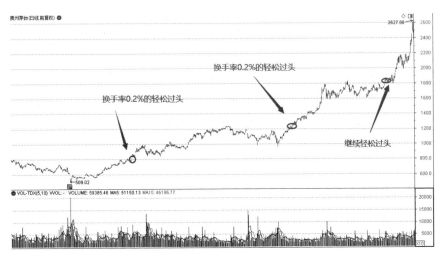

图 2-18　贵州茅台日 K 线趋势

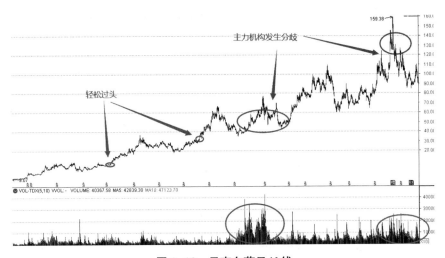

图 2-19　云南白药日 K 线

（000538）为例，股价在长期上涨趋势中持续实现"轻松过头"的走势，后面再次突破时却迎来了成交量的异常放大，说明大资金对这样的股价走势出现了明显分歧。有人看好的同时也有人持不同态度开始卖出，进而出现量能的放大。所以，不能看到"放量突破"就盲目地认为是资金的积极介入，因为量能放大就意味着过去的上涨没有分歧，而这里分歧开始出现了。未来并不一定是分歧发生就导致股价见顶，但必然需要经历反复震荡直到大家的态度预期一致以后，股价再度走趋势运动。所以，持续"轻松过头"不放量的走势是相对安全的，可一旦开始量能异常放大则应该努力找到分歧产生的原因，如果找不到，就应到市场外观望。

除此之外，由于公募基金已经成为目前 A 股市场的绝对一线主力机构，这种持续"轻松过头"的长牛走势未来还将在增长明确的行业龙头上持续形成。比如说，调味品龙头海天味业（603228）、化工龙头万华化学（600309）以及银行龙头招商银行（600036），全部都是这种风格的走势。这里不做逐一讲解，大家只要知道这些股票几千亿元甚至上万亿元市值，不会是某一个庄家和财团去操纵，而是机构投资者成为主要重仓参与者后，它们的态度和投资风格引发了这些个股的持续趋势运动。这种环境下，普通投资者找到这些股票持续上涨的逻辑并不是什么难事，如果每次在这些基本面明确的行业龙头股向上突破形成"轻松过头"的位置上进行买入操作，回头看全部都是稳定且持续的盈利结果。

那么，为什么很多散户不愿意这样操作？这种分析很复杂吗？笔者当年和北京一位著名的女分析师说到顺势而为买持续成长股的策略时遭到其一口否决，她给出的理由是你选的股票都呈涨得很多的上涨趋势，我要给股民找跌到底的上涨趋势。这个"跌到底的上涨趋势"成为业内一个梗，很多股民就喜欢跌得深的股票，怎么可能喜欢之前涨得多的股票？

所以，关于"轻松过头"的操作技巧，总结如下，那就是尽可能找到基本面明确的机构重仓股去执行"轻松过头"策略，只要量能萎缩就表明市场没有分歧，这样即便买错了，趋势还是持续向上的，长期看风险较低，短期成功率和回报率都惊人的高。而买入以后也不要慌慌张张地急于做决策，因为趋势延续是相对温柔的，只要没有异常放量和急涨，都可以耐心持股为主。

与前面轻松过头的持续缩量不同，强势突破以大阳放量突破为主要特征。这种放量大涨是大资金短期积极进场导致的结果，其本身由于之前机构仓位不充分、浮动筹码较多，所以增量资金入场时形成了放量特征。如果我们能够快速在资金介入的第一时间追随大资金同步入场，那么有时可以在短期快速获利。为了抓住这样的机会，很多人把连续上涨的图表做大量的总结，把图表上的一些技术特征呈现在大众眼前，力求以后可以持续抓住这样的机会，可惜没有人能做到。因为背后的真相一定比短暂的图表形态复杂得多，如果没有找到本质逻辑就看图操作，那么结局就很惨。在实战中，除了几组特定的机构操盘定式，笔者不会单纯地看图贸然做追涨策略。追涨策略建立在对趋势逻辑的理解上，并搭配市场环境与资金意图的结合分析。有时笔者会在理解趋势逻辑后用自有资金率先发动突破、率先发动涨停，如2009年5月19日五矿稀土（000831）在中午收盘前突然走强，此时形态上形成了阶段性趋势的放量突破，那么突破背后的逻辑是2009年基建房地产的超预期增长下有色金属价格的持续上涨，这样个股在没有主升来临前的突破必然会得到市场其他主力资金的认同。因此午餐过后，笔者通知公司4名交易员下午实行扫盘买进直至股价涨停。

图 2-20　五矿稀土日 K 线趋势

　　真正要在放量突破的个股上执行追涨策略，必须是基本面的确定。入场过程要根据当时环境与各方面因素综合研究，笔者认为没有办法把它量化成看图就能赚钱。

散户往往看了一些短期牛股的技术图表总结，然后尝试买入底部"放量启动"的个股，却碰上"底部放量"以后连绵下跌的个股。所以，执行追涨策略参与放量启动的个股，只有踏踏实实做好基本面逻辑研究再参与，才能避免进错趋势。除此之外，关于突破的图形技巧研究，研究得越多，越是在成功的道路上背道而驰、渐行渐远。

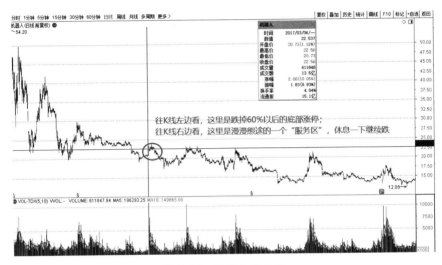

往K线左边看，这里是跌掉60%以后的底部涨停；
往K线右边看，这里是漫漫熊途的一个"服务区"，休息一下继续跌

图 2-21　机器人日 K 线

以机器人为例，一只个股持续走下行趋势，如果没有看到确定的反转逻辑，无论看到什么 K 线形态也不应为之所动，我们不能把自己的血汗钱压在一张图表上。

反转型突破指基本面出现重大逻辑变化导致股价突发井喷上涨。那些本来基本面很平庸甚至很差的公司，因为突发的基本面变化导致股价定价逻辑的反转，进而带给我们快速追涨买入获得暴利的机会，如 2018 年的风范股份（601700）和 2021 年初的宜宾纸业（600793）以及 2021 年末的九安医疗（002432）都属于这种类型。遗憾的是，在上述机会中，我们实战中只捕获了风范股份的一波十余个涨停的井喷上涨。市面上很多人在这些股票上涨以后，才给大家总结它们的技术特征，如果这些技术真有用，那么总结的人早就发财了！而真正把握这些机会的

核心，恰恰是应该不看 K 线图，从更上一层的维度思考股价的定价逻辑。一个没有将来的坏孩子，忽然他可以因某种因素确定变好，但好到什么程度很重要。如果某股票预期业绩增长 10% 或者 20% 都不构成趋势直接反转的逻辑，那么短期无法预估利好和趋势改变的空间时，股价的上涨空间就出来了。这种情况下根本不需要去看 K 线图，明白其中逻辑就可以直接追涨参与了。因为逻辑摆在那里，大家都发现的时候，你现在不抢别人就抢了，到时候就啥也没有了。2018 年底，国家发展改革委提出"国家电网特高压建设项目首次向民营领域放开"，而面对百亿元千亿元的国网特高压建设，相关民营企业到底能分走多少份额成为无法预估的利好，其盈利改善的空间因为突然出现的千亿元市场规模引发民营特高压股价的大幅度反转逻辑。这样的背景下，唯一的民营特高压上市公司风范股份（601700）得以连续上涨；宜宾纸业（600793）因为 2021 年初期纸张价格的明确涨价引发股价井喷；2021 年下半年九安医疗（002432）产品销往美国，新的市场空间打开引发井喷上涨。这些上涨机会根本不需要懂 K 线，突发消息导致增量逻辑出现，且成长空间巨大，那么股价必然连翻上涨。日后，这种类似的情况还会在市场中发生，我们在执行追涨策略中不要手软。

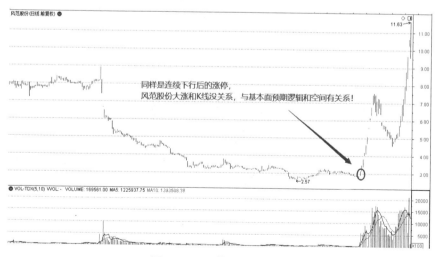

图 2-22　风范股份日 K 线

以上是关于"轻松过头"的股价突破、强势突破和反转型突破的经验分享，总结下来是"轻松过头"在持续成长股上的成功率最高，而强势突破和反转型突破都需要结合基本面的理解考虑参与。其中，强势突破还应结合市场环境等多方面原因，而反转型突破需要看到预期改变后的空间规模，如果逻辑成立，则放弃 K 线形态分析直接找机会参与。

六、好学生与坏学生

一个班级通常由几十名学生和一个班主任组成。而在几十名学生中，通常是学习最好的学生和学习最差的学生最容易受到班主任的关注。因为学习最好的学生大幅拉高了班级的整体学习成绩，大概率会保持现有的学习状态，未来还有机会获得更好的成绩和更优秀的考试结果；而学习最差的学生，因为多数功课不及格而受到班主任的关注和督促，未来如果有某一门功课及格，就会使学习成绩大幅提升。

现在，面对 4000 多家上市公司，普通投资者就好像一个校长，4000 多个孩子没有机会全部了解。那么，校长真正了解的，一定是那些成绩优秀的好学生以及个别非常调皮捣蛋的坏学生。至于其他大多数同学，恐怕连名字都叫不上来，这就是"好学生与坏学生"理论。

前文讲了股价趋势形成的逻辑以及应对趋势过程中的参与技巧，可是我们终究没有精力和能力把所有的上市公司都研究一遍，然后比对选择。因此注定有一大批公司没有办法了解，甚至也叫不上来名字，所以真正得到我们关注的公司，一定不是那些平庸的、随波逐流的股票，就好像一个班级里的中等生，你根本不知道他未来的变化是向好学生发展还是向坏学生学坏。对于股民来说有这个时间，真不如把精力放在那些未来可以升值的股票身上。另外一些长期不稳定或者经营持续恶化的公司，如果因为重组或者公司经营的能力及环境等因素发生改善，有可能成为市场中的黑马或者白马，从而为我们创造重要的获利机会。

那么，如何发现哪些是"好学生"、哪些是"坏学生"呢？

我们可以从市场层面和基本面两个维度总结归纳：

从市场层面观察，很多投资者都想知道自己的股票是否相对于其他股票更优秀，那么市场波动的结果会为投资者的判断提供明确证据。因为股票的价格波动虽然千变万化，但大盘指数是反映市场平均结果的数据，只要把持有的股票与指数波动进行对比就可以找到答案。因为真正的好股票，它的长期趋势是持续强于市场的，如果你的股票是"好学生"，那么大概率应该看到的是该股走势比指数趋势要好，而不是与指数波动同步或者弱于市场。不然供求关系连大盘指数的趋势都不如，怎么能够看得出它会更好？而对应的"坏学生"自然是那些趋势比市场还要弱的股票。强于市场的"好学生"我们要重点关注，我们没有必要因为"坏学生"比市场趋势走得弱就去关注它们，我们需要的是它们转好的契机出现时，进行重点追踪。因为反转逻辑成立后，一个趋势的上涨不是一天或者一周就完结的，仍然有充分的时间留给我们做判断。

图 2-23　海尔智家日 K 线

以海尔智家（600690）为例，2017 年 9 月该股创造了上市以来的历史新高。大家都知道 2015 年股市自 5178 点下行以后走出了持续两年的震荡回落，但是就在指数连续走调整趋势时，海尔智家再创历史新高，其整体趋势比持续回落的指数强势很多，说明海尔智家就是明显的"好学生"。2021年，公司股价在2017年9月创历史新高后达到35.58元的高点，对比2017年9月15元左右的复权价格，再度出现100%以上的整体涨幅，显然原来的"好学生"多年后考试仍然名列前茅，因此实战中发现这种持续强于指数并且创历史新高的趋势，应该重点关注。

图2-24　彩虹股份日K线

彩虹股份（600707）在笔者印象中1998年是亏损大户。从股价表现上看，2000~2008年股价大幅度跑输上证指数，持续下跌，是典型的"坏学生"。然而2010年公司计划定增引进新的生产设备转型做平板显示器以及相关部件，公司拉来了大批的机构调研，随后股价受到了各路机构的强烈追捧，并在相对高位参与了公司的定增。可遗憾的是，公司新的生产线所生产的产品合格率根本不达标，多数为次品，导致业绩进一步亏损并使得参与机构严重被套。在2012年报巨额亏损之际，机构要求公司大比例送股而与公司发生纠纷，成为当时的热点新闻，最后也是不了了之。从彩虹股份的反转到暴跌，充分反映了股价的定价逻辑是"预期定价"，而不是"业绩定价"，一定是有了预期股价就已经开始上涨，可惜最终它没有兑现业绩导致股价的暴跌。"坏学生"有了变好的契机一定会在股价趋势上有所反映，奈何最终一地鸡毛时主力机构受伤比散户还要重！所以"坏学生"变好，不管是市场层面发生什么，我们都应该谨慎再谨慎地判断其基本面变化，审时度势地参与。

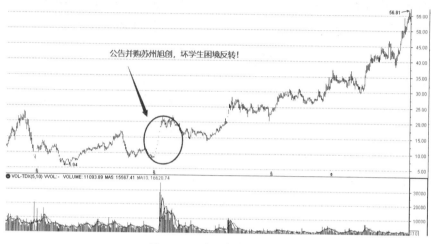

图 2-25　中际旭创日 K 线

2017 年，我们取得重要投资利润的中际旭创（300308）就是典型的"坏学生"变好。公司收购了苏州旭创的资产，由于苏州旭创的 100G 光模块产品供不应求，业绩的持续增长有了明确保障，这时公司也从原来的持续下行趋势走出来，而连续的上涨帮助我们获得了很好的投资收益。

除市场面直观判断，还有非常重要的基本面分析。我们说价格趋势往往反映公司的基本面预期，所以多数基本面持续增长的股票，往往在市场趋势上更容易形成强于市场的趋势，而这个过程中我们可以通过基本面的数据进行比对。当然，多数读者也许和笔者一样并不具备财务领域的专业知识，也不是专业的行业研究员，但互联网时代要获取上市公司的投研信息不是特别难的事情，往往一个机构关注度很高、预期持续增长的公司刚刚公告重要数据或者事项时，机构的最新报告已经在互联网上流传了。所以，我们要想凭一己之力做好投资，应该沉下心来在各种报告中对比和研究，因为行业趋势的逻辑和公司看多的逻辑在各种报告中都会罗列。过去我们说"没有丑女人，只有懒女人"，现在做投资也是一样的，"没有天生的韭菜，只有懒死的韭菜"。我们通过公司以及权威机构对行业增长数据的报告，在行业确定增长的"好学生"身上赚了很多钱，而困境反转类的"坏学生"，往往是低位开始上涨时由于本身是垃圾股，市面上很少见到报告，后面机构建仓完毕后才有研究报告在市场上流传，这时股价可能都已经有了一波涨幅，但要记住，只要股价没有反映其预期的未来增长，那么仍然有进一步上行空间，因为企业趋势决定 K 线趋势。

在实战过程中，大家应该选定那些行业增长确定、公司经营增长逻辑明确的"好学生"进行长期追踪，同时兼顾一些咸鱼翻身的"坏学生"。这样已经占用了我们绝大部分精力，每天追着热点去研究赚市场差价的都是"韭菜"，必须把自己和他们区别开来，才能有机会持续地生存于市场。为了给后来的学员树立榜样，我们的公开表演账户从 2018 年 12 月底开始运作，到 2021 年 5 月中旬，只用了两年零 5 个月的时间，整体收益率已经达到了 219%，期间我们保持了比较低的换手，也没有来回切换市场热点，仍然取得了这样的真实业绩。笔者认为，一张会说的嘴终究不如拿出真实业绩更容易让人信服。

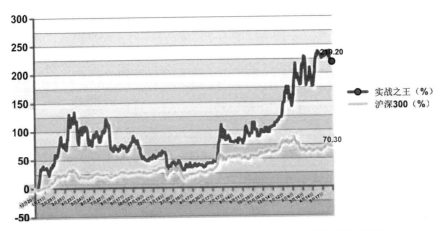

图 2-26　公开表演账户 2018 年 12 月 ~2021 年 5 月收益率 219%，同期沪深 300 指数涨幅 70.30%

下篇

培训班学员的实战日记

一、三聚环保（300072）实战回忆（2016年1月~2016年9月）

  2016年11月中旬，笔者受北京电视台财经频道邀请录制了一期实战方法分享类节目。笔者觉得实战经验分享类节目本质上比股评节目有意义得多，毕竟在市场中"说股票"和"做股票"的人永远是不一样的，要拿着自己的交割单把实战的点滴汇聚成经验进行系统的总结并分享，栏目编导的创意的确是想投资者所想，忙投资者所忙。都说"实践是检验真理的唯一标准"，那么，通过自己真实投资经历所分享的成功方法与过往的心酸，这才是广大读者和股民朋友需要的！因为节目时长的原因，被大量删减以后的视频播放于2016年11月23日北京卫视的《投资者说》栏目。很多经典的分析内容没有通过视频所展现，这里经过手中的文稿以及视频内容的整理，通过文字版首次向大家公开披露完整的选股与实战交易过程。以下是文字版实录：

  主持人：庞老师您好，我们录制的是一个讲方法的节目。栏目组要求参与进来的人都拿着自己的实战交割单详细讲解自己的操作过程。请问您能够提供并充分讲解吗？

  笔者：我觉得提出这样的标准来做一档方法分享类栏目，初衷是好的。对此我完全没问题，请问需要营业部盖章证明交割单的真实性吗？需要的话，我可以邮寄并盖章。不过我有一点好奇，在行业中既能做明白又能说清楚的人并不多。如何保证节目的稳定性和持续性？如果将来没有合适的嘉宾会怎样呢？

  主持人：既能够证明实战结果的真实性，又能够完整地分享它的产生过程这是我们最需要的。交割单直接上账户截图就可以了，至于您提出的如何保证节目的持续性，那这个问题就留给编导们去伤脑筋吧。现在您能否系统地给我讲一下，您对这只股票（三聚环保）的选股以及操作流程，而后最终传递一个什么样的思维和投资方法？因为我们是一个讲方法的节目，所以最终重点还是要落到方法上。

笔者：好的，下面我谈一下整体的选股以及交易方法和交易过程。这里我整理了完整的文稿，我们一起来看一下：

关于该股的操作，这是一只典型的"自下而上"的选股。自下而上，也就是先从股价趋势发现它，再由趋势状态回到基本面的分析过程，这个过程行业内称为"自下而上"。而机构的选股则相反，往往是先从基本面再回到市场的价格趋势，这种选股思路被称为"自上而下"。我们很多普通散户，并不是专业做研究的投资人，也不可能真正做到从基本面到市场趋势的选股，因此从市场层面着手选股是契合大众的一种方法，通过趋势与形态，我们能够看到资金的持续流入过程，如果资金意图是持续买入，那么大概率的理由是公司的股价还没有兑现它的进一步向好预期。所以看到主力在反复地买，再去看研报找原因，这是我的选股方法之一。

从市场趋势看，三聚环保在很长一段时间里呈现了底部逐渐震荡提高的趋势特征，这与同期指数持续震荡新低的趋势状态形成鲜明对比！很多人想找好股票、找强势股，却又觉得无从下手。其实所谓的强，是对比指数的趋势找到它强于市场的状态，如果你仓中的股票走势与指数"走得差不多"，那么又怎么能够证明它是强势的呢？因此这样的趋势对比就是资金持续流入的最好证明。

主持人：也就是说，从您谈到的技术面选股方式看，三聚环保具备偶然性或者随机性咯？

笔者：不不不，如果对选股的条件要求就是"在同期指数连续创新低的趋势中，个股反而低点走高"，那么当时市场中真正满足这个条件的股票就极其少了！即便不借助任何分析工具肉眼选择，那么同期能够找到符合条件的个股只有4只，它们是——美的集团、黄山旅游、三聚环保和贵州茅台。这里我已经把美的集团和贵州茅台的股价趋势与指数的对比图整理出来，让大家更能清晰直观地理解。

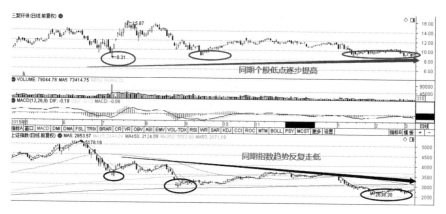

图 3-1　三聚环保与上证指数日 K 线趋势的对比

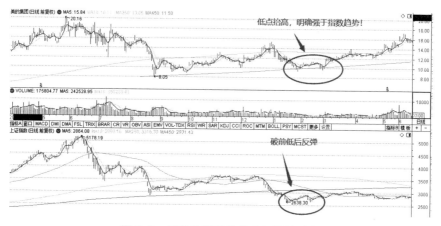

图 3-2　美的集团趋势状态与指数对比

　　通过趋势对比大家可以清楚地看到美的集团和指数在调整阶段趋势的差异。指数在真正进入到触底的最后阶段，该股这里最后一跌时，下跌的时间明显比指数慢，见底位置又明显比指数位置要高。

　　同样，贵州茅台趋势，前面随波逐流，后面见底的位置个股的供求关系和指数发生了明显的变化。指数新低它不再同步新低；而指数略微反弹时，它已经创出了几个月以来的新高！所以看似偶然的市场交易中，都包含着个股与众不同的重要信息。一只股票在弱势中与指数趋势的持续不同，必然是大资金持续流入导致的结果。

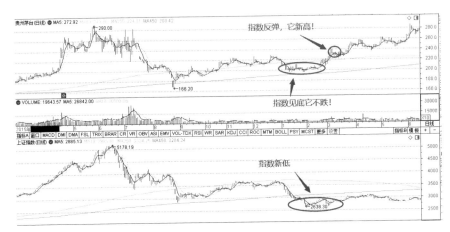

图3-3　贵州茅台趋势状态与指数对比

主持人：您说的意思是，它们的走势和指数都不一样了，所以这种不一样的趋势波动证明了大资金的入驻行为，通过这样的对比可以找到这几只个股。那么，为什么同期只操作了三聚环保，而不是美的集团或者贵州茅台呢？

笔者：仔细看一下三聚环保的趋势状态，还有很多线索可以供我们去挖掘，通过趋势状态的不同，完全可以找到资金意图更充分的证据，我们可以一起来了解一下这些证据。

除了上面所总结的个股趋势状态对比指数趋势的不同以外，图3-4

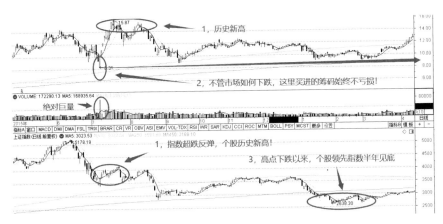

图3-4　三聚环保与同期上证指数日K线对比

诠释了三聚环保与同期的美的集团、贵州茅台的差异性。

（1）指数反弹个股新高：指数从 5178 点回落的过程中经历了惨烈的调整。而调整后的反弹行情是相对短暂的，但该股竟然在反弹中拉出了历史新高，这个情况在当时市场的短暂反弹行情中，两市只有中航光电和三聚环保实现了！

（2）前期反弹起点出现了一个巨额的单日成交，自那里的低点算起，指数又迎来了持续的调整和两轮的杀跌行情，可是无论后期怎么波动，发现这里买入的筹码始终都不会呈现套牢状态。如果这种现象是偶然的，那么只能说多数投资者不认同该股的进一步下跌；如果这里的护盘是主力资金人为制造的，那么显然巨额的单日成交是增量大资金入场买股票留下的痕迹！不然主力为什么要维护这个位置的持仓不被套牢呢？只能说巨量的筹码交换是散户把筹码交给了主力！否则市场里的资金都是来逐利的，没有人为散户护盘！

（3）和贵州茅台与美的集团最大的不同是，三聚环保见底时间更早，这应该是我们所强调的"有大资金维护巨量阳线"导致的，那里就是新资金入场的核心成本，所以这里低点的可靠性更具备说服力。

综上所述，三聚环保的趋势特征比贵州茅台和美的集团更加明确，主力成本和资金意图更加清晰且明确。

主持人：非常感谢庞老师的分享，过去在分析股票的过程中，完全没有像您所总结的这样，提醒您要考虑一下，我们的节目中要重点讲方法，那么这是您的买入依据和方法吗？如果是，那您的买点是如何选择的呢？

笔者：我对自己做分享的基本要求是不要误人子弟。我 1997 年进入证券市场，2006 年开始给机构独立决策操盘，至今我未见过一个单纯依靠看图表做技术分析而在市场里持续赚到钱的投资者。我不希望普通投资者死抠技术，误入歧途，所以开始时我所提出"自下而上"的选股就是让大家知道，不管是从市场层面去发现什么样的技术形态，又或者是通过研究搞清楚主力的意图，最终你要回到自下而上的"上"中去。我分享的方法，不是单一的图表维度，图表是看到市场交易中的线索，最终再回到股票自身的趋势逻辑上才是持仓的信心和根本。本次我的分享，以"戴维斯双击"方法分享为主，主要突出我们进行选股后，通过这个方法对股价高与低给出一个评判标准，帮助投资者学会制定买入以后的持股逻辑与判断未来的上涨预期。

主持人：您所说到的是叫作"戴维斯双击"的方法，通过这个方法就能够清楚知道买入股票的持股时间和上涨预期？

笔者：戴维斯的核心投资理念是在行情上涨初期买入低市盈率、有增长预期的公司；行情上涨之后，在市盈率提高、业绩增长释放的时候卖出股票，即戴维斯双击。股价反映的是未来预期，由于业绩和估值都是变量，没有办法可以提前得知准确数字，但如果未来预期增长和市场上涨的预期很明确，那么它就是一个解决持股目标很好的实战策略。这里有股票的基本定价逻辑，它的表述公式如下：

$$业绩 × 估值 = 股价$$

其中，业绩是公司每股收益，估值是市盈率水平。虽然未来业绩和未来估值我们无法准确预计，但如果业绩提升，而整体市场也上涨的情况下，对应的股价自然是提升的，那么随着业绩的明确与市场估值水平的明确，是可以通过它来对持股目标价格做相对预判的。比如说，一只股票业绩增长了2倍，然而同期市场指数涨了3倍，那么该股的理论涨幅绝不是和指数一样涨幅3倍或者5倍，而是2（业绩提升）×3（估值提升）=6倍。所以在牛市中，业绩大幅度增长的股票遇到市场的整体估值提升，它的涨幅是非常惊人的！因为业绩增长和市场上涨的幅度之间是乘数关系，而不是相加关系，我们虽然不知道什么时候牛市到来，但可以努力寻找业绩持续增长的公司，这样既有安全边际，又可以在牛市的时候跑赢市场。

主持人：哦！也就是说戴维斯双击这个逻辑，双击的核心，第一击就是业绩的增长，第二击是市盈率的增长。把两组数字相乘就应该是未来股价的预期目标，这样说对吧？

笔者：是的，这里我可以举一个简单的例子，比如说 2015 年的乐视网，乐视网在 2013~2015 年的整体业绩增长了 300%，而其间所对应的创业板指数涨幅为 400%。那么根据公式计算，股价涨幅 1200% 就是一个很正常的结果！

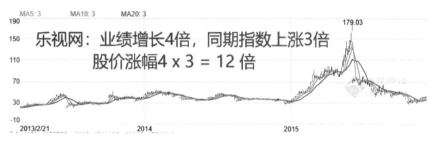

图 3-5　乐视网 2013~2015 年股价走势

主持人：明白了，乐视网大幅度上涨的原因是业绩和估值的双增长。我反过来想，如果估值和业绩都是向下走的，那股价也应该是向下走的对不对？

笔者：您说的很对，假设业绩下降 50%，同时市场下跌 50%，那么个股的股价为 0.5 × 0.5=0.25。也就是说，理论上股价将会剩下 25%。这个情况也有个名字，叫作戴维斯双杀！业绩不好杀了股价，又遇到市场下跌杀了估值，那么这个时候不逃跑，后果是很严重的！节目中根据您提出的这个问题，我也会举出相应的例子。当时 2011 年股市下跌，苏宁电器从 2010 年开始业绩大幅度下降至亏损，股价遭遇戴维斯双杀，从最高位 16 元杀至 4 元见底，这个过程股价跌去 75% 是可以预期的结果，这就是戴维斯双杀。

主持人：听您介绍了这么多，我大概已经听懂了方法的规则，那么您是如何结合三聚环保做实际应用的呢？这个我们节目中必须让观众朋友看得懂，进而让大家清楚方法的有效性。

笔者：好的，回到三聚环保的实战操作，可以看到的是 2016 年初期，市场有一波非常快速的杀跌，跌到了 2638 点，这个点位对应的三聚环保上年度业绩为 1.19 元（复权摊薄）。根据［业绩 × 估值 = 股价］

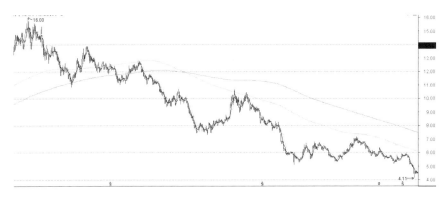

图 3-6 苏宁电器 2011 年股价走势

的公式，我们在已知业绩 1.19 元和股价 18 元时，得出估值为 16 倍。那么可以罗列算式如下：

$$业绩（1.19 元）× 估值（16 倍）= 股价（18 元）$$

这个算式是说，市场在 2638 点时，给予三聚环保的估值水平是 16 倍。这个估值是市场连续下跌的极端环境下的结果，随后市场开始回暖，股价随之企稳。现在我们要知道的是，三聚环保的业绩与市场的估值能否一起回升形成双击，这样在业绩提高和市盈率提升的上涨中就可以充分获利了！三聚环保在 2016 年 4 月发布了第一季度的业绩预告"预计公司 2016 年第一季度经营业绩同比增长 98%"。为此我刻意查了一下公司的营收结构，公司业绩增长是依靠主营业务收入实现的，同时公司每个季度的收入情况都很均匀。从历年的报表看，每年第一季度的收入水平基本占全年营收的 22%~25%。也就是说，公司的业绩增长是实打实的，没有水分和其他因素的主业自然增长，这和很多研究报告提出的预期基本符合。

谈到这里，可以把我们收集到的信息做一个总结，为我们的交易决策打基础：

（1）从该股趋势强于指数且始终不破巨量阳线的趋势状态看，该股是有主力机构充分驻扎其中的。

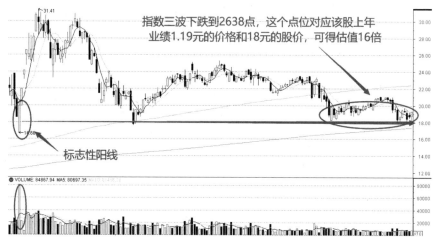

图 3-7　三聚环保日 K 线

（2）从基本面情况看，由于公司披露的在手订单只要能够执行，就能够兑现研报里提出的业绩进一步大幅度增长的预期。最新的第一季度报告业绩 98% 的增长证明预期正在落地。

（3）如果市场会有进一步的回暖，市场估值提升，那么公司将迎来戴维斯双击的机会！

综合以上几点看，该股可投资的证据充分，就剩下如何寻找买入点和卖出点的问题。关于买卖点，我们经历了三次的加仓操作。

第一次是 2016 年 3 月，我们得出大盘相对确定的见底结论，主要依据是经济数据已经到了"悬崖边"，已经到了一个货币要开始释放、政策

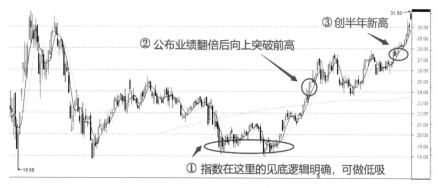

图 3-8　三聚环保日 K 线

要维稳的阶段，因此在货币释放的拐点，市场迎来见底；因为节目时长有限制，这个逻辑应该没机会展开说，但这个底部我们有明确的分析逻辑。指数到达相对确定底部区间后，这里是第一个可以考虑低吸的位置。

第二次加仓是看到前面 2016 年 3 月中旬公司已经发布预计公司业绩增长 90% 以上的预告，突破前期新高的位置实际是资金对这个预期的自然反应。在突破当日我们曾经做过一次加仓操作。事实上不仅仅是突破，后面围绕突破位置进行了两个月的震荡，这里都可以视作低吸的机会。

第三次是震荡以后突破半年新高的位置，这里我们做了最后一次加仓。和逢低补仓的区别是，我们买的是确定的上涨趋势，那么每次趋势向上确立都是加仓的机会。这是正确的交易思路，与很多散户逢下跌想补仓摊低成本的交易截然相反，因为我们要买的是一个连续的上涨趋势，而不是持续走低的价格。

主持人：看来交易股票想持续盈利，真的需要有清晰的思路与明确的逻辑才行，前面所探讨的是选股的思路和买点，那么后期卖点又是如何把握的呢？

笔者：回到"戴维斯双击"这个方法上，它的优势之一是可以帮助我们评估持仓股未来的目标价格。其实公司公布了第一季度业绩增长 98% 的报告以后，说明业绩是符合预期的。根据公式，如果我们希望预估未来股价上涨的目标价格，那么需要对公司的业绩增长做一个预估。在上年每股收益 1.19 元的基础上第一季度开始增长 98%，既然这个公司 4 个季度的收益水平很平均，我们可以估计今年的业绩大概是 1.19 元 +1.19 元 =2.38 元左右。而预估个股未来目标价格的另一个数据是估值，也就是业绩增长的同时，市场估值发生了怎样的变化，我们可以参考本次 2638 点开始反弹的市场整体情况，这个过程中市场回暖，其上涨幅度已经到达了 10%，也就是市场估值提升了 10%。那么现在我们可以把已知数据代入到公式中，即：

业绩（1.19 元 +1.19 元）× 估值（16 倍 +1.6 倍）= 股价（40.48 元）

其中，"1.19 元 +1.19 元"，是业绩增长 98% 的预估；而指数从 2638 点以来涨了 10%，也就是市场整体估值提升了 10%，所以原来市场低点时，三聚环保的估值是 16 倍，那么应该是增加 16 倍的 1/10，就是 1.6 倍，最终的计算结果是 40.48 元左右。可是与这个目标价格不匹配的是，当时的三聚环保股价只有 27 元左右，除非未来的增长预期和逻辑不见了或者存在其他问题，否则这个定价应该是错误的。

主持人：那也就是说，这个钱赚的是市场定价错误进而恢复的钱。可是如果未来市场下跌了呢？那是否买入以后同样有这种风险的担忧？

笔者：简单地说，即便我们不清楚未来市场估值水平是什么样，可公司的业绩增长持续性摆在那里。假设买入以后市场下跌回原位，那么业绩翻倍的同时估值不变，股价仍然有 100% 的上涨；假设市场整体估值水平因为连续熊市下跌 30%，但公司业绩大幅度增长 1 倍，仍然可以抵抗这种极端的风险。只要其持续增长预期没有变，股价必然向合理估值靠拢。

果然，后来股价单边上涨并超越了目标价格，最高到达了 55 元。我们在股价跌破 5 日均线时清仓离场，毕竟当时的股价位置既到达了目标价格，又有大阴线终结了短期上涨趋势。

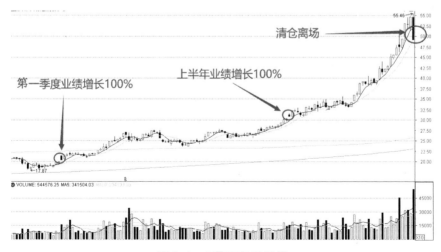

图 3-9 三聚环保日 K 线

主持人：感谢您从选股到方法应用的过程，再到交易和卖出策略的详细讲解，只是我们栏目播出的时间有限，我们稍后要研究一下，需要做买入决策和选股决策内容上的删减。

您再说说账户里黄山旅游这个操作吧？

笔者：好的，如果从方法角度来说，黄山旅游的操作方法和三聚环保是一致的。它的"估值取样"同样是对应的指数 2016 年初低点 2638 点的位置。在市场最低点的位置市场给其估值水平是 30 倍，那么对应黄山旅游 2016 年 2 月公告的上一年度业绩预告，每股收益代入公式：

$$业绩（0.62 元）× 估值（30 倍）= 股价（18.6 元）$$

这里同样考虑的是大盘能否继续回暖反弹，又要考虑业绩能否进一步增长才能引发戴维斯双击，好在互联网让信息的获取变得更加容易。本次黄山旅游的选股与三聚环保从市场面"自下而上"的选股不同。笔者看到黄山旅游网刊登的"黄山春节游客同比增长 33%，创同期历史新高"的新闻才发现，这是一个典型的"自上而下"的基本面选股，是看到数据以后再进行个股实战的。这个数据实际上是对当时还没有公布的 2016 年第一季度业绩做"提前预告"。如果第一季度黄山游客量增长了 30% 以上，那么业绩增长的预期就是 30% 左右。而同期市场估值整体上涨了 10%，那么我们可以算一个大概的股价预期：

$$业绩（0.62 元 +0.19 元）× 估值（30 倍 +3 倍）= 股价（26.73 元）$$

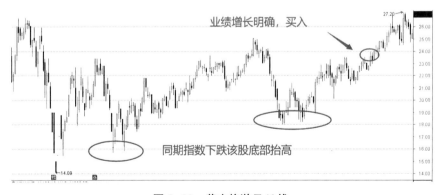

图 3-10　黄山旅游日 K 线

显然，黄山旅游没有三聚环保的大红大紫，但逻辑和思路是相同的。只不过从一开始它的预期就很低，因此稍微上涨我们就把它处理掉，移仓到三聚环保，也就是您现在看到的账户结果。

主持人：在所有个股上都可以应用吗？还是有些股票不能应用？我们在节目中一定要讲清楚的。

笔者：显然，这个方法不适用所有股票。比如有些股票本身就不适合用市盈率估值，那么就不能用这个方法去计算和推理股票的目标价格。比如说券商、化工、有色金属等周期股。因为周期股的属性往往是业绩最好时股价见顶，而业绩最差时股价触底。在这个过程中，业绩不是没有参考价值，而是随着股价上涨，但却是个市盈率从高变低的过程。举个简单的例子可能您就明白了，比如说近阶段很强势的民和股份（002234）是典型的周期股。公司业绩亏损，股价一路上涨，股价一路落地，业绩增长，市盈率水平其实在上涨中是一个由高变低的过程。而最终都是在业绩最好、市盈率最低时股价却见顶了！

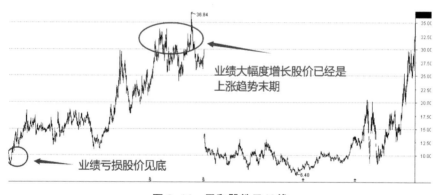

图 3-11　民和股份日 K 线

除此以外，还有微利的绩差股与重组股也不适用，因为这类股票的公司业绩很低，股价市盈率成百上千倍都很正常；它们并不是因为亏损太光荣享受了如此高市盈率的估值，而是股价已经包含了未来可能的重组或者改善预期，业绩未来真正能够增长时，市盈率也是一个从高到低的下降过程，这些股票不适合用戴维斯双击的方法操作。

笔者点评：

在这期节目后期的制作过程中，删减了关于三聚环保的选股思路方面的内容，甚是可惜。同时仅仅公布了买入和卖出的账户截图，并没有完整地把每个买点的心态与买入思路展现出来。普通投资者在选股过程中，如果没有能力从行业到公司进行选择，那么多对比个股与市场的整体供求关系是发现主力资金、发现牛股比较直接的方式。你的股票好与不好，放到市场去检验一番，它的供求关系都反映在股价趋势里，会很直接地给予答案。而如何对未来的趋势做目标价格的预期，那么戴维斯双击是一个可以参考的方法，当然运用过程中要注意预期与市场环境的变化情况，一定要把市场变化的情况叠加进去进行动态分析，才能让结果更加贴近市场真相。此外，关于三聚环保的卖出操作除了"目标价格"这项以外，还有一个重要因素要强调，即三聚环保当时上涨后的市值水平已经高达 600 亿元，当时在中国 1000 亿元以上市值的公司相对不容易，所以笔者的交易习惯是关注那些几十亿元变成几百亿元的企业，很少去碰百亿元到千亿元的这段涨幅。后面大家也看到了三聚环保股价进一步上涨到 700 亿元以后的轰然倒塌，希望这个交易经验可以为大家所借鉴。

二、国科微（300672）实战回忆（2017 年 7 月）

北京 （Varja 妈）：

2015 年我误打误撞进了股市，一开始听消息学 K 线交咨询费，后来跟投资公司的老师合作炒股，却仍然在持续亏损。直到偶然看到庞老师的讲座，发现您讲的内容以及思路和很多人不一样，老师的理念和思维打开了我对股市全新的认知，而且几个来回的操作下来让我不仅仅赚到了钱，还重新赢回了对投资的信心。

（一）红海市场与蓝海市场——2017年7月25日（15：30　晚课）

Varja妈：最近几天富满电子、江丰电子和国科微这批新股上市，老师反复提及这些股票的定价偏低，但一直看您在说关注也没敢直接买入，您看逢低可以参与吗？

笔者：关于集成电路，我们已经清楚地讲过这是未来国家发展战略的重点，集成电路相关的企业是典型的蓝海市场上市公司。何谓蓝海市场呢？它泛指那些现在不存在或者规模特别小而未来又有明确巨大发展空缺的产业。由于产业规模处于初期，所以没有充分竞争，因此被称为蓝海。对于集成电路产业来说，它已经是一个非常巨大和成熟的市场，但整体集成电路以芯片作为载体，而目前芯片国产化并代替进口已经成为重要的国家战略，所以面对每年上千亿元的芯片进口，我国的集成电路产业是典型的必须要做，且终究要实现进口替代的蓝海产业。

之所以一直说最近上市的几只新股定价偏低，是因为它们现在的股价对应招股说明书中提出明年增长后的业绩只有40倍市盈率水平。笔者看过资料，在200年前，铁路公司是当时的高科技企业，是未来的蓝海市场，所以那时铁路股在美股的估值就没有低于过60倍市盈率；前几年炒乐视网，炒手游，同样是因为大家预期手游是蓝海市场。现如今国家要大力发展高端装备制造业，而整个高端装备制造业中芯片和集成电路首当其冲，因此比较之前的蓝海行业公司，这个定价水平是低的。至于定价高和低的量化衡量标准，笔者设定为公司所在年度的40倍动态市盈率对于成长的蓝海公司是"低"；相反对应传统行业的上市公司，40倍动态市盈率是"高"。

这里大家可以回忆一下2013年的掌趣科技、乐视网和网宿科技等牛股情况，回头看大幅度上涨的起点是在当年动态市盈率40倍的位置开始的，可见在市场处于低位区间时，这个市盈率水平是主力资金可以接受并且认可的。

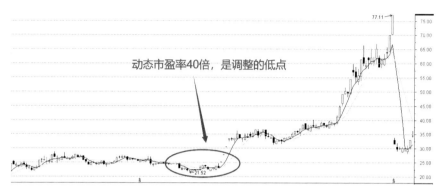

图 3-12 掌趣科技 2013~2014 年日 K 线

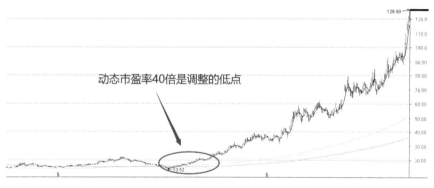

图 3-13 网宿科技 2012~2014 年日 K 线

　　如果你买传统行业的股票，其行业市场成熟且充分竞争，大家都在拼增长率，最终估值水平难以突破 20 倍市盈率。典型的代表就如中国建筑（601608），既有净利润确定增长又有险资举牌却只涨了一波。因为 K 线背后，基建和房地产行业所处的传统产业已形成充分的竞争，这种充分竞争的行业就叫作"红海产业"。如果一只股票所处的行业竞争很激烈，且预期增长率也非常普通，那么估值水平就不会起得来。即便是遇到罕见的大牛市行情，它们的涨幅也非常有限，股价常年会在 20 倍市盈率以下运行。

　　大家必须重视今天讲的内容，因为以后在做选股时，一定是要侧重于蓝海市场的行业，不太理解的同学在课后时间充分复习。

　　本次上市的江丰电子、富满电子、国科微几只个股的股价基本对应

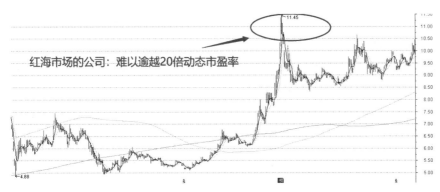

红海市场的公司：难以逾越20倍动态市盈率

图 3-14　中国建筑 2016~2017 年日 K 线

当年动态市盈率水平仅 40 倍价格附近，从所处行业和蓝海市场历史估值的规律看，这是一个非常有吸引力的上市定价。如果这些企业不出现管理风险和技术迭代的意外情况，且本次的募集资金能够物尽其用，那么相信多年后回头看这里的价格，应是不错的低点！如果从广义的投资角度自上而下地看，其现在已经构成买入并持有的逻辑。但是，我们还需要对这些个股的状态有进一步的了解，我们不妨多观察一下资金对它们的认可程度，并且多收集有关这些公司的资料，再行考虑做交易打算。

（二）有机构在国科微身上打底仓——2017 年 7 月 26 日（15：30　晚课）

笔者：今天是国科微上市后打开涨停的第三个交易日，该股打开涨停当日换手率 63%，对比其他近期上市换手充分的新股，这是一个相对惜售的换手率，显示原始中签者在打开涨停后获利兑现的动力不足。随后两天维持了每天 40% 的换手率，连续三天累积换手率 160%，这个三天累积换手的结果显示整体换手已经充分。从走势看，今天该股逆势涨幅 5% 的背后，是主力机构连续收集的有效证明！为什么会得出这么肯定的结论？这里我们把所有的线索归纳一下：

（1）芯片集成类公司是一个 A 股市场必须炒的行业。根据招股说明书与承销机构的业绩预测，当前股价对应着 2017 年业绩是动态 40 倍市盈率估值，这是一个比较有吸引力的估值。

（2）从市场层面看，该股在打开涨停当日形成了短期最大成交量，本身打开涨停原始获利筹码出逃是抛压沉重的一天，次日在没有利好的情况下，怎么会诡异地跳空高开？

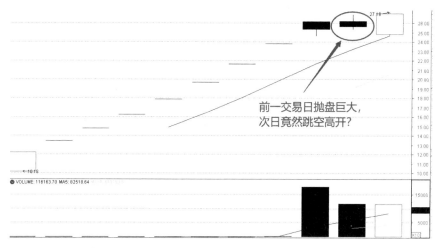

前一交易日抛盘巨大，次日竟然跳空高开？

图 3-15 国科微 K 线

（3）如果说昨天这个高开是巧合和偶然的，那么今天该股低开后快速翻红上涨，最终指数冲高回落而它却最高点报收。对比一下该股和指数的分时走势图，典型的盘中有反弹，股价新高；盘中指数下跌新低，股价横盘。这个盘口表明，今天明显是大资金流入，而这里的资金流入是顶着巨大的获利盘和市场的下跌背景实现的，因此非常有说服力。

（4）大资金仅仅是今日逆势流入吗？假设你在打开涨停当日兑现了中签筹码，虽然收获颇丰，但到今天创新高为止，根本没有更低的价格可以把上市当日抛出的股票接回来。这说明机构已经在打开涨停当日的回落中入场收集了，只有机构在抛盘中收集了大量筹码，才会在随后的两天刻意维护这个位置的价格不跌。因为换了任何人当主力，也不希望市场其他人比自己的建仓成本更低，主力不是来给散户当车夫、抬轿子的。

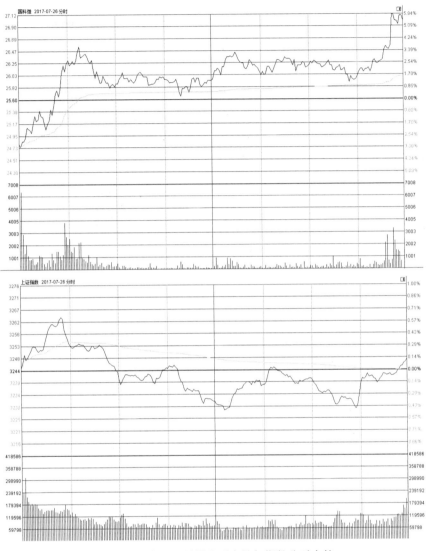

图 3-16　当日国科微分时走势与指数分时走势

　　我们通过对行业前景相应的估值状态，以及主力资金的状态进行分析，明确找到该股要上涨的重要证据。这是我们目前传授方法最大的优势，不是胡编乱造的看图说话，能够化繁为简真正发现主力意图，进而让普通投资者即便不具备基本面分析能力，也能够在市场中好好地把握机会！

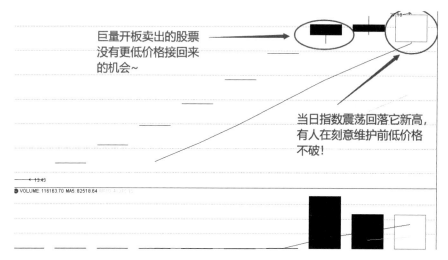

巨量开板卖出的股票
没有更低价格接回来
的机会~

当日指数震荡回落它新高，
有人在刻意维护前低价格
不破！

VOLUME: 116163.70 MA5: 82518.64

图 3-17 国科微日 K 线

从今天尾盘的拉升看，我们清楚了资金的建仓状态，但还不能够明显了解资金的短期意图，比如说该股是直接拉起来走一波行情，还是在建完仓之后进入一个蓄势？笔者认为，如果大资金希望收集完毕后顺势做一波行情，那么明天高开稍微回落后会大阳走起；如果个股不急于走一波行情，那么今天尾盘拉得急，明天盘口容易低开保持震荡。所以不管明天是高开还是低开，都有可能产生盘中的回落，回落就是买点！

（三）三只很有机会的股票谁最好？——2017 年 7 月 27 日（16：00　晚课）

Varja 妈：按照昨天课上老师总结的思路，今天在早盘国科微低开后进行了买入操作。今天同板块的另两只新股富满电子（300671）和江丰电子（300666）也出现了涨停突破的情况，完全符合老师关于 40 倍估值低的预期，既然是同一板块的整体行情，是不是另外两只股票也可以参与呢？

笔者：国科微今天全天振幅挺大的，盘中一度从跌幅 5% 冲高到涨幅 5%，再创新高后最终微涨不到 1% 收盘。正如您所说的那样，我们所有学员应该都注意到了富满电子和江丰电子的突破情况，今天集成电路三剑客全部创上市以来新高，下面对三只个股进行逐一的复盘总结。

第一个是国科微，从今天的表现看中规中矩。很多时候没有消息反而就是好消息，已经清楚主力的意图，那么我们需要的就是付出时间。如果该股真的出现极端走势，要根据具体情况具体分析。目前看只需要保持耐心即可。

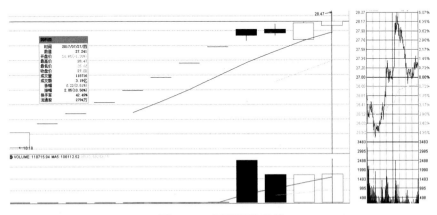

图 3-18 国科微日 K 线

第二个是富满电子，这只股票今天冲上涨停板，股价上市以来新高。从市场趋势上看，它的短期状态不像国科微那么有特点。前低位置明显低于首次开板阳线的低点，K 线状态有些乱，但这里的突破仍代表主力资金入场的态度和决心。

第三个是江丰电子，该股最近走了一波趋势性的连续上涨。但从整体趋势看，该股打开涨停以后的连续调整幅度有些大，近期股价从23元到33元的连续上拉，今天才"从坑里爬出来"。由于前面的"坑"挖得足够深，所以股价这里的历史新高，已经积累了一段时间的获利盘。也正因为从23元到33元的累积获利盘，笔者认为突破后持续上涨的概率不大！想想看，拿下上市首日如此大的套牢区，加上前期的获利筹码，股价需要在这里调整换手。

综合比较下，江丰电子应该观望，毕竟短期涨幅巨大，在没有消化短期上涨获利盘的状态下向上突破新高，这种趋势的新高行情是不能按照"趋势确立"来执行追涨策略的!其他两只状态正常,都可以继续找机会参与。不过从操作角度来说,笔者认为同一板块没有必要全部都去买,因为在实战操盘中,5000万元以下都是小资金,小资金没有必要做如此分散持仓的,更何况很多散户连500万元都没有,因此国科微的状态显得更有优势一些,做一只股票就够了。

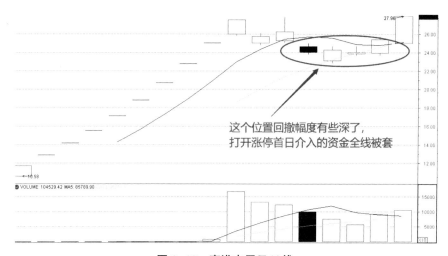

这个位置回撤幅度有些深了,
打开涨停首日介入的资金全线被套

图 3-19　富满电子日 K 线

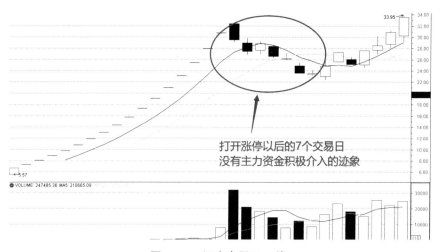

打开涨停以后的7个交易日
没有主力资金积极介入的迹象

图 3-20　江丰电子日 K 线

（四）被套以后怎么办？——2017 年 8 月 11 日（16：00 晚课）

索隆：老师，之前课程中您说到集成电路三只新股的定价都偏低，我在 7 月 28 日富满电子新高以后介入了，但股价连续下跌至今已经从最高的 30 元附近回落到 23 元，最近的课程中每天讲国科微更多一些，富满电子您看这个位置怎么办？

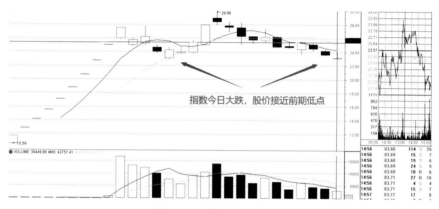

指数今日大跌，股价接近前期低点

图 3-21 富满电子日 K 线

笔者：有点意外，为什么这个交易之前不知道。不过就算是知道，从前面的高点 29.96 元滑落的这个趋势，可能同样会忍耐吧。富满电子在前面的突破，笔者已经明确指出它趋势状态的不足，所以同样的板块选股，其他同学已经进了国科微，不明白为什么你还是冲到富满电子了？不过依旧问题不大，因为除了技术状态上的差异，目前对动态 PE 只有 40 倍市盈率的集成电路芯片类上市公司，肯定是定价偏低的！虽然股票在连续调整的过程，比较消耗耐心，但千万不要消极，下跌是风险释放，而看多的逻辑并未消失，那么价格越低也越应该有信心才对。还有就是今天指数大跌 50 点，国科微上涨收盘，而江丰电子和富满电子盘中也是上涨的，可惜最后都是下跌收盘。客观地看，实在是指数环境太糟糕把股价拖累了，否则如果该股自身有下杀动力和空间，今天这大盘环境它们几个早就跌没影了，可为什么没有跌呢？显然是场内投资者也不认同这样的价格继续卖出股票。总之,既来之则趴之,没有主动杀跌的理由,富满电子就继续持股忍耐一下。

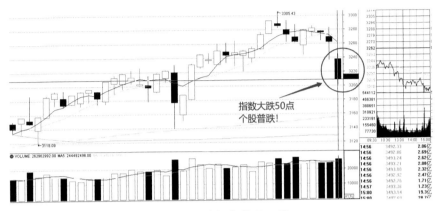

指数大跌50点
个股普跌!

图 3-22　上证指数日 K 线

再看国科微的情况,指数从高点回落已经连续下跌了 8 个交易日,如果把这 8 个交易日的股价表现和指数进行对比,显然指数下跌的日子里,该股走了一个横盘震荡。从结果看,横盘的位置恰到好处,因为前面巨量抛出筹码的价格,目前依旧没有任何低位回补的机会!这还有什么说的呢?即便是市场不好,前期大规模抛出的获利筹码也没有低位买回机会,其实再度证明前面打开涨停的巨量是被主力资金接走了,因此这些日子指数环境再不好,也难以跌破主力的建仓成本。

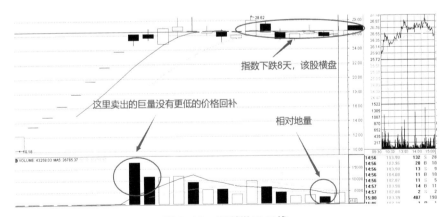

指数下跌8天,该股横盘

这里卖出的巨量没有更低的价格回补

相对地量

图 3-23　国科微日 K 线

大家还可以换个角度去想，现在的调整，其实是市场帮助我们"验货"的过程。到底里面有没有做局主力，是不是主力坚定看好。连续的指数调整反而给我们传递了增强持股信心的市场信号。由于市场本身没有中期持续下行的动能，那么这里调整差不多的时候，股价距离主力成本这么近，我们还担心主力不发力吗？笔者觉得这个时间不会太久，很快市场回暖，主力就得动手干活了。

（五）人性的弱点有好多种，你是哪一种？——2017 年 8 月 23 日（16：00 晚课）

Varja 妈：国科微今天盘中最高已经快 40 元了，感觉从二十几元一路走来似乎太顺利了。老师的课程讲解很详细而且也很生动，让我们这些对股市没有太多理解的小白能够听得懂、做得到。

笔者：对于普通投资者而言，我对投资并没有很具体的了解，也是从很多弯路上一路走过来的。所以必须要用最直白的语言让大家都能听得懂，并且去理解。

索隆：老师，我觉得做你的学生太荣幸了，今天富满电子涨停新高！而且已经盈利了，会连续涨停吗？

笔者：首先感谢索隆的认可。很明显，现在富满电子和国科微形成了"联动效应"，双双创出新高。但没记错的话，目前富满电子最多算是微利状态，今天趋势已经出来了，因此趋势顺延下去利润会逐渐增长的。只不过它后面是连续涨停还是震荡上涨，就看后面买入的资金力度了。笔者觉得目前看，最重要的不是眼前的盈利，而是你已经赢回了信心。最近两天的心情好像和前面低点的时候完全不一样了。希望以后不要过于情绪化，而是客观理性地看待股票价格波动。

从目前的情况看，国科微在历史新高以后，涨幅已经接近 50% 了，而富满电子这里才刚刚突破。既然是哥俩一起闯天下，没有理由老大走得那么远而老二刚出家门就拐回去了。也就是说，目前看富满电子走的态势，应该是落后国科微的，而且这个价格距离我们所强调的"动态

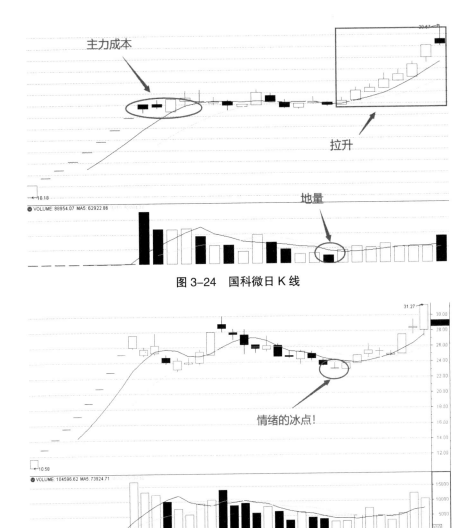

图 3-24　国科微日 K 线

图 3-25　富满电子日 K 线

PE 值 40 倍"根本没有拉出空间。所以富满电子刚刚突破，热情刚刚被激活，那么上涨势必需要进一步延续。此外，昨日国科微走到 40 元附近冲高回落，但最悲观预期也不至于下跌，不然岂不是封杀了刚刚突破的富满电子的上升空间。如果国科微在这里真的连续回落再打回去，那么前面看多的逻辑仍然没有消失，最多是坐一圈环路车而已，这个就要看大家的情绪和心态了，因为人的情绪都是有弱点的，而且一到股市里面会体现得更加淋漓尽致！比如有的人被套可以套很久，情绪和亏损导致套了就不看股票了，这样一直套下去的投资者情绪肯定很稳定。但一旦解套就不一样了，反而每天寝食难安就想着卖出，生怕再度回落被套，这样的投资者很多。还有的人内心其实接受不了获利，可他们自己并不知道，往往一旦股价上涨超过10%或者到达20%那就坚持不住了，总要找个理由落袋为安。也有投资者绝对不能接受盈利以后回撤至被套，巨大的心理落差还不如从来就没赚过。人性的弱点有好多种，大家看看自己属于哪一种？上面描述的情况学员身上如果有，那么要自行调整，只有做好情绪管理的人才能做大事。

（六）板块的共振原理——2017年9月1日（16：00　晚课）

索隆：老师，最近几天国科微已经开始高位震荡了，很担心到手的利润再吐回去，现在赚点钱不容易啊？

笔者：明天是周末了，大家应该陪陪家人多放松放松，为了给大家腾出这样的时间和情绪，我最近把周末的课程都会提前到周五晚讲完。我发觉大家可能还不太习惯我分享给大家的投资节奏。总之很多散户为什么亏损？就是因为太在乎价格波动，既不想承受波动，又想赚波动的钱。如果我们要与普通散户的交易结果区别开来，就应该和多数人保持着不一样的思维。我们前段时间讲到"动态PE估值40倍"，最近富满电子、国科微都在走震荡行情，如果股价当真持续回落，那么在股价有安全边际的同时，能看到资金的持续运作。之所以担心，其实是不愿意坐环路车的心态。但在股票价格波动过程中，这些是我们必然要面对的。大家在来培训班前也应该听过市面上很多股评，为什么很多人都在讲如何赚钱，却少有人去谈忍受波动和被套呢？因为多数人自己还没有成熟的体系和心态去面对波动，所以不能把这个道理说清楚。

就目前看，国科微离开平台上涨的幅度大一些，但富满电子和江丰

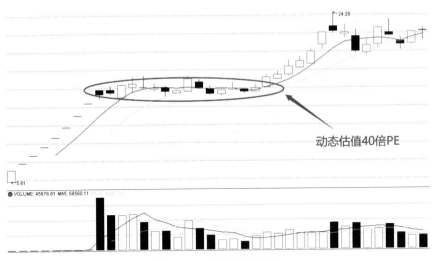

动态估值40倍PE

图 3-26　国科微日 K 线

电子明显逊色不少，但整体上它们已经实现了板块的共振。也就是说，三只一起上市的个股目前都是联动状态。即便上涨幅度有差异，但波动节奏相对同步。这种联动状态一旦形成，就不会看到某几只股票大跌，而板块其他个股大涨的情况。如果大家看到国科微这里的震荡吃不准，担心利润回吐，那么此时可以看富满电子和江丰电子的行进状态，也许可以通过板块的波动状态找到答案。如图 3-27 所示。

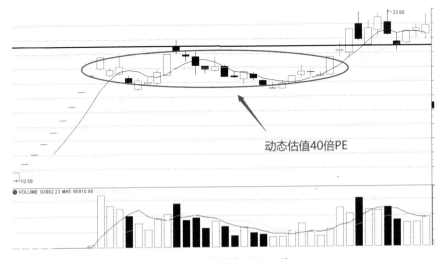

动态估值40倍PE

图 3-27　富满电子日 K 线

很显然，股价的突破上涨力度没有国科微那样强劲，但共振状态非常明显。在股价突破前期高点后近期在股价新高附近持续保持震荡状态。笔者在前期高点附近画了一根横线，大家更直观地看到，横线下方的密集成交区既是前期成交量堆积的位置，也是动态估值水平 40 倍 PE 的位置。现在股价已经告别了横线下方震荡的成交密集区向上突破，难道还要轻易跌回去吗？如果真的市场出现突发的重大波动，把价格再打回去，是我们选择股票投资必须承受的极端市场现象。在没有极端外力推动的情况下，趋势刚刚走出来，下行空间又非常有限，为什么我们不能多给它一点时间呢？何况这时刚刚突破而已。再来看看江丰电子的状态，如图 3-28 所示。

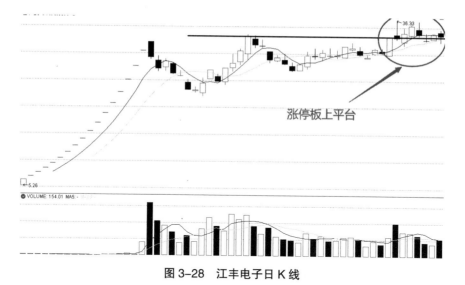

图 3-28　江丰电子日 K 线

江丰电子近期的走势很有特点，在突破历史新高后，走出了典型的"涨停板上平台"图形。这是中线强势牛股启动初期才能看到的趋势结构，这里更重要的是，要把形态和横线下方的密集成交区结合起来，那么这个涨停似乎有标志意义。它标志着前面的主力底仓已经建仓完毕，而后的蓄势正在等待新的发力。倘若江丰电子和富满电子在这里没有看到下跌的状态，都在准备新的发力，那么国科微自然不会差，这就叫板块共振。

总之，目前看最坏的可能性能扛得住，更好的预期可以有，这是完整的思路。怕的是有的人只想着涨，从不考虑跌了怎么办，所以一旦下跌心态就坏了。但真正的专业投资，在做之前就已经试想到最坏的结果，并从内心衡量能否接受它。如果能够接受，再去做；如果不能接受，就早点抽身。

（七）卖出股票的依据 —— 2017年9月8日（16：00 晚课）

笔者：今天盘中给大家发了文字提示，对国科微如此巨大的成交量选择了离场操作。从最终结果看，该股在短线爆发连续涨停后今日打开涨停，全天高达41%的换手率仅次于新股上市打开涨停首日63%的换手率，这是一个绝对的巨量啊！如果不看数据只看量柱好像还不能觉察到什么，这个换手再努努力就快赶上新股上市了！

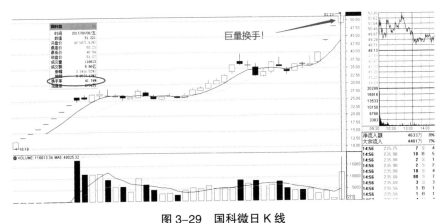

图 3-29　国科微日 K 线

索隆：老师，国科微出了，富满电子也出了吧，您不是讲过板块是共振的？

笔者：你先别急，让我把国科微讲完，再说富满电子。关于股票的卖出，我的老师十几年前曾经说到，买入和卖出必须有依据，那么卖出操作从依据角度出发，本质是规避可能发生的风险，而不是一定发生风险！

什么叫作规避可能发生的风险？笔者认为风险有两种：一种是看得懂要跌，那么必须要跑；另一种是看不懂，也就是没把握的时候，笔者认为也要先卖掉。面对41%的高换手和巨大的浮盈，笔者觉得一个月连续上涨80%以后，承受回撤的代价太大了，没有必要去承受。至于这个高换手是不是最终的高点，谁也不知道。但笔者觉得股票的本质是买走了生意的一部分，总不能你把代表生意份额的一部分股票卖给别人以后，别人接手就必须是亏钱的。完美主义不能炒股，把钱赚足的心态也不能做生意。所以短期涨幅巨大和如此的巨量，笔者的想法是先卖掉，并不是看到巨量就一定是顶，而是看不懂就走。这里还有另外一个更重要的想法，不单是觉得国科微的短期波动不确定，我们已经找到了另外一个相对确定性高的个股，是最近给大家反复分析的中际装备（300308）。笔者认为把没把握的投资拿回来，换到相对确定性强的个股继续加仓，这是一个很划算的买卖！

Varja妈：已经按照老师的思路陆续换股中际装备了。非常能理解老师所说的"把不确定性换到相对确定"的思路。

笔者：这位同学的执行力很不错，我们逐渐减仓国科微换股中际装备，希望在中际装备上能够获得不错的收益。至于索隆所提出的富满电子换股到中际装备，笔者觉得这个方案同样可行。不过还是要强调这个前提，笔者不觉得富满电子的行情真的走完了，毕竟比较国科微的涨幅看，富满电子和江丰电子似乎还不至于趋势马上完结。希望大家以后的交易也要秉承把"不确定性换相对确定性"的操作思路，持续坚持下去，而不是纠结在"卖了遗憾涨多少，涨了抱怨买得少"的低维度认知上，因为市场的钱是赚不完的，最重要的是方法和思路正确，某一次盈利多少对比持续盈利来说，啥也不是！

笔者点评：

几年后的一次交流中，聊到投资中际装备的思路，Varja妈问到为什么我们没有更早一点换股到中际装备，笔者提醒她因为当时我们的钱在国科微里。如果不用文字记录下来，这些宝贵的实战经验和投资过往会随着时间散去，不留下一丝沉淀。本次操作最终我们没有卖在趋势上涨的尽头，但正如我们文中最后所强调的，卖出一个自己没有把握的，换成一个相对确定性高的，这种操作理念一定是正确的，而且是在未来需要我们持续执行的。

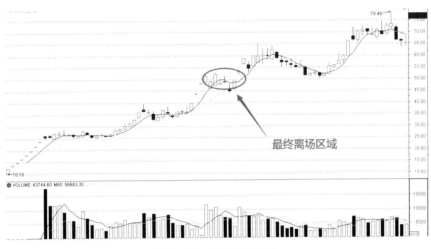

图 3-30　国科微日 K 线

三、中际旭创（原名中际装备，300308）实战回忆（2017 年 7 月～2018 年 2 月）

　　一个考试成绩很烂的学生，卖掉了它的名额给一个好学生，从而实现了考试成绩的大幅度提升，这是资本市场中坏学生变好学生的形象比喻。这种通过资产重组实现"困境反转"的投资机会，在市场的过去和未来都持续发生，那么一个垃圾股变成成长股的过程中，我们没有办法在重组消息公布的最低位抄底，但可以在做实业绩成长逻辑的前提下，积极以正确的投资心态和思路去追随持续上涨趋势。2017 年是笔者离开操盘机构开始做投资者教育的第一年，这一年最重仓并且同学们获利最大的品种，就是依靠资产重组实现趋势持续上行的股票。

（一）强势股是持续强于市场趋势的个股——2017 年 6 月 20 日（16：00　盘后课）

某学员：从去年开始偶然看到庞老师的观点和操作思路，受到了很大启发，觉得庞老师的思路和交易想法非常与众不同，是很多分析师根本就讲不出来的。后来跟着老师的思路研究个股，发现虽然自己没赚到什么钱，但心态明显好了很多，这次有幸能够学习老师的实战课程，让我对股票买卖有了新的认识。昨天老师在课程最后说到中际旭创的走势很不一般，那么是不是今天这种调整就可以买进了呢？虽然我拿捏不准，但很相信庞老师的分析，希望今天晚课的时候能仔细讲一讲。

笔者：首先非常感谢您的认可，你们是我涉足投资者教育领域以来的首批学员，希望大家能够真正获得持续盈利的好结果，这样也算是有一个好的开局。可我并不希望大家迷信某一个人，包括我在内，因为股市里没有神，我们做投资研究不是盲目的个人崇拜，更不是"看图说话"的闭门造车，而是踏踏实实地根据理论逻辑，处理好实战的每一笔交易。

我昨天最后说到中际装备的走势不一般，实际上，就中际装备而言，觉得这幅 K 线图有点特殊，分析如下：

（1）该股在前期形成了一个放量的头部，可在后面的走势中仅依靠较小的成交量就形成向上突破走势，这是典型的"缩量过头"，且最近一次新高的位置量能又进一步萎缩，说明筹码的持仓状态非常稳定。大家可以试想一下，如果市面上多数筹码都在散户手里，又怎会获利不抛呢？显然，这里缩量过头的市场意义是多数筹码被机构锁定，而锁定又代表着持股者对目前位置抛售不认可。

（2）我对比了同期该股的趋势状态和指数的趋势状态。指数近两个月震荡下跌的过程中，该股呈现明显的抗跌性，我们把中际旭创和大盘指数的整体走势进行对比，能够清晰地看到这种强势状态。我的经验是：个股状态是否明确强于指数是一个很重要的衡量标准，如果手中个

图 3-31 中际旭创日 K 线

股的趋势状态和指数随波逐流，甚至持续弱于指数表现，那么偶尔某一天的反弹或者某一小阶段的上涨都不构成它强于市场的证据。而图3-32 较好地诠释了"强势股"这个词，它代表的意义是个股走势持续强于市场趋势。

图 3-32 中际旭创日 K 线与上证指数对比

（3）除了以上图表特征外，我们必须深挖本源，找到 K 线背后的上涨逻辑才是关键。这里笔者要和大家强调的是，证券投资的本质是买了生意的一部分，而不是买了图表的一部分，希望大家在分析股票时必须重视一个股票的基本面上涨逻辑。有人可能会说我们是普通小股民，不可能精通基本面分析。事实上，笔者也不是基本面分析的专家，但笔者会根据基本面的研究报告进行学习，而且笔者说的"基本面上涨逻辑"并不是说必须要对个股的基本面经营有细致的分析，而是至少清楚买入的公司股权未来持续升值的逻辑。笔者在机构这些年，接触的成功的投资者中没有只做图表分析就完成持续盈利的。这里大家先不要急，操作上先逐渐低吸，后面的课程中笔者会将公司的基本面上涨逻辑和大家进一步分析。

（二）找到趋势上涨的核心因素——2017 年 6 月 21 日（16：30　晚课）

图 3-33　中际旭创日 K 线

笔者：今天中际旭创再创新高，成交量依旧很小。不知道各位同学发现没有，过去很多散户情绪化，看见放量大涨就想追进去分一杯羹。而通过课堂上我们对过往牛股操盘案例的复习，反而现在更多的同学开始觉得缩量过头才是可靠的、更有持续性的，毕竟成交量说明很多人不想把手中持仓在当前位置卖出，我们把这种持股稳定的状态称为"筹码锁定"。

在昨天的复盘课程上强调过，我们做投资不可能把血汗钱仅仅凭借一幅图表就压在某一只股票上，我们必须多维度审慎投资这件事情，而不是以点概面的技术投机。笔者进股市已经 20 多年了，没看见一个纯图表派能够在市场中持续盈利的。如果仅仅是拿某一阶段的成功当作永恒，那么距离失败的日子就不远了。所以你看很多高手，都是"各领风骚三五年"最终却迎来了"各种繁华终落幕"。我们的目标是做股市里的"恒星",而不是当"流星"。

现在笔者带着大家详细了解一下中际装备的基本面情况,看一下导致股价趋势上涨的核心逻辑,这个逻辑和中际装备公告的重大资产并购有绝对关系:

中际装备(300308)2016年9月9日晚发布《发行股份购买资产并募集配套资金暨关联交易预案》,拟以不低于13.55元/股的价格向益兴福等27名交易对方非公开发行股份数量合计约206642054股购买其合计持有的苏州旭创100%股权,以2016年3月31日为预估基准日,苏州旭创100%股权的预估交易价格定为280000万元。公司股票自2016年9月10日起将继续停牌。

同时,上市公司拟向王伟修等5名配套融资方非公开发行股份募集配套资金,募集配套资金总额不超过50000万元,配套资金拟用于光模块研发及生产线建设项目、光模块自动化生产线改造项目。

交易对方对标的资产2016年、2017年及2018年的盈利进行承诺并作出补偿安排。本次交易构成重大资产重组,构成关联交易,不构成借壳上市。

根据公告,上市公司主要从事电机定子绕组制造装备的研发、设计、制造、销售及服务,近年来由于受国内经济持续下行的影响,公司主业装备需求不振,给公司经营带来一定的压力和挑战。苏州旭创主要从事10G/25G/40G/100G等高速光通信收发模块的研发、设计和制造,重点开发大容量、小型化、低功耗、低成本的高速光通信模块,为云计算数据中心、无线接入以及传输等领域客户提供最佳光通信模块解决方案。本次交易完成后,上市公司在电机绕组设备制造业务之外,主营业务将新增光模块设备制造,由单一传统设备制造拓展为传统设备制造与高端通信设备制造业务并行,上市公司的核心竞争能力和持续经营能力进一步增强。

可以明确地告诉大家,这个公告就是K线背后股价持续上涨的本质，是看好这只股票的核心因素。

某学员：老师，中际装备的 F10 我也看了，但看不懂您所提出的"K 线背后的本质"和"上涨的核心因素"。

关于有关公告和资料，笔者不是科班出身，相信多数投资者对财务报表和相关资料更是一知半解。所以笔者的定位是资金管理者、策略投资者，而不是公司研究员。但我们至少要知道一个公司未来如果会好，它的核心竞争力在哪里？凭什么它的经营趋势就可以越来越好？所以不管你有没有兴趣看枯燥的研究报告和公司数据，这些工作都是投资者必须要做的。笔者反复看了公司的公告信息内容，通过相关公告信息，得出两个结论：

（1）旭创公司做出盈利承诺和补偿方案。如收购资产未达到盈利承诺则进行现金补偿。

（2）公司收购旭创公司以后变身 5G 光模块生产为主营业务的上市公司。

如果从"旭创公司做出盈利承诺和补偿方案"的角度出发，可以看到近几年股市中有一部分公司是增发以后业绩巨亏的，其原因是一些上市公司完成了增发并购的收购或者重组后，被并购公司因为业绩无法达到承诺而导致商誉减值，业绩大幅度下滑！所以对于多数单纯看盈利承诺和补偿方案而买入持有，这样的投资恐怕会面临非常大的风险；如果从"公司收购旭创公司以后变身 5G 光模块生产为主营业务的上市公司"的角度看，机构的宏观研报里普遍预期是 2018 年 5G 建设开始，2019 年后正式进入 5G 时代。这里有个细节、重点，即如果 5G 是 2018 年迎来建设期，那么实际上 2017 年下半年 5G 建设材料的采集就应该开始了。股票定价是以未来预期而定价的，如果 5G 放量在即且公司产品卖得好，那么就不难理解为什么近期该股会反复无量新高了；否则如果大家预期公司会差劲，股价自然不会持续震荡上涨，因此研究的重点是搞清楚公司产品在 5G 时代的增长逻辑，而这个基本面逻辑后面会详细说，不然一次讲太多内容，担心很多基础薄弱的同学消化不了。总之大家要知道，所谓 K 线背后的本质，是个股的内在上行逻辑，现在这个逻辑已经非常明显，因此持股就是现在的主策略。如果有一天基本面逻辑因为某原因突然不在了，我们则需要卖出规避；否则只要这个增长逻辑在，就应该耐心地等待趋势的延续。

（三）正确的认知是炒股盈利的前提——2017 年 8 月 28 日（16：30　盘后课）

Varja 妈：最近老师结合中际装备的操盘案例讲突破回档的量能衰竭，我已经按照课程上所提出的思路在这里对中际装备进行了加仓操作，您看是不是还可以进一步加仓？

笔者：看图 3-34，自从我们开始买入中际装备后，该股最近两个月走得越发"不正经"。对比最近两个月以来指数的升幅，已经让一些新学员开始着急了，反倒是您的心态最淡定。其实最近中际装备不涨的原因是最近几天市场机构在加仓银行股，导致指数走强，而个股无法在这种背景下跑赢大盘，这也是市场一直反复发生的板块轮动规律罢了。从"突破回档"这个角度出发，笔者一再强调的是对回调过程中量能的观察，成交量大说明分歧存在，而成交量萎缩说明持股的投资者不愿意在回落过程中卖出。这里要观察成交量萎缩发生的股价震荡是否在正常的合理区间。所谓合理，它的参照是对标前期突破的阳线，如果这个过程中前期突破的阳线

图 3-34　中际旭创日 K 线

被回档吞没了，说明短期的突破趋势是无效的；反之，如果能够在阳线低点之上有效企稳，说明前期突破趋势有效。这里的突破是有效的。

图 3-35　中际旭创日 K 线

而对于低吸操作来说，这里买入既要承担破位下行的风险，又要谨防调整突然结束向上突破的踏空；如果回档后突破上涨，那么皆大欢喜，但是，如果买入后破位下行呢？真正考验一个人交易能力的，不是他的结果永远一帆风顺，而是面对困难时应该以什么样的思路和什么样的策略去应对，这才是我们要进行专业学习的原因！因为全天下根本没有买入就必然上涨的方法。所以，买入操作前必须要考虑清楚，如果买入以后趋势持续向上突破，那么皆大欢喜，可买入以后这个趋势向下，根据经验，只要基本面逻辑明确，市场趋势不变的情况下，在恰当时机它又会重新迎来突破，我们更多的是付出时间和耐心。

总之，在这里的买入可行，但提醒所有同学要正视未来可能发生的股价波动，不管如何波动，趋势方向才是赚钱的关键。

（四）不要过分在乎短期股价波动——2017 年 9 月 25 日（16：30　盘后课）

笔者：先和大家提个醒，过几天就是国庆了。国庆节由于北京回家的票比较紧张，所以国庆前后的课程可能要耽误两天。如果有重大市场变化，我会用文字形式给大家留言沟通的。大家看有什么问题，现在可以提出来？

某学员：老师今天中际装备好不容易涨了8%，收盘却冲高回落了。最近指数持续走低，会不会国庆节以后继续走低？今天没有盘中提示减仓，担心会不会至此见顶？

图3-36　中际旭创2017年9月25日分时走势

笔者：近几天指数震荡，但中际装备呈现了明显的逆势走强特征，这个突破走势，大家已经久违了！对比持续调整的大盘，它的表现是很优秀的，整个过程和我们预期的一样顺利。

中际旭创经历了突破以后的反复振荡以后，近期已经开始向上突破了，而突破后的回档过程中，我们进行了加仓。现在回头看突破后回档加仓的位置，可以说是非常经典的买入操作。如果把个股的波动状态与近期的指数进行对比，会发现该股呈现了"大盘见底它提前、大盘上涨它横盘、大盘见顶它突破"的波动特征。这种趋势特征，在讲"板块轮动规律"专题时，归纳和总结过历史上很多案例，很多主力控盘状态的牛股多以这种状态上涨，所以该股的这种波动并不意外。我们早就抛弃

图 3-37　中际旭创日 K 线

了"预测指数做个股"的想法，因为这是目前行业内讲师给散户上课经常讲到的主题，可它根本不能实现，因为热点和强势个股永远都走在市场前面，又怎么可能是看到市场上涨再去操作，所以不要过分在意指数，看指数猜波动是自己吓自己，对实战交易没有真正意义上的帮助。分析指数的过程仅仅是分析投资环境的过程，就如同打仗你要看战场环境一样，就目前的"战场环境"看，还没有到"打道回府"的时候！

至于见顶，就更谈不上了。可能这位同学希望通过超短线操作能够积累一下利润，规避一下类似今天这种波动，但说句大实话，笔者在行业里这么多年，认识和了解的大多数真正赚钱的人是没有依靠超短线赚

图 3-38　上证指数日 K 线

钱的，我们对中际装备所投入的精力，也不是在它身上赚 8% 就可以满足的，所以我们不会为这点"蝇头小利"所动。而且大家看今天的冲高回落走势，整个换手率不超过 3%，它的市场意义是 100 个人只有 3 个人愿意进行交易。机构不会在这么小的成交量里出逃。

再看预期。最近很多报道都提到 2018 年进入 5G 元年，公司生产的 100G 光模块产品是 5G 基站建设上的必需品。而且很多研报指出，由于 100G 光模块的工艺和技术要求很特殊，全球真正能够生产的企业并不多，反而世界知名互联网公司和移动运营商都在尽可能地寻找能够给自己供货的生产企业。

现在除了中际旭创在创新高，而整个 5G 板块其他个股根本没动。板块未热个股先发力，可见市场资金对中际装备的认可程度。所以就算是高抛，也要等整个板块成为热钱关注对象以后，怎么可能是业绩增长预期没有兑现，板块没有成为热点的现在？如果总想做点什么，那么建议大家多补充专业知识，多看看相关研究报告和行业新闻，比每天关心股价波动有用得多！

（五）5G 板块整体发力的共振上涨——2017 年 10 月 9 日（盘中）

Varja 妈：老师你太神了，真是说什么来什么！

笔者：？？？我这么厉害吗？

Varja 妈：老师说 5G 这个热点会爆发，没想到这几天 5G 热点涨得这么好。

笔者：所谓"没有巧事，哪来巧字儿"，我们节前说到 5G 板块没有成为当期热点，才两天时间，整个板块就爆了！早上看到证券时报的新闻说各电缆厂商由于三大运营商的 5G 建设招标，已经开始集中放量出货了。这将导致 5G 相关行业上市公司第三季度业绩很可能创历史最好水平！此时，市场都预期 2019 年 5G 开始建设，那么股价的上涨完全符合预期。最近两天长江通信（600345）和烽火通信（600498）以及

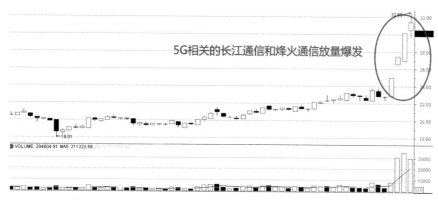

5G相关的长江通信和烽火通信放量爆发

图 3-39　长江通信日 K 线

中天科技（600522）这类股票都是爆量。由于增长逻辑是明确的而不是题材炒作，因此行情不是短暂的昙花一现！这样的现象更加增强了我们持股的信心。

（六）不热衷于差价交易 ——2017 年 11 月 3 日（16：30　盘后课）

某学员：老师，前几天课堂上听您说 5G 是业绩落地，不是题材炒作，认为板块进钱坚决，炒作会延续。所以最近买了长江通信，请问老师该股连续回调，后续还看好吗？

笔者：市场波动永远都是有起有落，不能上涨了就是对的，下跌了就是错的。近期冲高后长江通信和烽火通信连续调整，走势如此实在是让人觉得无语，笔者反复和大家强调过基本面逻辑分析的重要性，因为我们持股的信心一定不来源于技术形态，而来自基本面的逻辑，所以资金管理能力提升的重点不是买完就涨，而是买完以后不涨你应如何处理。目前看指数也在调整，这里可以熬一下再看看，但公司是以卖电缆为主业的，总体难以像中际旭创 5G 光模块这种高技术公司可以给更高的估值水平，所以赚点小钱后还是不要和它纠缠为好！

此外，中际装备在完成重大重组以后，已经改名为中际旭创了。和板块同步来了一波调整。笔者发现培训班里的同学心态上似乎已经有了

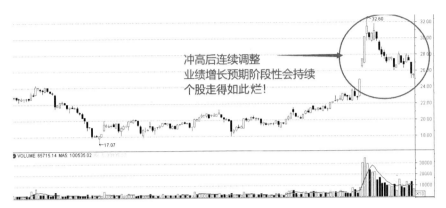

冲高后连续调整
业绩增长预期阶段性会持续
个股走得如此烂！

图 3-40　长江通信日 K 线

很明显的变化。最初大家看见个股不涨或者震荡，心态很不稳定。然而最近这一波下跌（52 元已经跌到 44 元了），反而大家没有什么动静了？

Varja 妈：老师，那是因为我们多数人通过这段时间和您的学习，对股票投资已经有了更深刻的理解，过去大家把股票想得很简单，以为看图看线掌握交易技巧就可以盈利，但在您的教导下我们完成蜕变，已经不再是任人宰割的"韭菜"了。

笔者：如果真的如您所说是最好的，最担心的是，有人情绪化地交易然后做差价最终把筹码做丢了，毕竟"市场的钱"就在我们眼前，每天好像触手可及，多少人正因为这"触手可及的利润"而被股市打败？希望大家清楚地知道自己想要什么，并坚定心态、保持耐心。

图 3-41　中际旭创日 K 线

（七）预期差和情绪差带来利润——2017年12月6日（16：30　盘后课）

某学员：老师，这段时间中际旭创连续调整，最高点下来已经回落20%了，这个波动幅度太大了，虽然知道这种调整难以规避，但心里有点难受，软绵绵地跌一段时间，真想再跌就把它卖了！

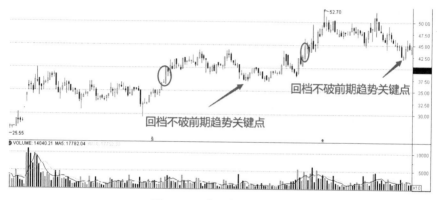

图3-42　中际创旭日K线

笔者：近期市场持续下跌，中际装备遭遇了高位开始20%的一轮调整行情。从今天收盘的状态看，以下几点值得我们注意：

（1）回档不破前期突破阳线开盘价格。我们在前面强调过，只要这个位置不破，说明前期的突破趋势还在！如果我们很看重这个上涨趋势的延续性，那么这个位置就叫它回档不破趋势关键点。

（2）市场指数在这里下杀一波。最近几天，中际旭创的波动状态已经和指数呈现对抗性，也就是说，指数在连续创新低的过程中，中际旭创属于先于大盘见底。

（3）量能的萎缩。和前面的调整回落位置一样，这里量能的萎缩提示了机构的状态。既然没有人能出逃。主力的仓位又最重，那么我们有什么可担心的呢？

市场参与者是带着情绪的，然后情绪反馈到价格趋势上就形成了波动。如果股票投资没有波动，如国债一般，那么大家买股票只赚分红就可以了；正是因为有了波动，所以带来了预期和情绪的差异，预期差和情绪差的产生带来了利润。笔者不能代替你做交易决策，但驾驭不了情绪和心态的人，是不可能在市场里持续生存的，这一点要注意！

（八）大 V 不炒股，大 V 吃"韭菜"！——2017 年 12 月 7 日（16：40　盘后课）

某学员：老师老师，大盘急跌了，您看见底了吗？某个大 V 说这里应该减仓规避风险，您再仔细看看，是不是我们也应该卖出一些？

图 3-43　上证指数日 K 线

笔者：纳尼？昨天刚总结过啊？难道最近股市的下跌把中际旭创的业绩增长跌没了，还是把公司的利润跌得不见了？我觉得大家心态什么时候能像 Varja 妈那样好，可能我就可以少操一点心了。我曾经以为大家都蜕变成长，已经明显地和"韭菜"区别开来，但事实上每当市场发生波动的时候，仍然会有人六神无主，估计又是反复看股评把心态看坏了！我已经反复说了很多次，这个市场是没有人依靠规避波动性来规避风险和获得利润的，但无奈整个行业却是"劣币驱逐良币"。笔者发现，很多自己不炒股的大 V 一边教自己的粉丝高抛低吸，一边又道貌岸然地告诉粉丝小心骗子。其实很多投资公司的聚会和大 V 们的研发会议我都参与过，然而在行业里 20 多年了，我发现以上两个群体在一起开会的时候，从没有一次讨论过市场机会和投资方法。总之是没有本事赚股票的钱，所以它们会绞尽脑汁研究股民想听什么、爱听什么。而多数乌合之众要的只是幻想，不是真相！我深知那些愿意追求持续盈利的股民需要的是获得真正有价值的投资知识，因此我默默地给自己定了个原则，就是要跟大家讲真话，讲实话，那么实话在这里是必须坚持持股，而不是通过技术分析规避可能的震荡。

大V们自己不炒股，他们料定了很多股民希望能够通过技术分析规避短期市场波动的心态以割韭菜赚钱，但这种言论不是市场真相啊！真相是当市场突然波动时，你根本无法规避，只有承受了波动才能享受趋势，如果一个人给你谈及如何高抛低吸和如何忙着加仓建仓时，那么请你一定小心，大概率你不是遇到了世外高人、绝世股神，而是遇到一个吃"韭菜"的骗子。

（九）放量突破历史新高——2017 年 12 月 11 日（16：30 盘后课）

笔者：今天是中际旭创再创历史新高的一天，而且是以跳空高开、强势涨停的姿态突破历史新高！

从整体盘面情况，我们可以做如下总结：

（1）中际旭创在昨天冲高回落的基础上，今天根本没有绿盘的机会，大幅高开后震荡走高并封上涨停。显然昨天下午高抛的人，此刻已

图 3-44　中际旭创日 K 线趋势

经没有机会拿回筹码。

（2）现在看昨天的冲高阳线，仔细体会主力用意。诸如这种低位向上依靠冲高回落化解前期套牢盘的手段在主力做盘过程中比较常见。以后再遇到这种情况时，隔日应该重点关注。

（3）不出意外，明天将刷出历史新高！从37元到52元的持仓，今天单股收益率已经40%了。按照收盘价格计算，今天历史最高收盘价格也是趋势行进中第三次对趋势的突破，而前两次突破的阳线都构成了重要的趋势关键点，日后成为股价回落过程中的重要支撑位；而这一次的突破阳线力度和强度比前面两次大很多，希望能够激活股价持续进入主升。即便不能连续主升，那么这里也很可能会如前两次一样突破即是永别，是踏空者再也买不回来的位置。

图 3-45　中际旭创日 K 线

学员：老师，中际旭创的目标价格是多少？您说，如果真的有人在这里坚持不住卖掉了，后面还能买回来吗？

笔者：运用"戴维斯双击"的方法，可以清楚估计它未来的定价区间，但因为还没有讲到这个方法的实战应用，你们就当是瞎猜一下，我猜股价可能到80元，大家可以不要太认真，万一到不了，拿这个找我秋后算账，我可担待不起。

今天是趋势确立的一天，未来在这个价格上还能买回来几乎不可能，如果在这个价格下还能买到，那说明本次上涨趋势完结了，开始下行趋势了。在最近市场震荡的背景下，个股走得好大家开心可以表达情绪，但这不是我们用来交易的依据。

（十）卖出中际旭创的交易逻辑——2018 年 1 月 24 日（16：30　盘后课）

笔者：最近几天在地产和金融等上证 50 指标股的带动下市场出现了连续的单边上涨，然而指数涨了这么多，多数个股仍处在原地踏步的状态，而且多数个股目前依旧运行在 2015 年开始的持续下行趋势里，根本都没有任何的起色。从目前的持仓情况看，我们持有的中际旭创和亿联网络都是成长类个股，自始至终其走势反复和短期指数波动没有什么必然关系，因此对指数这种上涨行情不是特别关心。

某学员：老师，中际旭创自买入以后，今天单股收益率已经超过 70%，在这种涨指数不赚钱的背景下，实在不容易！请问老师，指数涨这么多，要卖吗？或者减减仓也好？

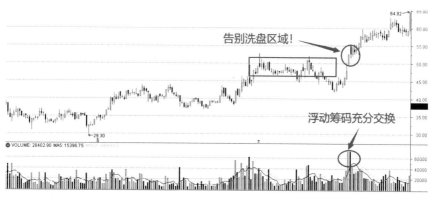

图 3-46　中际旭创日 K 线

笔者：有些学员已经在询问中际旭创的卖出，但对应于一个交易的卖出，我认为绝对不能够儿戏。我学操盘时候的老师曾经告诉我们，任何一个项目的进出都要有逻辑、有依据，而不是情绪化。市面上很多普通投资者对交易规则的制定非常随意！如果中际旭创需要卖出，我秉承的原则有三条：

第一，有更好或者更确定的品种需要调仓。

第二，公司股价已经完全透支了未来几年的成长。

第三，公司的股价已经反映了成长性，或者未来成长逻辑与预期面临不确定性。

我认为本次卖出中际旭创的逻辑最有可能是第三条，即股价已经反映了成长性，或者未来成长逻辑与预期面临不确定性。

某学员：老师，您认为公司未来发展前景不确定了吗？

我：不要急，首先在前面课程里都聊过，目前因为5G项目的开工，全世界的异动运营商与各大门户网站等都在自建基站，导致公司100G光模块的产品需求猛增，中际旭创现在不愁产品卖不出去，而是在选择给哪些客户供货，又放弃哪些客户，这些你们在公开资料和公司新闻里都看得到，能做到供货商自己选择客户这个层面的公司，就像贵州茅台（600519）的酒和片仔癀（600436）的大丸子，这些都是拎着钱去厂家仍很难买到的东西。然而我们仔细看公司2017年9月重大资产重组过程中所签订的业绩奖励协议，里面是有文章的。根据公司的公告内容，它的主体奖励框架如下：

如果截至业绩补偿期限内第三个会计年度期末苏州旭创实现的累计实际净利润超过承诺净利润的总和，中际旭创将对苏州旭创业绩承诺人实施业绩奖励。业绩奖励的计算公式为：

业绩奖励＝（截至业绩补偿期限内第三个会计年度期末的累计实际净利润 － 业绩补偿期限内承诺净利润的总和）×60%

无论协议是否有任何相反约定，中际旭创根据协议向业绩承诺人支付的业绩奖励金额都不得超过标的资产总交易对价的20%。

中际旭创应于业绩补偿期限最后一年的专项审计报告披露之日起四十五个工作日内按照协议约定确定业绩奖励金额并以现金方式支付给各业绩承诺人，各业绩承诺人应按照承担的业绩补偿比例为基础分享及取得相应的业绩奖励金额。各业绩承诺人应取得的业绩奖励的计算公式为：

各业绩承诺人应取得的业绩奖励＝协议签署时该方所持有苏州旭创的持股比例 × 该方承担业绩补偿的调整系数 ÷ 协议签署时各业绩承诺人持有苏州旭创的持股比例与各方承担业绩补偿的调整系数之积的总和 × 业绩奖励

大家看一下这个奖励框架。简单一点说，就是公司如果在未来超额完成业绩承诺，那么超业绩承诺部分的净利润 ×60% 奖励给原管理团队！目前看，由于产品的供不应求，公司已经在挑选客户进行供货，单纯以现有的供求环境和已经公开披露的产能利用情况看，公司完成业绩承诺是大概率的；可是超业绩承诺部分的 60% 赠送给原管理团队，意味着公司产品抢手的同时，公司的业绩难以大幅度超出市场预期，这个奖励像是给公司确定的成长空间盖上了一块厚厚的天花板难以逾越。虽然我们不是研究员，但我们都清楚地知道，股价的定价依靠未来预期，那么超预期的增长没有了，大概率看不到超预期的上涨了，这才是问题所在！因为业绩承诺是重大重组以后股价的定价基础，而估值的提升和业绩增长的预期是趋势上涨行情的核心逻辑。现在股价的趋势运动中，实际上业绩增长的贡献力度有限，因为承诺和奖励框架在那里，更多的是因为市场开始认同 5G 时代公司的优势，给予的"提估值"上涨。所以，单纯的提估值叠加大盘有限的上行空间，这里的业绩释放没有办法掀开"天花板"，那么进一步上涨的空间就不具备了。

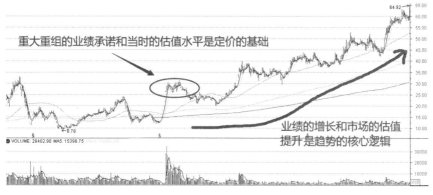

图 3-47 中际旭创日 K 线

某学员：老师，好像明白了又好像不是很懂，那么我们需要现在开始卖出吗？

笔者：卖出操作是肯定要做的。前面所提到的是这只股票一直以来上涨的逻辑。这样说吧，这只股票是典型的"自下而上"的选股模式，先通过技术特征发现主力行为，而后通过主力行为推导上涨逻辑，进而进行实战操作。在我们研发力量薄弱，又不太懂基本面的情况下，利用资金行为和公开信息的研究仍然可以做好投资，我将这种策略投资的方法定义为"价值投机"。既然中际旭创的业绩增长在未来3年是确定不能挣脱束缚（原股东抽水60%），只能继续震荡上涨，那么我更愿意择机陆续去派发！即便不是真的要一股80元卖出，至少70元左右卖出，目前情况应该是现实的！可能这种保守的思想不一定处理得很完美，就像之前我们卖掉了国科微而移仓中际旭创，而国科微的短期涨幅要比中际旭创的初期大得多，我们没有能力把一件事情做到极其完美。所以，完美主义者是不能炒股的，因为买不到最低、卖不到最高的痛苦会一直伴随着他。

（十一）坚守能力圈又要扩大能力圈——2018年某日盘中

Varja妈：老师，最近中际旭创反复下跌，因为大家目前已经重仓在做恒华科技，不再提中际旭创了。我注意到该股已经回到当初启动位置附近了，会不会出现新的机会？

笔者：股票波动是受到多种因素影响的复杂结果。如果一个公司业绩在持续增长，那么也就是它绝对价值提升的过程。股价围绕价值不动，然而又不等同于价值，所以才有了高估或者低估的说法。现在看，中际旭创回到了启动初期，且成交量持续放大，说明高点附近没有出货的大资金，反而在连续下跌后有筹码松动，这里要抛出的机构也许未必是不看好它的核心竞争力，很有可能是为了应对赎回或者是和我们一样要做调仓换股。我们做的交易，本质上是价值投机，是在收集各种有利的碎片化信息基础上进行的策略交易。这个价格的中际旭创，事实上我

图 3-48　中际旭创日 K 线

们最初的买入逻辑依然成立！只是这样的筹码分散显然是之前没有高位卖出的持股在这里开始抛向市场，我们无法清楚其背后动机，但你知道我的交易原则，那就是看不清楚的要多观望一下。在股市里赚到钱并不是要做到什么都清楚，而是你清楚地知道什么是自己能理解的，什么是自己不能理解的。坚持做自己能力圈里的事情，同时不忘记学习，反复扩大自己的能力圈，这就够了。

我即将更换新的授课平台，最近还是多些精力关注恒华科技，希望它在未来给予我们更好的回报！

笔者点评：

中际旭创是笔者自 2017 年开始做投资者教育以来，第一只带领学员重仓把握接近翻倍的个股，而且 2017 年的市场是一个主板相对强势，创业板持续弱势的走势。能够在市场并不景气的背景下用 8 个月实现了净利润的大幅度增长，实际上对团队的士气形成了很大的鼓舞，也证明这些学员与市面上总想赚快钱的韭菜有巨大区别。笔者的感觉是，与过去在机构操盘并培训操盘手不同，需要更细心地和普通投资者去对话和沟通，把复杂的东西尽可能用白话形式表述出来，学员完全可以吸收有价值的内容，实现自我改变，希望在正确的路上持续蜕变，下一个成功的就是你！

四、德赛电池（000049）实战回忆（2017年7月~2018年1月）

　　说一下笔者对仓位的理解：笔者不太愿意和学员刻意强调仓位，并不是认为仓位配置的比例不重要，又或者搞不懂如何配置，而是每个人对风险的承受能力各不相同，这时一味强调用什么样的仓位比例做交易，就过于教条主义了，买入股票仓位的多少应该因人而异、因势而异。买完直接涨，会有人说仓位买少了；买完以后股价震荡了，会有人觉得管理资金的回撤太剧烈。明知道市场没有持续把握的完美交易，挑毛病谁都会，但事后诸葛没有任何意义，我们也完全没有必要每一次都反思仓位轻了或者重了，因为从长期盈利的目标结果看，仓位肯定是重要的，但不是最重要的，比仓位重要的还包括心态、分析能力、交易策略和格局眼光等。当我们在轻仓的情况下看见个股大涨时，完全不需要感叹自己下手太轻了，而要总结这样的机会未来再出现时，能否有足够充分的证据证明机会的可靠性和合理性，我们可以评估机会的合理性和可靠性，进而让下一次做得更好；我们在建仓的情况下，在对看好个股的未来预期有很大的把握时，如果敢于重仓下注，那么就必须承受买定离手的结果，所以在下注前要清楚地想好，自己能够接受的最坏结果是什么，然后去交易，即便真的亏损，我们要做的只是反思总结和提升，而不是埋怨市场和推卸责任，那是没有意义的，因为亏损已经发生了。

（一）30%仓位买入德赛电池——2017年7月18日（16：00　盘后课）

　　笔者：近期市场总体保持稳定，在指数稳定的阶段，我们肯定要把机会放在以个股操作为主。笔者这里关注的是苹果产业链相关个股，这两年相关公司股价受益于苹果公司的采购需求，苹果新机型销量的持续增长拉动这些上市公司的业绩增长和股价上涨。现在时间已经是2017年7月下旬，距离每年苹果9月的新产品发布会还有1个多月，30多个交易日的时间，市场普遍的期待是新机型会拉动苹果销量进一步增长，而从过去两年的结果看，新产品发布前股价的表现非常优秀。笔者觉得"下游客户产品卖爆款，上游供应商业绩持续增长"这个逻辑肯定没错！在行业当中，现在这个产业链相关的公司都是"好学生"，市场都预期这些"好学生"在未来的考试中可以考得更好。相关上市公司中，长盈精密（300115）和安洁科技（002635）作为受益股已经实现了几倍的涨幅，并且近期还在创出历史新高。

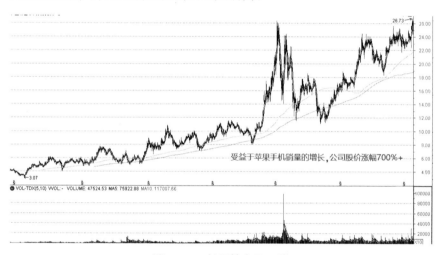

图3-49　长盈精密日K线

　　我没有"恐高症"，并不会因为过去的上涨就对持续上涨的股票有偏见，但长盈精密这种公司，我仍然不敢碰。作为苹果和特斯拉以及华为的主要供应商，投资机构预期长盈精密明年和后年的业绩大概接近年50%的增速，而安洁科技等其他苹果相关产业链公司的预期增长都在30%左右，我没有弄清楚这个公司增速预期比同产业链其他公司高的原因，因为我不是自身专业的研究员，根本不懂这种公司做什么产品。所以此时股价创历史新高出现"轻松过头"的走势，仍然不敢贸然参与。不过，我发现了另外一家同为苹果产业链的公司德赛电池

（000049），相比之下，它的业务更简单，增长更容易理解。

为什么呢？看看这个上市公司的名字就知道它是干啥的了，它只需要把电池做出来、卖出去，就把钱赚到手了。虽然不如长盈精密那样的公司业务高大上，但简单啊，让没有什么研发功底的普通人更容易理解。按照天风证券近期发布的研究报告，预计公司上半年业绩增长 45%~65%，这个收益是淡季的业绩结果，电子行业的真正消费旺季是每年的第三季度和第四季度，因此预期 iPhone 8 销量增长拉动公司业绩进一步释放。天风证券预计公司 2017~2019 年归母净利润分别为 3.95 亿元、5.68 亿元、7.36 亿元，上调盈利预测及目标价，给予公司 2018 年 25 倍 PE，对应 6 个月目标价 69.25 元，给予重点推荐评级。

图 3-50　德赛电池日 K 线

从走势上看，该股在 3 月中旬涨停突破前高后已经维持 4 个月的震荡走势。由于震荡是在涨停板上完成的，这是典型的涨停板上平台走势，出现这种走势多数是在股价趋势上涨的中段，是主力资金看好未来走势的一种市场表现。最近几天股价正好回落到箱体下沿，这个时间节点上破位大跌的可能性很低！因为距离苹果发布会时间只有 30 个交易日了，市场有利好预期在后面，所以今天盘中 50 元附近我们提示大家进行了低吸，需要强调的是，买入仓位要注意一下，个人的仓位控制在 30%。

这里说一下，之前没有和大家特别嘱咐过的仓位控制，对德赛电池的低吸动作控制在30%仓位的原因：首先，考虑到德赛电池是我们确定看好的机会，但和最近计划操作的中际旭创对比，笔者更看重中际旭创的机会确定性；其次，从资金状态和整体预期的空间感看，德赛电池的整体控盘度和空间感没有中际旭创那样有优势，因此仍然把中际旭创作为重点跟踪品种，相比之下，把德赛电池当作组合里正常仓位的配置即可，没有必要仓位过高。大家不妨课后把笔者说的逻辑和策略举一反三研究一下，如果有其他问题我们后面课上再进行交流。

（二）苹果手机多了个"小刘海"——2017年10月31日（16：00　盘后课）

某学员：最近一直用苹果手机的朋友和我说，新款的苹果手机带着"小刘海"简直丑死了，还说网络上很多网友纷纷吐槽，认为全面屏虽然是亮点，但不肯为"小刘海"的设计买单。

笔者：的确，这些新闻我也看到了，自9月13日苹果2017年秋季新品发布会以来，关于新机"小刘海"的吐槽就上了热搜。作为投资者，我的习惯是持续坚持了解时代进步的每一次技术革新和产品诞生，因为投资一定是先人一步去做的事情，就好像微信支付普及了以后，才想起腾讯应该赚了不少钱，但已经错过投资机会了。所以我们未必能够把握住每一次技术创新的投资机会，但至少我们应该保持对新事物的持续敏锐度。本次新机发布，舆论对外观的评论的确偏负面，可以看到9月12日是苹果新品发布会的前夜，股价当即成为阶段性上涨的高点，可后面的下跌也许是市场对"小刘海"的反应。我们最高的时候，单股浮盈到达过20%，现在股价从箱体顶部震荡回落到下沿已经把利润都吃了回去，而同板块的安洁科技和长盈精密这些苹果概念股都是这样的走法。可见，德赛电池的下跌并不是一个人在战斗，大家都吃了同样的亏，至少说明不是德赛电池单方面有什么异常。好在公司昨晚公告第三季度业绩大幅度增长以后，今天股价直接高开高走。

图 3-51　德赛电池日 K 线

　　从公司昨晚公告的第三季度报告情况看，2017 年前三季度营收 77.85 亿元，同比增长 45.06%；实现归属于上市公司股东的净利润 1.86 亿元，同比增长 39.67%。其中，2017 年第三季度单季度营收 31.17 亿元，同比增长 31.88%，环比增长 31.02%；实现归属于上市公司股东的净利润 0.72 亿元，同比增长 18.09%，环比增长 60%。在业绩公告出来后，今天多家机构都发布了业绩的点评报告。其中，天风证券发布研报，认为 iPhoneX 带动的电池创新将大幅提升电池产品价格，预期今年第四季度到明年第一季度大规模出货，拉动公司业绩成长。预计公司 2017~2019 年净利润分别为 3.71 亿元、4.82 亿元、6.11 亿元，同比增速分别为 45.2%、30.2%、26.5%；对应 EPS 分别为 1.81 元、2.35 元、2.97 元。给予公司 2018 年 28 倍 PE，6 个月目标价 65.8 元，维持买入 -A 评级。

　　总结这个阶段消息面和股价的反应，我因为没有用苹果系统的习惯，所以不是很了解"果粉"的想法与看法，但从新出来的第三季度报告数据看，各路研报都提到了德赛电池积极备货的情况，以及第四季度到明年第一季度因为新品出货而引发的业绩增长预期，目前这个逻辑是明确的，因此这里对德赛电池的持股策略没有任何的改变。

（三）逻辑不在，未来不确定就止损——2018年1月15日（16：00 盘后课）

笔者：德赛电池在11月24日突然破位跌停下杀，因为看好的逻辑还在，就没有做任何的操作，大家千万别指望可以规避小趋势的波动风险，因为投资是无法规避价格的市场波动性的。笔者认为防守的关键并不是股价跌破哪个技术支撑位，而是它的业绩和行业的成长性提升了股价的安全边际。除非是大牛市股价在资金推动下远离了安全边际，那时技术位止损才能发挥效应，否则在多数市场环境下，笔者更愿意相信的是基本面的逻辑。

然而，今天盘后德赛电池发布的2017年全年的业绩预告已经完全否定了这个逻辑。从公告内容看，公司预计2017年1月1日～2017年12月31日盈利2.68亿～3.19亿元，基本每股收益为1.31～1.55元。而之前研报的普遍预期是3.7亿～4亿元，现在这个业绩预告基本宣告第四季度公司的增长完全不符合预期，也等于给市场解释了一下为什么股价从60元附近跌到了现在的38元。

之前也有传言说德赛电池手握苹果巨大订单，但因为新机型的销售

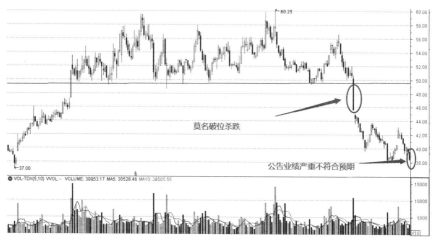

图 3-52　德赛电池日 K 线

预期不够，苹果撤回了一半，可我们知道这种公司的报告中，对大客户的核心信息是保密的，我们对这种传闻在公开资料中也无法查阅到。直到业绩出来以后，现在才知道为什么有资金在前面疯狂地杀跌，应该是提前知道了这样的情况，可以说曾经的好学生这次考试已经宣布"考砸了"。但我最担心的真的不是这一次"考砸"，而是怕"小刘海"让消费者不买账，那么后面真正看到预期改善，可能要到明年 9 月下一代苹果出新机型了。而且这是乐观预期，悲观预期是消费者进一步不买账呢？所以当未来变得不确定时，止损才是最好的选择，我们不可能把钱押注到自己没有把握的事情上。我们从 50 元附近建仓以后股价曾经创造过 20% 的浮盈，但截止到今天 15：00 收盘，股价已经到了 38.46 元。如果明天再来一个大幅度低开，那么最悲观的预期是至少 35 元以上可以卖出，这样累积亏损大概 30%。我们动用了 30% 的资金造成了 30% 的亏损，对原始本金的冲击大概 9%。

某学员：老师，德赛电池跌得这么厉害，这里出了消息后会不会可以理解为利空出尽，短期要反弹一下呢？如果有这种机会，我们是否可以等它在这里出一个反弹再走？

笔者：你这个想法其实是有道理的。现在对德赛电池的止损是坐实了业绩增长逻辑的消失，对应逻辑消失，我们需要规避不确定性，那么这里可能的反弹也是不确定的。也就是说，它可能反弹，但也可能不反弹。可是目前看，我认为大概率难以反弹，或者说，即便后面德赛电池有反弹，也可能在跌一段反弹回来，和现在的价格差不多，那么届时总结一下，也会发现这样的等待和我们承担的风险不匹配。

为什么跌这么多，我认为大概率是难以反弹呢？这是基金操作风格的属性所决定的。我们的公募基金在 2000 年以后从无到有，逐渐成为市场的一线投资机构，然而众多机构在看好的个股中都有持仓以后，就形成了一致看多或者看空的共识。当多头共识形成时，K 线上反映的结果是股价连续阳线持续上涨；可是当空头共识形成的时候，你会发现基金的股票下跌总是跌跌不休，没有反弹，因为你不砍仓等反弹，别的机构就砍仓，所以这种环境下就导致多家一线机构持仓的个股下跌中难有真正像样的反弹。本次德赛电池的业绩公告，诠释了苹果概念股集体下跌的背后逻辑。安洁科技最近股价腰斩的单边下跌，就是一线机构杀跌个股难以反弹的真实案例。

图 3-53　安洁科技日 K 线

显然，苹果因为销售预期反差而无法执行预期订单的情况不只是德赛电池，而是供应链整体性的，我觉得没有必要在这里继续等待反弹，因此操作上将执行砍仓的策略。大家不要因为这样的操作而灰心，在股市投资的漫长道路上，我们永远都要经历这样的起伏，不经历起伏和砍仓的投资是"神"做的，不是人做的。现在砍仓以后，大家可以耐心等待一下，有一只叫作恒华科技的个股已经进入了我的视线，找个恰当时机抄底，把德赛电池的损失赚回来。

笔者点评：

这一次的操作笔记一直在电脑中保存下来。反思这次的操作，作为普通投资者，笔者始终认为在信息对称和投资研究方面我们都是弱势群体，但并不因此我们就放弃了信息研究去寻找捷径。因为看到太多股民为了寻找捷径而出现亏损，就应了那句"天堂有路你不走，地狱无门闯进来"的古谚。因此复盘了一遍操作逻辑和投资心态后，这种基本面突然不及预期的意外之后我们都会再遇到，只有反复检查逻辑是否足够"硬核"、足够明确，才能避免砍仓操作的持续发生。也正因为初期考虑过公司增长逻辑的理解不够"硬核"，因此仓位上刻意放得比较低，这和看到确定行业增长再去做行业龙头的交易相比，能够总结出这次操作中选股的问题和不严谨。以此篇为戒，希望大家日后选股要举一反三，专注于熟悉的领域和行业增长确定性更明确的龙头品种，而不是去投资一些看着"差不多"的公司。

五、恒华科技（300365）实战回忆（2018 年 1 月~2018 年 9 月）

马克思在《资本论》中有句话："有适当的利润，资本就会非常胆壮起来。只要有 10% 的利润，它就会到处被人使用；有 20%，就会活泼起来；有 50%，就会引起积极的冒险；有 100%，就会使人不顾一切法律；有 300%，就会使人不怕犯罪，甚至不怕绞首的危险。"这段话充分说明了资本的逐利性。

在证券市场中，有的人为了利益对上市公司业绩进行造假，也有人为了利益铤而走险操纵股票价格。然而我们很多投资者对它们的唾弃，并不是为了别的什么，而是因为自己没有机会与这些人同流合污，这才是真相。实际上，除了这些违法的行为以外，市场中还有其他人为了追逐利润，而大肆投入钱财和精力，这些证券市场中合理合法的逐利行为反复在市场中持续发生。只不过很多人不知道如何理解，或者认为这种方式不如自己期望的赚钱速度快而最终错过。笔者认为，当你无法清楚一个公司的经营情况和发展趋势时，大股东或者实际控制人的某些行为和态度应该是我们投资的很重要参考依据，比如说吉利汽车的实际控制人李书福，他常年在股价低点和相对高点进行着增持和减持的操作，这样获得收益的速度和数字绝对是吉利汽车 N 年造车也无法比拟的。所以，民营企业的老板和国企有很大的区别，他们清楚地知道自己公司的股价上涨会给自己带来什么，股价的波动也能够引起他们足够的重视，当我们发现某一个老板全力以赴地砸钱买入自己公司的股票时，往往预示着公司未来有不为大众所认知的重要机会，这种情况过去反复发生，未来也会在资本市场中持续发生。

（一）控股股东被跌得受不了了——2018 年 1 月 10 日（16：00　晚课）

笔者：最近的指数持续上涨，已经实现 9 连阳，可是涨指数的同时个股却都跌惨了。自从市场大扩容以后，指数涨个股不涨的行情已经逐渐常态化，但最近的波动方式还是觉得很夸张，仿佛我们看到的大盘指数就是"假的"，不然怎么指数 9 连阳个股还能跌得这么惨？多数个股和指数已经完全是两个方向了。指数连续小阳新高，但个股却持续破位新低，如此极端的情况在中国证券市场上第一次出现是 2006 年底，当时工商银行和中国银行翻倍上涨，指数连续涨了 30%，可个股不涨反跌；现在第二次遇到，这次也不会是最后一次，希望在这次市场极端情况下大家可以深入总结，日后再碰到这种行情时，至少有一些经验沉淀加以应对。

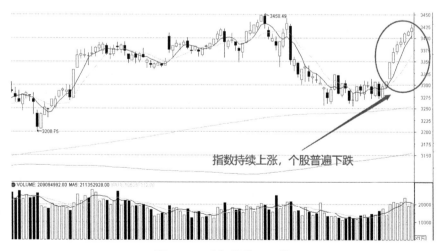

图 3-54　上证指数日 K 线

今天市场最吸引眼球的，应该是恒华科技"关于年度利润分配及资本公积金转增股本预案的预披露公告"，这个 10 转增 10 派 2 元的预披露消息出来后直接一字板！

图 3-55　恒华科技日 K 线

这里给大家说说我对恒华科技的简单了解：大概是 2016 年，恒华科技推出了一个定增方案，我对方案的内容和该公司虽然全无研究，但这个定增方案的推出却让公司在行业内出了名。当时的方案是公司要定增干一个什么项目，可定增的对象既不是国内基金也不是什么特定机构，而是实际控制人自己。换成自白的语言解释，那就是控股股东对这个项目可以说是自信心爆棚，一块大肉要自己吞进去，不想分给其他投资机构，否则不会既要发行新股票，又要包揽所有的定增股票。而且我记得好像是动态估值高达 50 倍 PE 定增的？因为过了两年，印象不是特别清楚了，只记得后来某机构的研究员写了一篇研究报告称它是"历史最牛定增"分析恒华科技这次定增募集。然而两年过去了，定增早就落地了，可股价却持续走低。在股价连续新低的时候，公司有了送股预披露公告，这是控股股东被套得受不了了？业绩预披露没出来，大比例送股预披露先出来了，这在市场里是非常罕见的！总之今天它一个涨停，把之前我对它的零星记忆都带了出来。今天和大家提一嘴，具体详细的数据我会去仔细研究，毕竟业绩持续增长了这么长时间，股价又随市场持续而下行。看样子，估值水平大幅度下降，大股东砸了真金白银就开始出手自救了，这种自救性送股到底是垂死挣扎还是释放底部信号？如果是垂死挣扎，基本面要进一步恶化，那就算了；但如果是当下股价已经让实际控制人严重被套又没有反映未来的持续增长，那么很有可能在市场回暖以后会有一波趋势性机会！总之，这两天笔者查一下资料，详细的情况会在后面课程中和大家进一步交流。

（二）看指数做股票赚波动的钱是给韭菜听的——2018 年 2 月 2 日（16：00　晚课）

某学员：有看到 ××× 的大盘直播，认为大盘要涨，可大盘涨的时候个股跌惨了，结果他竟然还在吹牛自己对大盘的走势把握得多么准。问题是，看大盘再准，也不赚钱啊！大盘涨的时候个股有 80% 都没涨，可最近大盘跌的时候个股都在跌，这种情况以前出现得多吗？感觉完全刷新了自己对股票的认知。

笔者：最近的市场有些难，前面由于上证 50 指数的权重银行与地产都在单边上涨，大家看着指数涨个股不涨甚至下跌，现在指数不涨了，见顶后持续回落，可个股又继续新低！我不希望学员们因为最近涨指数不涨个股而搞乱了心态，大家未来要成为成功的投资者，如果面对市场波动的常态都有心理障碍，又怎么在波动中持续获得利润呢？

某学员：说实话，在没有遇到庞老师前，我学习过很多大师的课程，至今也没有想明白当初为什么那么崇拜他们。表面上看，那些朗朗上口的口诀似乎蕴含着高效的炒股技巧，可真正操作起来却不是一回事，直到学了课程以后才发现，大师们只能讲已经发生过的行情，而当下的交易却说得含糊其词。听庞老师这样一说，我忽然开窍了，过去总是把视线放在波动上，可一直在反复亏损；经历了这段时间的学习，现在已经明显改变了，开始把视线放在了上涨趋势的逻辑和趋势的追踪上，我觉得自己成长了！

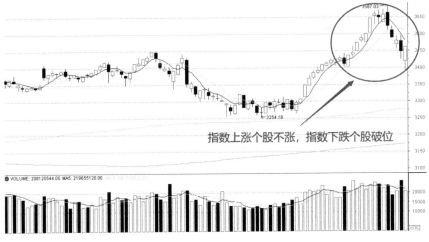

指数上涨个股不涨，指数下跌个股破位

图 3-56 上证指数日 K 线

笔者：有个成语叫南辕北辙，意思是方向错了，再努力都无法到达。人性的弱点是，市场波动的钱放在那里，刚刚来到市场的参与者都会跃跃欲试想去拿，最终为了不切实际的想法付出代价。能够快速地调整过来并清楚地知道目标在哪里，我认为这的的确确是成长了。

其实越在市场动荡的时候，越应该坚守底线，股票不是通过市场的波动来积累利润的，而是找到一个趋势形成的确定逻辑，并随着趋势的形成获得收益，这个就是认知以内的利润，是我们应该获得的！希望以后大家遇到波动时，能够清楚地思考所投的公司上涨趋势形成的逻辑有没有因为市场的波动而消失？这是笔者成功操盘十几年的经验，是前期反复赔钱赔出来的！

（三）抄底的逻辑——2018 年 2 月 5 日（16：00　晚课）

笔者：今天又是指数严重失真的一天，周五晚上外盘大跌导致今日两市低开了 50 个点，而收盘指数上涨 25 个点报收。也就是说，上涨指数今天盘面涨幅达到了 75 个点，可是个股方面仍然是大面积普跌，多数个股的跌幅都超过了 3%。

其中，恒华科技跌幅达到了 9.7% 的水平，在最后半小时差点把股

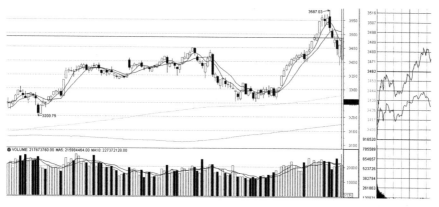

图 3-57　上证指数日 K 线

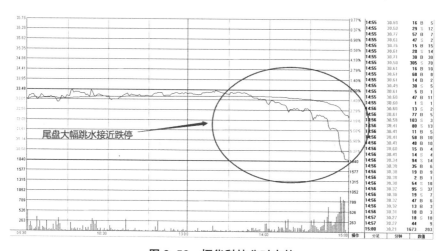

图 3-58　恒华科技分时走势

价放到了跌停！个股走法让人觉得匪夷所思。

　　在 9 日公司发布预披露 10 股转增 10 股的公告后，安信证券发布了一篇关于恒华科技的研究报告，题目为《抓紧电改机遇，预报年报高增长》。我认为这篇研报把记忆中的几个公司特点和业绩的预告情况做了详细解读。这几天消化了报告后，我已经看到了该股未来上涨趋势的相对确定逻辑，今天详细给大家谈一下笔者的理解：

　　（1）公司发布 2017 年业绩预告，预计实现盈利 1.88 亿 ~2.20 亿元，同比增长 50%~75%。同时公布利润分配预案，10 转 10 派 2 元。这个已经公告的当期业绩和分配方案，除了 10 转 10 派 2 元感受到了控股股东"自救"味道以外，当期业绩只反映已经过去的结果。炒股炒的是未来预期，现在最重要的是明年和后年的业绩能否有持续增长，这才是股价止跌持续走强的根本。按照这篇研报的预期，预计公司 2017~2019 年的每股收益分别为 1.03 元、1.50 元和 2.10 元，并给予了 6 个月的预期目标价格 43 元。实际上 2017 年业绩 1.03 元是已经公告的业绩预告水平，而今天股价大跌以后对应 2017 年静态市盈率是 30 倍 PE，倘若根据研报预期的业绩计算，对应 2018 年和 2019 年的估值水平则是 20 倍 PE 和 14 倍 PE。说实话，如果这个业绩增长的预期能够完成，那么一个业绩增速接近 50% 的公司给 20 倍 PE 就太低了。但如果业绩增长不能持续，那么这个价格不管怎么样都是贵。没有增长的公司，在市场里 10 倍 PE 都是高！业绩的持续增长是否符合预期成为判定恒华科技是风险还是机会的关键。

（2）非公开发行顺利完成，实际控制人全额认购不调价信心坚定。公司非公开发行 2144 万股顺利完成，实际控制人谁的份额也不给，全额认购 7.5 亿元定增，锁定三年。发行价格 34.98 元 / 股且市场持续走低股价已经跌破定增价格，而定增却未做任何调整，对项目盈利和业绩释放的预期，这点已充分显示管理层对业绩增长的坚定信心。

（3）恒华科技的主要业务是帮助电力企业做互联网服务，是该领域的全产业链公司，客户主要是国家电网相关企业而不是私人企业，从这个角度可以揣测为什么控股股东全额拿走了定增认购，应该是和下游客户有充分的沟通后，才压上了大部分身家。把电力企业实际业务中对电力行业下游客户的需求作为线索，而相关报道也证明了需求增加的预期。

所以，通过（2）和（3）的分析，可以预期（1）提出业绩进一步成长的逻辑！但这几天的股价波动和大盘的环境让人觉得有些担忧，往往越是这种心态占据上风时，越会担心是不是自己的分析错了。这时笔者愿意看到的是数据反馈，而不是股价的波动状态！因为数据没有情绪，可股价的波动有啊。所以数据与增长预期只要确定，那么未来上涨逻辑就确定。现在这个估值水平让我想起2008年熊市的时候，当时个股10倍PE满地，可最终涨起来后回头看时，再也没有那种捡便宜的机会了。

综上所述，当下的恒华科技我们应该执行"闭眼睛买入"的策略。尤其是我们对股价的短期波动越是感到恐慌，越应该有这样的态度。

（四）如何选择加仓的位置——2018年2月23日（16：00 晚课）

某学员：老师，前几个交易日恒华科技连续涨了不少。现在回头看当时"闭眼睛买入"的位置，事实上已经离开成本了。我觉得没有老师不断地强调"闭眼睛买入"，恐怕自己也不敢这样去操作。现在的情况是恒华科技几天时间就涨起来了，前面跌得凶的时候没敢重仓买，现在是否可以继续加仓？

笔者：最近两天成交量极度萎缩，也不知道是不是因为春节假期的客运高峰导致加仓的主力现在滞留在路上？从趋势上客观地看，当下股价的位置是一个快速缩量的情况，而缩量意味着未来要有方向的选择。如果对基本面逻辑没有明确理解，这个趋势是没有买入道理的。试想一下，一个持续下行趋势的股票，头顶上是下行趋势的重要压力位，无论如何这里都不能成为买入时机。即便对基本面有明确的理解，这个位置也不适合加仓。

我有一个操盘多年的经验分享，叫作"不要在前期密集成交区下沿买股票"。在阻力关口的位置，如果没有叠加其他重要的短期驱动因素，多数情况应遵循这个原则去交易，才能少吃亏或者不吃亏。目前看，短期这里的缩量很明显，标志着前期巨量换手的筹码快速沉淀。倘若在这里加仓，我认为有两个选择，要么股价下跌，再度回落到前期低点附近执行低吸策略；要么股价上涨，冲上前期套牢盘去换手，显示原始下行趋势正在改变。只有两个条件出现任何一个，加仓操作才有意义。现在是可上可下的位置，没有短期加仓的理由，为了让交易更加主动，这里需要等待恰当的时机。

图 3-59 恒华科技日 K 线

（五）工业互联网横空出世——2018年2月28日（16：00晚课）

笔者：最近几天，工业互联网概念火了！从各种网文给的名单上看，东土科技（300353）、东华软件（002065）和佳讯飞鸿（300213）等都被封为工业互联网板块龙头，而从整个板块名单看，恒华科技赫然在列。我研究了一下媒体上关于工业互联网的新闻，文章指出，未来这个领域因为自身的需求会有进一步的确定向好增长，2018年是工业互联网开局之年。历史上我经历过互联网元年、LED元年和2017年提出的5G元年预期等，当"元年论"提出后，虽然行情涨幅有大小不同的区别，但全部都是趋势性上涨机会，这次工业互联网至少不用担心它是短线的昙花一现。此外，关于工信部大力发展工业互联网的意见性的文章，2月初已经出现了，工信部的说法是工业互联网是互联网从消费领域向生产领域、从虚拟经济向实体经济拓展的核心载体，连接了工业全系统、全产业链、全价值链，支撑工业智能化发展的关键基础设施。之所以把恒华科技列为工业互联网板块，主要是因为公司的业务是做电力互联网的。在这个基础上，实际控制人包揽定增的项目是给客户提供相应产品的云服务，显然这样的政策指引对公司未来的增长预期又提供佐证。

某学员：按照老师之前所提出的策略，今天早盘在东土科技快速封板后加仓了恒华科技。但从整体表现看，恒华科技的涨幅弱于整个板块，是不是应该去操作板块里更强的？

图 3-60　恒华科技日 K 线

笔者：关于你的这个提法，我能够理解，但当下的实战，我不会考虑这样的龙头操作，原因是对东土科技领涨整个工业互联网概念的行情并不是我们预期以内的，可以说是我们碰巧遇到的。整个概念炒作走多久，又有哪些个股在短期宣泄后走持续行情，目前还看不出来。事实上，这种突发题材操作在我过去的 20 多年里经历了太多了，往往一波炒作以后，真正能释放业绩走出趋势行情的公司和第一轮概念炒作的龙头股没有半毛钱关系，趋势热点诞生后快速炒作又快速消退的情况在市场中非常多见。如果真的有人想赚趋势热点的钱，那么不妨跟踪一下东土科技的走势，看看是否有超短机会，但它不在我当期操作的计划之内。因为这是两个交易思想的碰撞，而不是简简单单的换股，且我任何时候都会坚定地选择确定增长而不是短期快速上涨。

我们的初心是找到持续增长引发趋势上涨的股票，并且以尽可能低

图 3-61 东土科技日 K 线

的价格拥有它。我们最初发现恒华科技增速高，估值水平被低估，因此预期未来恒华科技有估值修复的上涨行情，可以赚到利润，那么即便它是工业互联网这个概念，但显然即便没有这个题材炒作，恒华科技仍然会走自己的趋势。只不过题材的出现既能够印证我们判断的逻辑，又能够给股价锦上添花。所以，加仓恒华科技就是不忘初心的正确操作。

（六）对股价上涨目标的预估思路——2018 年 3 月 12 日（16：00 晚课）

某学员：今天恒华科技冲高回落，从底部 20 多元起来到现在，股价已经突破了 40 元。这一段时间以来，股市行情差得很，幸好有老师在，才能买到这么好的股票！短期涨幅已经这么大了，后面打算什么位置卖出呢？

笔者：从趋势上看，今天该股刚刚突破一年以来的新高，整体属于震荡趋势的向上突破。再回头看当初"闭眼睛买入"的位置，那里是上涨初期的最后"挖坑"，是典型的诱空陷阱。本次增量资金伴随着指数反弹和大比例送股以及工业互联网的题材而持续流入推高股价，即便今天股价已经达到 40 元钱以上，但它整体的估值水平修复了吗？按照前面安信

图 3-62　恒华科技日 K 线

证券《抓紧电改机遇，预报年报高增长》的研报，预测公司 2017~2019 年的每股收益分别为 1.03 元、1.50 元和 2.10 元。从引用这个数据预估的结果看，该股目前 41 元的股价，对应 1.50 元的每股收益，动态估值水平在 27 倍左右。股价到底是贵了还是便宜了，终究不是由涨幅多少决定的，而是由市场认可的估值水平决定的，所以对应的估值水平才是关键。我们前面也和大家强调，机会和风险要看它的预期增长能否兑现，这是决定股票趋势的关键因素。虽然我说不清楚恒华科技业绩增长的确定性，但从实际控制人 50 倍 PE 全额包销定增股票的动作看，实际控制人对公司业绩 50% 的增长是自信心爆棚的，不然怎么会给出这样的定增价格和包销方案？ 2144 万股的定增锁定 3 年，成交价格 34.98 元。千万不要以为实际控制人买入的价格就是他的成本了。大家可以这样想，实际控制人银行账户有 7 亿元现金买定增股份，我认为是小概率事件，7 亿元现金认购定增，大概率这些资金也是有融资成本的。如果按照这个情况看业绩增长的预期持续性，我认为实际控制人大量加码以后，他的利益已经和我们充分捆绑到一起了。现在股价 41 元，距离 34.98 元的定增买入价格才高了 6 元而已，这个价格我不会考虑卖出的。

　　另外，从戴维斯双击的角度看，40 元的股价贵了吗？如果市场环境进一步走好，估值提升，那么 27 倍 PE 的估值肯定有提升空间；如果业绩有进一步的增长，那么未来业绩和估值都提升了，股价自然会进一步地提升。至于目标价格预估，有一种估值方法叫作 PEG 估值，简单直白地说，PEG 估值就是公司业绩增速多少就给公司多少估值。比如说，一个公司未来三年复合增速是 100%，那么这个公司给 100 倍估值就是合理的。这个方法最近两年很流行，恒华科技老板以 50 倍 PE 认购自己家公司的定增股票，一定参照了 PEG 估值。现在，多数研报预期恒华科技业绩增速大概率维持在 30%~40%，倘若市场未来就给予 40 倍动态 PE 定价，那么 2018 年股价的定价是 60 元，对应明年 2 元的业绩预期是 80 元。股价在 2018 年下半年开始反映明年的业绩预期，现在的估值对比持续的增长预期和增速，仍然太低了！

所以，40 元的股价经历了连续的上涨，看着涨幅很高了，但抛开 K 线图的外表看本质，股价仍然是便宜的。我们做投资分析，K 线趋势需要参考，但它绝对不是投资的本质和全部。在增长预期和货币政策不变的前提下，也许 60 元的目标价格都低了，现在 40 元的股价无论如何是配不上"高抛"这个词的。

（七）突发利空是不是终结趋势的逻辑？——2018 年 3 月 23 日（16：00　晚课）

笔者：昨晚特朗普总统签署总统备忘录，依据"301 调查"结果，将对从中国进口的商品大规模征收关税，并限制中国企业对美投资并购。受此消息影响，今天市场崩了！截止到收盘，主板跌 110 点，跌幅 3.39%；而创业板跌 91 点，跌幅达到了 5% 的水平。

大家一定很关心市场是否会就此持续下跌，但这种突发情况不是通过看图表或者基本面数据能解决的，这种情况过去没经历过，对于市场参与者来说也是个新课题。媒体上都在说此事对出口企业有明确的影响，看市场这个反应就知道出口受阻的影响很大。我对指数环境虽然给不出太好的意见，不过清楚知道重仓的恒华科技属于内需型企业，出口

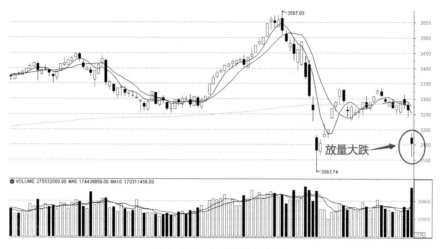

图 3-63　上证指数日 K 线

图 3-64　恒华科技分时走势

受阻对它影响不大。所以这个消息出来，没有改变恒华科技看涨的本质逻辑，最多改变一下上涨的波动节奏罢了。

　　说到改变节奏，今天指数跌幅达到 5% 而恒华科技只跌了 1% 左右，其市场表现明显强于指数。所谓"大海退潮以后才知道谁在裸泳"，一个股票是不是强势股、有没有主力资金的认同，这些特征在市场走弱的时候才看得最清楚。今天指数大跌它不跌，说明市场的承接力度很强，一旦市场在未来企稳反弹，恒华科技仍然会有进一步创新高的动力！毕竟这个消息不是恒华科技趋势上涨结束的理由。

（八）良好的投资心态是建立在正确的认知基础上的——2018 年 5 月 7 日（20：00　晚课）

新学员：恒华科技今天涨停！从底部上涨以来，这是它的第一个涨停板，最近除权后它已经调整一个月了，老师看一下这个走势，应该怎样理解？后面会不会直接连续大涨？

图 3-65　恒华科技前复权日 K 线

笔者：我们清楚了该股的上涨逻辑和预期后，就一直保持持股。至于趋势到底是什么样的行进状态，是震荡上涨还是快速上涨，没有必要妄加猜测，那些所谓的弄清楚短期波动的方法，长期看实战意义不大，因为我们不是依靠波动赚钱，而是赚趋势上涨的钱。现在，我们梳理一下该股目前的持股逻辑：

（1）该股在近期指数跌出新低的背景下还能守住前期指数暴跌位置的低点，整体趋势已经明确强于市场。

（2）现在在看市场虽然整体趋弱，但今天涨停以后再看 3 月 23 日"指数暴跌它不跌"的位置就像是主力的军事阵地。虽然不能确定这里一定能够突破上涨，但很显然，阵地下方的价格在这轮上涨趋势里很难再见到了！

（3）我从未考虑高抛，原因前面分析过了，因为股价 40 元对应市场估值和预期根本就谈不上高价格。即便是这里第一波上涨后陷入了震荡调整，那么只要逻辑在，就不可能只涨一波就结束了。

以上总结中，（3）是操作的核心，（1）和（2）是它的整体趋势状态，我们只要继续耐心等待就可以了。

（九）师徒的小船说翻就翻—— 2018 年 6 月 12 日（19：00 晚课）

某新学员：近日连续下跌，这是什么烂股票？你这个老师就选这种股票，还好意思说帮助学员按照正确的方法扭亏为盈，好意思吗？

索隆：这位朋友，我 2016 年认识了庞老师，按照老师所传授的内容和结果才真正有了提升和进步。你在市面上看到的那些吹牛和没有实战能力的老师，你到这里来学习已经很幸运了，如果你想买完股票就持续涨，这种事就像老师说的真没有，难道是被人骗得还不够惨吗？只能说一个真正对你好的人不容易找，遇到了应该懂得感恩。

Varja 妈：新同学你可能刚刚来两个月对老师的理论不够了解。我们这些人都是有幸遇到老师才走出亏损的。老师说的波动是正常的，重要的是趋势，所以对下跌担忧能理解，你不要这么着急。

笔者：看到新同学发言，让我一时间很错愕。我在 2006 年进入机构操盘到离开操盘岗位的 10 年，是我没有和股民打交道的 10 年。如果可以不承受波动就赚钱的投资品种可能只有国债了。我发现这类同学根本没听课程重点，而是把所有的目光都聚集在股票的短期涨跌上了，我觉得可能不太适合我们的群体，甚至最好不要去考虑股票投资。因为股票市场真的没有买完就涨的好事，要不然怎么一年 20% 收益的巴菲特成为世界股神？新股民总是怀着对市场不切实际的期望，太多人不单单要求赚股票的钱，而且要求必须按照自己喜欢的方式赚钱。为什么不想一想凭什么那些每天研究企业和市场付出巨大努力的人都赚不到钱，你看看K线就能随心所欲了？所以这个成长的弯路，聪明人一开始不会走，普通人成长为聪明人可能必须要走，等你走完以后再遇到我时，那可能才是你投资生涯真正的拐点。太早遇到我，认知水平不够；太晚遇到我，本金已经亏到所剩无几。看来师徒也要看缘分的。

前期主力出手护盘的重要支撑

图 3-66　恒华科技日K线

现在我们再看"烂股票"恒华科技的情况。该股在最高价格23元附近盘旋了半个月以后开始回落，现在又到了前期指数暴跌当日主力出手护盘的位置。以该阵地为低点反复震荡，股价依托这个支撑，在上方运行了40多个交易日。近期随着市场行情连续下跌，短期股价又回落到这个位置附近，且量能已经萎缩，有明显的止跌迹象。显然是市场行情下跌拖累个股调整，搞坏了参与者的情绪，此时如果不理解上涨趋势延续的原因，则心态永远也不会好。

笔者点评：

多年后还能想起当时这个比较"好玩"的退学同志，却不记得他的网名了，只能用"某新学员代替"。记得当时有老学员和我说以为他是个20多岁的小年轻，后来课下交流才发现是个年事已高的老人，只可惜现在已经消失在茫茫人海，也不知道是否找到了自己心仪的炒股方法变成了富豪，还是本金亏损殆尽黯然离场。这里我又想起多年前在股商资产操盘的时候，老板把一个客户推到资管部说是朋友的朋友照顾下他的股票，然后电话中我提到科大讯飞和长春高新有多么多么好，可对方一口否定，说这样的走势不符合他的交易风格，他喜欢的是短平快的交易策略。记得那个时间是2013年，后面这些个股涨了多少不用我现在再去描述。总之就是一点，多数散户为什么不能成功呢？因为认知是错的，却期望着用错误的方法找到正确的答案！遇到问题不会思考是不是自己的认知错了，而是觉得答案错了。

（十）市场大跌时的操盘逻辑——2018年6月19日（19：00晚课）

笔者：连续几日来，一系列的谈判谈完又崩、崩完又谈的贸易摩擦让A股市场雪上加霜。舆论从开始认为两国分歧很快结束，再到美国不会轻易增加关税的一系列误判而反复"打脸"。在这个环境下，今日指数大跌了114个点，整体跌幅3.78%。恒华科技跌幅仅0.8%，而且盘中一度从跌幅5%单边拉升到涨幅5%，显然今天又是多头主力出手的一天。自从买入恒华科技到现在，指数从3400点一路下跌到今晚收盘的2900点附近，虽然这一路下跌市场没亏损，但回撤一定牵动着大家的心。现在告诉我，你们的心态是怎样的？

图3-67　上证指数日K线

某学员：老师常说做股票不能依靠赚市场波动的钱来持续积累利润，现在有些体会了。最近几天下跌，老师始终没有提出破位离场或者减仓，接下来会止跌吗？

图 3-68　恒华科技日 K 线

笔者：我非常理解大家的心态，记得巴菲特曾谈起当年美国股市暴跌后出门旅行的故事。巴菲特说道琼斯指数跌了 18%，持仓个股跌了 30%。于是他只能结束旅行回到办公室去坐着。因为客户看到股市下跌，会焦急地问巴菲特在干吗，他们希望听到的是巴菲特正在办公室想对策，而不是巴菲特在打高尔夫球。但事实上，巴菲特说面对市场大跌自己什么都做不了，只能静静地坐在办公室等待，这么做只是为了平复客户的心情。

我现在的状态也差不多。当市场出现如此极端下跌时，大家一样试图能够做一点什么以规避波动的风险。但你今天规避波动的动作，却可能成为你未来丢失利润的原因，这叫作"盈亏同源"。对于这句话，没有经历过的投资者一定不太理解，大家要知道，老司机告诉新司机在路上开车的经验，只有你真正遇到过很多路况的险情，看到或者亲身经历很多事件以后，你才能深刻理解为什么在某些路况开车要注意什么。炒股也是一样的道理，比如刚刚有学员提出的跌破 3 月 23 日低点位置是否减仓的操作，我们前面说过，这个"阵地"是我们在趋势行进中发现的技术关键点，但它并不是买入这只个股的逻辑。如果你因为跌破这里做出了一个规避的动作，那么除非这里的图表分析是买入恒华科技的依据，或者明确知道接下来在什么位置承接，否则这个规避风险的动作在不清楚什么时候指数会见底反弹而贸然去做，很可能造成低位清仓的结果。当市场恢复以后，恒华科技开始上涨时手里的筹码不在了，那就是规避了利润！

如果一笔交易没有逻辑依据做支撑，就不要有不切实际的想法，这就是我没有告诉大家减仓的原因。世人不可能持续避开股票的所有下行波动，又赚走了所有向上波动的利润，如果真的可以做到，真的就富可敌国了。

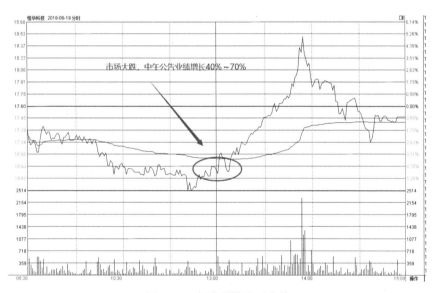

图 3-69 恒华科技分时走势

我认为，今天恒华科技这种明确对抗大盘的走势难能可贵。以往大家看到下跌趋势分时图异动都是单笔偷袭的异动，是场内资金犹如困兽之斗而进行的操作结果。但恒华科技分时的异动都是明显的持续资金逆势流入，这种流入与今天中午恒华科技发布的"上半年业绩增长40%~70%"的业绩预告公告有直接关系！这个业绩预告符合前面研究报告关于公司今年业绩增长 50% 的预期。按照这个动态估值测算，今天股价不过是 20 倍 PE 的水平。这个市盈率能买到增速如此高、未来逻辑如此确定的成长股，真是拜市场所赐，所以当前的股价已经足够低了，看来公司也是看大盘跌成这样，赶紧把利好发出来稳定市场信心。现在只要上涨的逻辑和依据没有变化，这里如果没有钱了，不能进一步增仓，耐心持股即可。

（十一）收复失地，恒华科技另起炉灶——2018 年 7 月 3 日（20：00　晚课）

某学员：从最高点开始到现在，大盘下跌了 800 点。若不是和老师一直持股恒华科技，真不知道会是什么样的结果，想想都后怕。现在指数受到中美贸易的影响，跌了这么多以后，老师对恒华科技的态度有变化吗？

图 3-70　上证指数日 K 线

笔者：对不理解的领域，我们要保持谦卑的态度。索性我们现在没有明确受到美国加税影响的持仓，即便是有，遇到这种重大不确定性的事件也就砍仓了。关于恒华科技目标价格的预期，指数跌成这样，显然期待指数上涨提升个股估值的红利是不会有了，但现在时间已经到了

7月，很快公司的股价要向明年的动态市盈率靠拢。按照最新的上半年业绩预告看，目前股价对应的 2018 年分红摊薄后 0.75 元左右的业绩预期不过是 20 多倍市盈率，如果继续实现明年 40% 的业绩增速，那么按照这个估值水平看动态市盈率连 20 倍 PE 都没有。所以最近市场还在连续下跌，恒华科技先于指数见底，跌不动了。它这种走势再次证明个股的安全边际就是业绩的持续增长，而不是什么形态。因为现在股价已经足够便宜，所以没有下跌的压力和动力，我们大可以耐心地等待和观望，只要市场后面修复性反弹，股价就自然会进一步上台阶。

某学员：最近两天中国软件（600536）连续上涨，恒华科技应该是受到它的带动吧？

笔者：你说的没错，最近超图软件（300036）和浪潮信息（000977）等软件类个股都跟随中国软件的趋势，而且恒华科技也跟

图 3-71　恒华科技与指数日 K 线对比

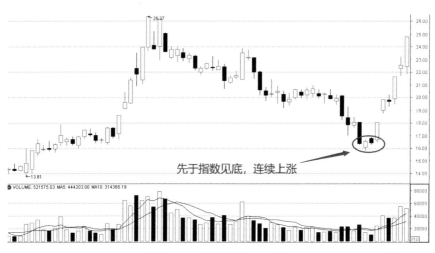

图 3-72　中国软件日 K 线

上了这一波的上涨。有意思的是，前面那一波中国软件和超图软件的联袂上涨过程中，恒华科技还是下跌的，那时恒华科技在和东土科技"混"，后来东土科技已经跌得惨不忍睹时，它又跟着中国软件"混"，这是离开了工业互联网跟着软件板块另起炉灶了。目前虽然不清楚中国软件上涨的背后逻辑，但如果恒华科技进一步走高的预期明确，那么中国软件自然不会马上就倒掉。

（十二）两个画圈位置的估值相同——2018 年 7 月 16 日（20：00　晚课）

笔者：今天国家统计局公布了上半年国民经济运行数据，其中最关键的数据是软件信息技术服务业上半年行业增长 14.5%，排名所有行业第一，现在好像我们可以找到近期炒软件板块的原因了。今年受中美贸易因素影响，出口相关的行业同比和环比数据都很惨淡；而内需又因为"实体去杠杆"整体业绩都比较难看，这就搞得买什么股票都似乎没有道理，难以支持这些行业的股票达到更高价格，所以炒软件绝对是名正言顺了。

某学员：老师，能不能介绍一下什么是实体去杠杆？

笔者：请大家在研究股票的时候，多注意宏观研究的相关报告和数据。实体去杠杆已经不是什么新闻了，我想它应该是市场持续调整的另一个核心动力。这里简单地给大家解释一下。比如，说企业负债率是50%，监管层说这样容易有经营风险，现在要降低企业负债率到25%，要把公司欠银行的钱还一半回来，那么降低负债率就是"去杠杆"。目前地方债几万亿元的规模正在去杠杆，相当于回笼上万亿元的资金，这时股票市场是依靠资金支持的，而上万亿元的资金回笼银行，股市自然受到拖累。前几天北京一家机构开碰头会，与会机构表示股市持续下跌套得都快吐血了。巧合的是，开会当天该机构重仓股跌停，好好的碰头会议变成了自救会议，一边说观点，一边交易员在跌停上大量地吃筹码自救。可见去杠杆对股市投资的影响，不管你是机构，还是个人，都是一样的。而且从目前的情况看，第三季度后，大家担心情况会更严峻。

某学员：老师如果去杠杆还要搞，那么恒华科技要不要卖掉？

笔者：大家不要追着我问个股的结果，最核心的是大家要注意我思考问题的逻辑。还记得当初我们是怎样在低位买入恒华科技的吗？核心依据是恒华科技作为成长股，股价在2017年底时对应2018年动态估值只有20倍；而现在已经来到了2018年下半年，公司股价接下来要向

图3-73　恒华科技日K线

2019 年的动态估值靠拢。2019 年研报预期每股收益 1 元，所以目前股价对应次年估值只有 20 倍。这个位置和我们前面"闭眼睛买入"的位置估值一样，同样的一道题，一年前答案是闭眼睛买入，一年后虽然市场指数跌了很多，但这么便宜的成长股仍然是"硬通货"。为了让大家更直观地看懂，我在图表上画了两个圈，两个画圈的位置估值是一样的。这个价格若不能够反映公司的价值，我是无论如何也不会卖给别人的！

（十三）恒华科技至少有一波趋势上涨——2018 年 8 月 7 日（20：00　晚课）

笔者：最近通过和营销机构的朋友交流，了解到很多股民在市场都已经亏惨了。而我们依靠恒华科技安全边际的认定和正确的投资决策，没有亏损的同时还能够有比较不错的盈余。股票市场是一个秋后清算的市场，所谓秋后清算就是市场虽然不会因为你错误地交易而马上收获亏损，但却会在熊市周期里把错误认知带来的利润连本带利收回。现在看，这个秋后清算的周期仍然在进行中。虽然今天指数反弹，但只是没有增量资金的个股普涨，这种情况显然不是市场的底，因为市场底一定是增量资金入场后形成的。

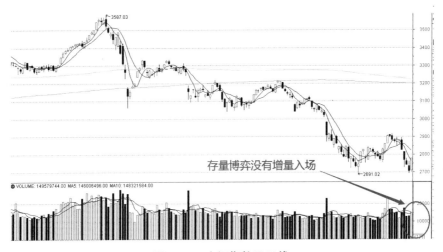

图 3-74　上证指数日 K 线

恒华科技这两天连续小阴线调整形成了技术分析里说提出的"串阴洗盘"，这是一个象形的说法，指个股连续小阴线调整行情。往往这种行情会消磨参与者的意志，摧毁投资人的持股心态。可能有同学会好奇，怎么识别这里的串阴就是"洗盘"呢？其实这个表象分析真的一点都不重要！深层次的原因是串阴下面没有下跌空间。大家看最近两天低点的价格，已经跌破了动态估值 20 倍，一个质地优良的成长股进一步下跌的空间在哪里呢？所以这是最近指数已经跌得惨不忍睹，个股也无法破位的原因，也是认定这里是"串阴洗盘"的原因。

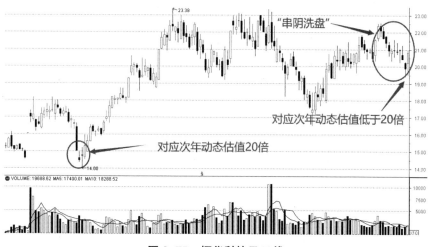

图 3-75　恒华科技日 K 线

因为市场环境实在太糟糕，多头主力也没有办法，只能维持股价从低位上涨以后在这里持续横向波动，但凡市场给它一点点机会，有一波上涨行情，恒华科技就不可能是只有现在的价格！但一旦后面指数企稳，那么它至少要迎来一次趋势上涨来修复；如果市场继续下跌，那么它因为自身的估值优势而没有进一步的下跌空间，所以这里耗时间是值得的。

在 2018 年，想赚快钱的和想赚钱快的都损失惨重，而我们的持仓因为足够优质还会有进一步的上涨预期，这是业余股民急于求成与专业投资人稳扎稳打的差距！未来时间周期越长，差距会越拉越大。

（十四）内忧外患依旧，恒华突破走强——2018 年 8 月 28 日（20：00 晚课）

笔者：前几天，五部委联合发布《2018降低企业杠杆工作要点》的通知，翻译过来就是后面要有重点地把去杠杆工作做好。看来去杠杆造成的资金抽水还要继续延续下去。好在大盘最近两天稍微反弹了一点点，但对应这种持续的下行趋势，显得杯水车薪。现在的情况大家应该都清楚——内忧是去杠杆，外患是美国的加关税。未来核心矛盾不解决，像现在这种反弹不过是延续和拉长市场的调整周期罢了！

图 3-76　上证指数日 K 线

云舒：终于等到恒华科技向上突破了，就知道最终一定会如老师预期的那样向上突破的！

笔者：前面一直不停地给大家打气，反复强调这里是趋势上涨，至少有一次趋势上涨。何谓趋势？就是涨幅至少要有30%，不然只涨15%或者20%怎能称为趋势上涨呢？从技术上看，恒华科技在前面震荡过程中就开始放量了，这样的放量充分消化了前期套牢盘的巨量堆积，随后向上突破。由于多头主力承接套牢盘筹码的位置相对今天的突破位置很接近，因此这个突破必然有一定的延伸上涨，这里加仓的多头资金才能有减仓的动力。真的希望大盘在这里不要急着破位，进而给恒华科技进一步的表现机会。

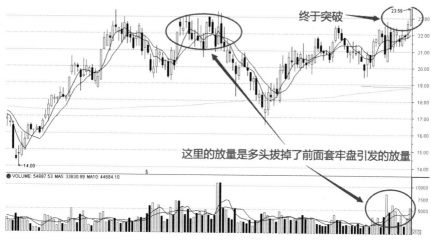

图 3-77　恒华科技日 K 线

最近软件板块龙头中国软件已经接近翻倍，而且浪潮信息和超图软件也不错。可惜整个板块是在市场整体下行趋势途中开始的炒作，这样一来后面是要补跌的，因为根据经验总结，真正的市场底是没有强势板块的，这点在我 1997 年至今所经历的股市生涯里是无一例外的！

云舒：老师，为什么说底要在几个月后出现？已经跌了这么多，就没有可能在这里见底吗？

笔者：刚刚已经强调过了，本次调整行情是内忧外患的两个因素所引发的，而两个因素确定都不会在未来两三个月内消退。想想看，去杠杆的本质是不断回笼资金到银行，没有资金入场，股市拿什么上涨呢？更何况现在说去杠杆还没完，货币"抽血"还要继续。因为决定大盘的是资金，所以这里自然知道是一轮很有持续性的下行趋势。我觉得未来在下一轮货币投放周期里，恒华科技的整体估值提升肯定能实现，但在现在这种环境下，恐怕机会已经越来越渺茫了，指数见底前还会有软件股整体的补跌行情。所以，在后面我们需要在整个软件板块补跌和大盘新低来临之前找机会逃离。

（十五）关于恒华科技的清仓总结——2018 年 9 月 10 日（17：00　晚课）

笔者：今天指数再度下跌，距离新低已经一步之遥了。

图 3-78　上证指数日 K 线

关于指数就不分析了，见底在这里不能指望。这里总结一下这两天的操作吧。由于整个软件板块在昨天下午出现了全线崩盘走势，我们大家已经第一时间对恒华科技做了减半仓的操作；由于今天早盘高开后一路下行，中午前已经把最后的半仓都清掉了。刚刚在上课之前，有同学发信息问我恒华科技的趋势是不是突破后回抽颈线位，属于正常回档。这里千万不要这样想，因为整体指数趋势我们已经非常清楚，未来指数的见底是匹配基本面矛盾的化解实现的。所以现在不是底，市场估值整体还要继续往下拓展空间。而且软件整体要在大盘见底之前完成补跌，最近两天的走势是明显的图穷匕见。已经看明白整个板块要中期调整，那么这就是充分的离场依据。

个股的趋势大概率不会在连续上涨后和整个板块形成分化，如果未来真的有一天出现这种走势，仍然可以看作是小概率事件。个股服从板块趋势，板块趋势服从市场规律，所以这里即便有技术支撑，未来板块下行压力和指数破位压力都来时，恐怕单股是扛不住的。

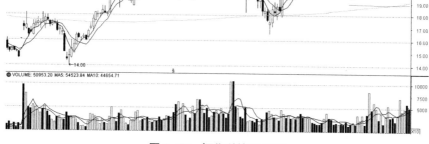

图 3-79　恒华科技日 K 线

　　所以，这里我们策略上选择清仓恒华科技是因为板块明确要补跌，我们没有必要再坐一圈环路。如果未来补跌完毕后恒华回落到合理估值，仍然是一个很好的抄底机会，权衡利弊后，决定这个交易就到此为止，从买进以后指数跌幅接近 1000 点，然而该股给我们创造了 60% 左右的盈利，是难能可贵的。后面还要密切关注它的估值与成长优势，争取在未来的行情里再赚一波钱。

　　笔者点评：

　　股票市场是有周期属性的，差不多每一次收缩货币的下行周期，那些看图炒股的股民都会亏损，一个人学的方法到底是真有用，还是假有用，不是依靠这个方法或者技巧在牛市里赚了多少钱，而是在熊市里能否通过所学的东西不在市场里亏钱，这才是真本事与假方法的最大区别。本次恒华科技操作是因为熊市末期必然全军覆没的市场规律而离场，后面在次年 3 月初，大股东将股权转让套现，因此我们后期完全放弃了对恒华科技的追踪。曾经发现它的重要原因是实际控制人大幅加仓包揽高价定增的举动，而随着他的全面套现离场，使得这个逻辑已经不复存在，而后 2019 年的业绩也恰好成为恒华科技的增长拐点，这个结果发人深思、耐人寻味!

六、海通证券（600837）实战回忆（2018 年 10 月~2019 年 5 月）

北京 （老段）：

我 2009 年通过了投资顾问资格考试进入证券行业，2016 年认识了老庞你。说真的，我没炒过股，但我有投顾资格证，股民会一口一个段老师地称呼我。可如庞老师你所说，今年我就 35 岁了，如果过了 35 岁以后，各个公司招聘都很难再考虑我这个年龄，关键是专业能力我远不及你，如果我有你一半的本事，也不会像现在这样迷茫，真的是前面那么多年荒废得太久了，感觉对股票的理解没什么进步，但我还要端证券这一碗饭啊，不然怎么生活？现在我也想好了，庞老师你要是不嫌弃我太笨没有底子，你带带我，我拿出时间真正地学点东西，这样也不会在未来为了生计而发愁……

（一）一线机构出手，严重关注券商! ——2018 年 10 月 22 日（17：00　盘后交流）

老段：昨天市场终于出现了反弹，今天券商股整体出现涨停潮。今晚要给股民讲股评，老庞你觉得我推券商股票能行吗？

笔者：做一个负责任、有良知又不误人子弟的分析师，一定是用正确的理念和正确的思路在市场出现趋势拐点时给予投资者提示，这才是一个合格的分析师。如果要推荐券商板块，我认为首先要理解券商板块上涨的逻辑，上涨逻辑是趋势形成的前提。如果现在看不清楚上涨逻辑，那么我们不妨看一看今天上涨的催化因素是什么，进而从上涨的催化因素入手，顺藤摸瓜。

老段：你说的是不是今天媒体上报道的关于"副总理刘鹤牵头成立

金融稳定小组"的新闻？今天早上各个财经媒体的头条都是这个消息，我看了一下里面的内容，金融稳定小组是针对近期股市出现持续下跌情况而成立的。如此说来，今天券商股的上涨应该跟这个消息有关系。

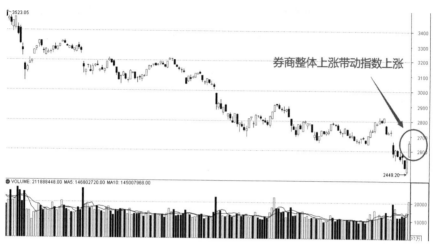

图 3-80　上证指数日 K 线

笔者：我给你说一下这个消息的意义和原因。股票市场的核心需求与功能就是融资！它是为融资者服务的，而不是为投资者服务的。当市场持续下跌，跌到影响融资功能时，管理层自然就出手了。我经历过几次新股的停发，都是因为市场跌到估值很低，新股上来就破发的局面。这些年市场的管理持续完善，机制持续成熟，已经好多年没有这种情况发生了。但是，今年的市场因为种种因素持续下跌，指数从 3587 点到昨天的 2449 点整整跌了 1000 多点，其实已经快要伤及市场的融资功能了。你看我们之前操作的恒华科技（300365），公司业绩增速预期有 40% 以上，动态市盈率都跌到了十几倍；亿联网络（300628）业绩增速年复合 80% 以上，市盈率竟然也跌到了十几倍。亿联网络和恒华科技的估值都不是市场的单股个案，而是整体环境惨淡的冰山一角。如果市场里高增长的股票估值水平都这么低了，市场再来个"自由落体"的下跌，后面新股要以什么样的市盈率水平发行？所以，此刻管理层出手稳定股市非常及时也非常睿智，因为再跌下去恐怕就要影响到市场的融资功能了！

老段：所以利好消息出来，券商就涨了。券商是因为管理层要呵护市场受益而上涨，是这样的吗？

笔者：这也算是一个因果逻辑，但更重要的是应顺着这个思路看市场反应。今天券商股的上涨，领涨的是中信证券（600030）。你仔细回忆一下，之前出现过券商的小幅度反弹行情，都不是以中信证券为领涨龙头而发动的。但这一次不同，今天是中信证券先冲上涨停板，才带动了板块的走强。我在机构操盘的那10年，各机构对中信证券的认知不仅仅是单纯的券商股，而是真正的券商一哥，龙头老大。如果不是趋势行情，是不会先发动中信证券的；如果不是一线机构进场扫盘，分时图上也不会高开之后直接上涨冲涨停的，这是典型的一线机构出牌手法。

图 3-81　中信证券日 K 线

老段：啥叫一线机构出牌手法？

笔者：所谓一线机构出牌手法，就是开盘以后直接涨，这是一线机构建仓阶段的典型买入风格。在大型机构内部，各个部门分工和工作职能非常详细且具体，比如专门负责调研的是研发部；专门负责投资决策的是资管部；专门负责执行交易指令的是操盘部；专门负责风

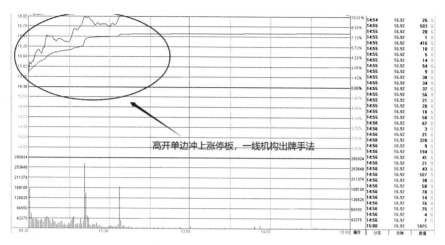

图 3-82 中信证券分时走势

险控制的是风控部。由于交易指令是从投资决策部传达到操盘部，投资买入的过程中手和脑分开，所以操盘部接到的买入指令就是某某年某某月某某日买入多少资金，或者多少股。操盘部的工作要求是完成上级部门下发的交易指令，这时不管是考虑买入的资金需求还是股数需求，考核的标准是任务的执行情况，而不是以什么方式买入。为了让工作任务被很好地执行，就会出现开盘就买，买完收工的情况。而中信证券是 1000 多亿元市值的股票，一般的游资和机构有这个魄力和实力扫盘买入这么大市值的股票吗？如果是游资行为，怎么还顺带着海通证券（600837）和华泰证券（601688）等大市值的券商股全部涨停了？所以今天这个局面，一看就是典型的一线主力机构扫盘入场了。可以理解为一线机构对政府稳定市场有信心，开始入场扫货，又或者是否有人授意实力机构这里可以入场做多？现在我们只能猜。记得 2006 年股市跌到 998 点的时候，各路投资机构和咨询机构全部接到电话，强调股市已经跌到 1000 点了要稳定，不要看空做空。现在看，券商的大涨很可能是对基本面护盘消息的正面回应。所以接下来应该关注券商板块的整体动向！我认为这一定要在交流课或者每天分析文章中强调。

图 3-83　海通证券日 K 线

（二）立桩量与涨停板上平台——2018 年 12 月 12 日（盘后）

老段：老庞，按照你的思路，最近我讲课一直说关注券商，可是券商也没涨，前几天出利好，券商也冲高回落，是不是反弹结束了呀？

笔者：可以肯定地告诉你，券商是一定要起来的，因为接下来激活指数带动市场只有依靠它们！你想想，大盘跌了 1000 多点的背后原因是什么？一个因素是实体去杠杆，另一个因素是美国加关税。现在关税的问题已经告一段落，而一直持续困扰市场的去杠杆，上周五北京国民经济研究所所长樊纲说"去杠杆已经告一段落了"，各大媒体纷纷刊发了这个观点。两个导致市场走出中期下行趋势的核心因素现在已经没了，再看前面金融稳定小组的"政策底"消息，可想而知后面市场必然要涨，那么这个预期就要靠券商实现。所谓"天下苦秦久矣"，2018 年跌了一年，各路投资机构饿了一年了，新股再跌就发不出去了，高层也想稳定市场了，现在各种制约市场的因素已经消退，只有上涨才符合各方利益！所以，券商一定要涨！要注意的是，从基本面到市场面，券商有两个核心的看涨因素非常重要。

第一，从基本面分析，去杠杆结束以后，也就是收缩货币的结束。未来货币供应迎来恢复，大盘自然迎来恢复性上涨，券商业绩明确受益于市场恢复和货币的投放。

第二，从市场层面分析，未来市场如果能上涨，总要有领涨板块。那么领涨板块是什么呢？目前高层一直表态"住房不炒"，房地产和银行没有增长的逻辑，无法获得增量资金的认同，所以当下只有券商板块是既能带动人气又能带动指数的板块了。

所以，货币投放逻辑明确，券商既带人气又带指数的特征明确，除券商无其他板块能用。最近券商的低位放量，应该是很多资金看到了这两点。

此外，从股价趋势看，本次一线主力是在政策底出现时同步对券商板块进行扫盘入场，技术上形成了典型的"立桩量"。立桩量是形容词，是指上涨趋势开始阶段股票在上涨初期主力的第一次建仓量。除立桩量以外，从走势看，券商整体都是震荡趋势状态。以中信证券为例，震荡趋势是在涨停板阳线位置上形成的区间震荡，笔者把这种震荡形象称为"涨停板上平台"，这是牛股上涨趋势初期很常见的一种形态，它的市场意义是主力打完底仓后，多空双方在上有压力下有支撑的位置进行筹码交换，减轻上方套牢盘和获利盘的压力，因此，低位被做局主力扫盘的个股，很容易出现这种形态。

这个涨停板上的震荡正是前期套牢盘的压力位，下方是主力扫盘建仓的"立桩量"位置。

本次不仅仅是中信证券，多只券商股也出现了涨停板上平台的震荡走势，正是在前期套牢盘的压力位和"立桩量"之上的位置形成的。像海通证券以及国信证券等券商股近期都是在这里震荡，这种震荡最终要选择突破方向。只不过不理解市场的人看不懂，如果能够看到去杠杆结束和影响融资功能两个核心，那么大家应该明白这时券商板块是一定要涨起来的。

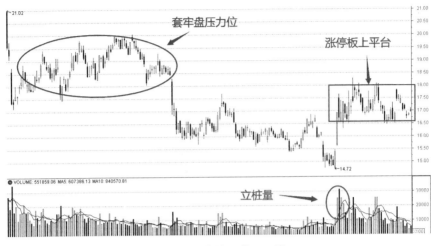

图 3-84　中信证券日 K 线

图 3-85　海通证券日 K 线

　　老段：老庞，我看很多分析师都讲技术，还有讲热点，但这么多写文章和讲课的同行，没人能把市场 K 线背后的逻辑像你这样讲清楚。如果券商能够涨起来一波，那么大盘自然也能涨一波，我就按照这个思路去讲大盘能涨就可以了吧？

　　笔者：逻辑是没错的，但你要注意现在的市场环境，估计还不能马上就涨。如果用一个词语来形容现在的市场，那么我认为当下是"万事

图 3-86　上证指数日 K 线

俱备，只欠东风"。万事俱备是因为引发指数持续下跌一年的本质原因已经消除了，但东风是增量资金的持续进场。资金来了股市就涨，资金走了股市就跌，这是亘古不变的规律，只有钱才是"东风"。目前的券商还都是前期部队在打底仓，但大部队现在还不能马上开进来。因为现在已经 12 月底，正是金融机构结账的月份，这个时间的股市一般都是交投清淡月份，而且还有结账需求的资金要在年底前撤离股市，所以无论如何也要等过了这个时间点，再看东风什么时候能来，等东风来时，券商板块自然带领指数向上突破了。

（三）东风已至，券商板块整体暴动——2019 年 1 月 6 日（晚间）

老段：4 日晚，中国央行宣布降准，下调金融机构存款准备金率 1 个百分点，自 2019 年 1 月 15 日起执行。虽然我炒股票不行，但再怎么说我也是学经济的出身，这个消息显然是宣布开始释放货币了。这是 2018 年跌了一年以后首次释放货币，按照老庞你之前的说法，周五这个消息是否可以理解为"东风"已经到了，接下来券商要带领大盘往上干了？

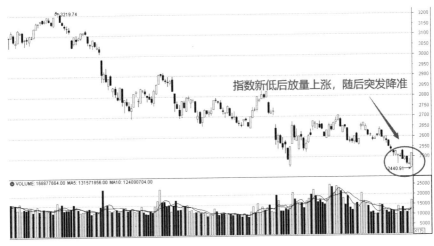

指数新低后放量上涨，随后突发降准

图 3-87 上证指数日 K 线

笔者：给你说个特别巧的事情，周五有个多年未见的朋友找我说斥巨资投资股市，他问我对当下的股市是什么看法？我告诉他按照现在的情况看，再跌就快停发新股了！而且从本周刚刚公布的 12 月的经济数据看，再不释放货币恐怕经济都会有失速的风险，但这里绝不能悲观！巴菲特说过没有人是依靠做空自己的国家发了财的，越到这个时候越应该知道机会来了，因为管理层不会坐视不理，很可能已经等不到春节后就会有释放货币的消息……

我正说得起劲，这时候他手机有了新闻提示音响，他看了一眼之后就直直地盯着我，我问他怎么了？他说，降准了，你这太神了。我看到消息以后也把我自己惊讶了。不是我太神了，而是事情如此巧合，降准如此突然！

我周末刻意看了一下网上的评论，媒体的解读是"政策先于数据出手"，我认为对冲持续下行的经济数据绝对不是一个降准就可以的，因为 2016 年以后单纯的货币投放对经济数据的影响已经非常弱了。如果稳住经济，势必会打出"政策组合拳"。所谓组合拳，就是确保持续的政策可以促进或者引领下行的经济数据有效企稳和持续恢复。在 2009 年和 2016 年市场低迷时都有过这样的先例，比如 2016 年释放货币 + 万亿 PPP 计划，直接稳定了基本面的预期，并引发了基建板块的整体上涨。所以，这次降准可看作是一次标志性事件，它标志着实体去杠杆和金融去杠杆结束后，货币政策由回收货币转向为投放货币，是货币政策的拐点。可以预期的是，为了稳定宏观预期和资本市场，未来进一步的政策会陆续出台，市场在这里见底上涨是理所当然的事。

　　老段：那既然这样，下周开始我不说提醒关注了，我改喊赶紧买进了！老庞，你说股民看我预测这么准，万一接下来火了，是不是可以去当网红了？不过我在想，既然是喊买进，那应该买哪只券商呢？这么多券商股，让客户买哪只、不买哪只呢？

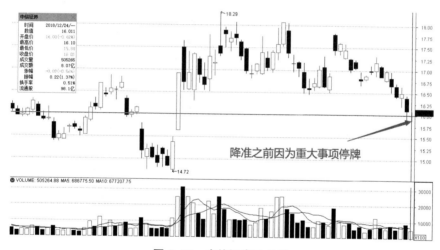

图 3-88　中信证券日 K 线

　　笔者：当网红估计和你我无缘，我们讲的都是市场真相，而真相一直不被大众喜欢，所以能获得散户认同的"网红财经主播"必须得说散户想听的、爱听的。我们不管别人，踏踏实实做好自己就可以了。我前面对中信证券的分析已经和你强调过，本次券商股是一线主力主导的趋势行情，那么就不能去关注西南证券（600369）或者国金证券（600109）等小券商。我们无法预知后面行情到底有多大，但这些券商市值相对小，对大资金的容纳比例比较低，没有优势。现在中信证券因为"收购广州证券 100% 股权"的事件已经停牌一周了，我们不买小券商，也买不到中信证券，关注的重点，个人认为应该在海通证券，从绝对权重和影响力看，海通证券有 1000 亿元市值，和中信证券是一个级别的券商。

现在，我说一下海通证券的趋势状态与趋势要领：

（1）指数在前期创出了 2018 年下跌以来的新低 2440 点，而后在券商整体走强带动下出现上涨。我们可以看到券商板块所有股票的股价位置比前期低点位置要高，是一个典型的先于指数见底的板块。这种典型的先于指数见底，是后期跑赢市场的个股经常出现的上涨初期的市场特征。

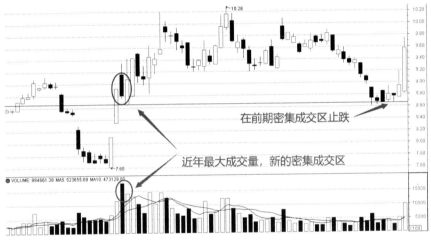

图 3-89   海通证券日 K 线

（2）在个股趋势明显强于指数的基础上，海通证券近期的波动趋势明显强于中信证券的波动趋势，中信证券停牌前报收 16 元，已经跌出新低。而海通证券在前期巨量位置有效止跌。为什么短期能在巨量位置受到资金护盘？因为前期巨量是主力的建仓成本。

（3）周五，该股是大阳上涨回到前期震荡区间，这里没有出现很激进的涨停走势，说明多头力量还不至于一哄而上引发股价持续上涨。既然多头的买入力量没有那么迫切，按照正常市场规律，短期该股仍然需要震荡换手消化这里的套牢筹码。

综上所述，海通证券下周震荡的概率很大，在震荡过程中，该股构

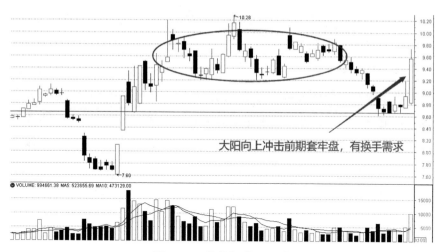

图 3-90　海通证券日 K 线

成了重要的低吸机会。未来震荡结束，板块整体向上突破的行情，就是本次操作应该获得的利润空间！

（四）连续上涨的个股要不要高抛？——2019 年 2 月 13 日（晚间）

老段：老庞，自从按照你的思路去讲课，现在我也开始逐渐有粉丝了。虽然讲的内容没你分析得那么好，但结果较准，股民都服了，干脆以后就按照你的结果我自己去编内容算了。

昨天过完春节坐火车回北京，在车上无聊我就翻抖音，翻到抖音上粉丝给我留言拜年，他们有的问海通证券最近几天连续上涨，是不是要高抛做个短线？我以前给他们讲股票都是告诉他们赚点钱就跑的，但现在有你这个高手在幕后指导，我不敢乱说啊，我想着今天就能看见你了，不如当面问问你应该怎么理解，又应该咋操作？

笔者：你有没有看到过很多股票业务员怎么"洗客户"的？所谓洗客户就是直接找到自己需要的客户，一般是用统一的假战绩复制、粘贴分发给潜在资源，以快速找出目标客户的过程。那么为什么叫"洗"呢？因为多数人不上当，只有一部分对股票一知半解却又迫切希望赚钱的股民才会被利益诱惑。就像你这种准备胡编乱造买入逻辑的"坑货"差不多。

如果脑子里不是装的大酱，听你编的那些东西恐怕就是漏洞百出。我希望你能做一个有良知、有能力的分析师，一定要培养你的粉丝或者客户有正确的投资思维，而不是胡编乱造上涨逻辑。你看现在多少人在外面讲股票都是"看图说话"收割韭菜，我不希望日后你变成那样的人。至于"连续上涨以后要不要高抛"这个问题，其实上涨趋势里动手动脚是普通散户的通病，有人喜欢投其所好地给股民灌输"毒鸡汤"，但每个人做人做事的底线都不同啊？希望你做个好人，少讲一些歪门邪道的东西。

就目前海通证券而言，我说一下观点供你参考：

（1）券商上涨的逻辑是，市场会因为货币投放和经济数据回暖而上涨，这是股价的核心驱动因素，目前很明确。

（2）12月底大盘创出新低，可是该股走出了典型的"回档不破前期密集成交区"的走势。既表明主力资金的态度，又说明其是一个先于市场创新高的强势股，证明了自己的龙头地位。

（3）突破之后，最近股价已经连续上涨几个交易日，但还没有出现震荡行情。可股价也没有真正意义上的大阳线。这里我有个经验，就是股价形成突破上涨以后，往往第一次震荡多是上涨中继，何况现在券商板块还是整个市场的领涨力量，且刚刚突破后没有出现大阳飙涨，怎么可能是高抛的位置呢？如果为了"仨瓜俩枣"的甜头，把一个市场龙头放跑了，那真是太可惜了。

因此，基于以上几点，你要知道这里非但不能高抛，还要强调，即便发生震荡，大概率也是要创新高的结果。一个如此好的上涨趋势，不要因为自己的"小聪明"让煮熟的鸭子飞了。

老段：你这么一说我就懂了，我接下来让大家坚定持股。像你说的，突破以后的第一次震荡多数都是上涨中继，其实我很认同这个规律，而且我研究了那些上涨的股票，就是没有像你现在这样总结过。

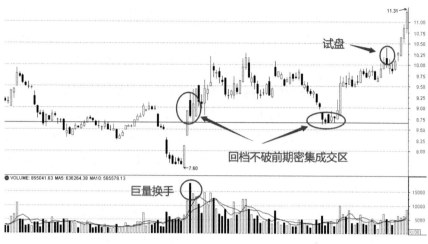

图 3-91 海通证券日 K 线

（五）重要的高抛位置——2019 年 3 月 8 日（盘后）

老段：今天市场来了个百股跌停！好久没这么跌了，简直就是大跳水啊，老庞，你说周五这么跌，会不会因为周末有啥利空消息？这样突然一跌，我是告诉股民卖呢，还是坚定持股？

笔者：这里和我们前面说的突破以后的第一次震荡区域，大概率都是洗盘的道理一样。指数也是低位突破上涨以来第一根像样的阴线，涨

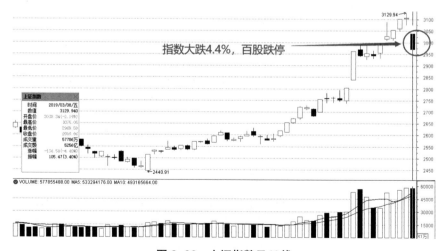

图 3-92 上证指数日 K 线

了这么多在这里震荡难道不正常吗？投资不能单看图表表象。我们在低位看涨的核心逻辑是货币紧缩的去杠杆周期结束，新的货币投放周期和经济复苏的来临。那么，复苏一个月就都结束了？所以这里的下跌注定是未来持续震荡走高趋势里的一部分。即便不是优秀的资金管理者，作为一个分析师，你也要关注市场趋势运动的核心逻辑，而不是每天看图猜后市。一定要知道，趋势引领了图形的发展，而不是图形左右了趋势的方向！今天这个大跌对大方向不会有影响的，但我认为这个大跌或许成为市场热点切换的一个转折，因为未来指数震荡蓄势后肯定还要继续走高，但券商带领的指数第一波的攻击应该在这里要告一段落了！

老段：啥？券商领涨告一段落了？你是说前期领涨的券商要见顶了吗？指数在这里有分歧产生震荡，可后面还要依靠券商股吗，不然像你说的那样，不涨券商哪里有其他板块可以撬动市场啊？

笔者：今天市场的下跌导火索是中国人保（601319）连续上涨以后，中信证券研究所给它出具了卖出评级，市场的反应从昨天的一字涨停直接打成了一字跌停。于是金融权重股全线下跌导致指数的大跌。从目前银行、券商、保险所有金融板块的上涨看，已经从低位基本直接翻倍了。论涨幅，已经足够大；论使命，金融权重的连续上涨很好地激活了市场，成功地将指数从泥潭中拉出来，已经完成它们的使命。一波长期上涨趋势，市场不可能只炒一个热点，接下来经济数据开始复苏以后，其他个股也要被市场价值发现。

老段：我不同意你这个看法，你就看券商2月公布的经营数据，比上年环比或者同比都是暴增的，业绩这么好，市场未来还会好，那么它们肯定赚钱越来越多。如果业绩还在增长，那么股价不应该炒这一波就结束了。现在市场成交量这么大，我觉得后面几个月业绩会妥妥地持续增长，既然这样，券商没有理由不涨啊。

笔者：这个论据是错的！原因在于，股价反映预期的时候，不是以你所说的月为单位的，而是以年为单位的，你什么时候听过机构或者个人按照月度给个股算估值？投资又不是打工，难道还指望市场按月发工

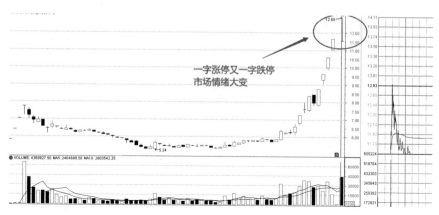

一字涨停又一字跌停
市场情绪大变

图 3-93　中国人保日 K 线

资吗？显然这一波上涨正在反映持续的业绩改善预期，而你所说的未来业绩持续改善，这是大家都知道的结果，根本不是预期以外的事件，券商板块的股价已经通过翻倍提前反映了今年整体业绩反转的预期，后续没有进一步超预期的事件，自然没有超预期的股价趋势。记得前面在刚刚突破的位置时，你还在研究是不是高抛做差价，现在怎么又突然觉得趋势要持续向好了？

　　老段：我只是在最近更认真地分析了公司的数据，其他的我也不是特别懂，就比如你说的突破后第一次震荡是上涨中继，还有什么启动前的"立桩量"，这都是听你说我才知道的，但你可能有你的经验和道理，而我始终觉得像海通证券和中信证券这种公司业绩肯定要持续增长，所以股价至少不会坏到哪里去，难不成这两天它们的走势就是多头陷阱？

　　笔者：今天的百点大跌中信证券封死跌停，其他券商股基本都是这样，形态上刚刚的突破因为利空构成了"假突破"，导致前天新高看上去是个"多头陷阱"。

　　而海通证券收盘顽强抵抗，板块不行时，龙头依旧很强势，可一定要注意，如果下周市场企稳，海通能马上创新高，则说明板块强势趋势在延续，届时可以再持续观望一下；一旦不能在这里持续新高，或者维持震荡时，这里就必须要卖出。你总说券商调整和指数上涨矛盾，我告

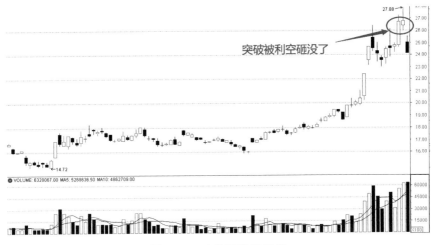

27.88→

突破被利空砸没了

14.72

图 3-94　中信证券日 K 线

15.13→

突破以后的第一次震荡

突破之前试盘

7.60

图 3-95　海通证券日 K 线

诉你任何市场的趋势上涨行情，都是多个板块轮动发力的结果，往往是先炒一个热点，"炒熟了"再炒下一个，现在券商板块就是"炒熟了"。

知道你可能会问，凭什么在这里说券商的炒作已经"炒熟了"？来看看券商股的整体趋势位置就知道了。

以中信证券为例，当下股价连续上涨以后，已经来到历史重要筹码套牢密集区，不做任何蓄势就直接突破吗？如果觉得中信证券的这个套

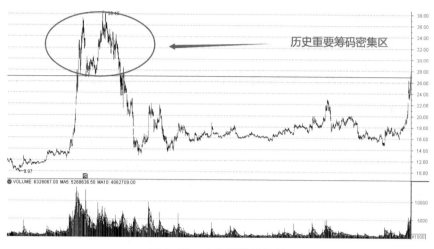

图 3-96 中信证券日 K 线

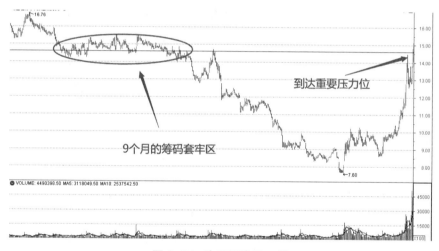

图 3-97 海通证券日 K 线

牢区已经是 4 年前的事情了，时间太久很多筹码已经割肉了，那么再看海通证券的情况就知道了。

无论未来如何，这里要打消耗战，消耗的是近期翻倍涨幅的获利盘，也是前期套牢区的解套盘。所以哪天是高点笔者不知道，炒股不是靠预测顶部而盈利的，但我知道走到这里的券商股必然要由数月以上的调整来消耗，那么这就构成了趋势持股者卖出的逻辑。操作上，后面有反弹就应该先行撤退，因为到了趋势拐点。作为分析师，你应该在趋势拐点的位置对你的客户有明确的提示才对。

（六）海通证券被套如何操作？——2019年5月7日（盘后）

笔者：老段，今天，你的粉丝找到我的抖音，问我段老师提示海通证券中线潜力股，可是买入后一个月被套了20%该如何操作？我仔细查了你一个月前的直播记录，你的确在说看好券商。我当时不是已经把券商短期见顶的事情和你讲得很清楚了吗？为什么还会出现这样市场上涨而个股亏损的悲剧呢？我之前带过好几个现在北京城有名气的分析师和操盘手，虽然他们有些年纪比我大，吸收知识的能力也并不快，但也不至于我教给他们往东的逻辑、他们说出往西的结果，你这什么情况？

老段：加你抖音很正常啊，一搜索你老庞的名字在抖音里不就显示出来了吗？情况是这样的，其实一开始你带着我那段时间，由于自己判断得太准，后面我就有点飘了，之前你是说过券商这里要高抛的逻辑，你说完后的确也下跌了一段，可是4月初，海通证券又涨停创出新高，我觉得那肯定还能涨啊，这几个月券商业绩多好，我就又按照我原来的思路给大家讲券商能涨，所以就给他们都套里了。我估计以你的脾气你肯定要生气，而且前面你不让做差价的位置，我让一些人做差价已经把海通证券早早卖了，这些我一直都没敢告诉你。最后，我还想着最近连续调整，等涨起来以后再和你说，没想到就这么一路跌下来了。

笔者：那你跟粉丝解释解释吧，前面我都和你强调过了，在不恰当的位置不要想着高抛，后面我又说了这里的震荡蓄势预期时间要比较久，你为啥全搞反了，这么高还让人买进去？真是烂泥扶不上墙……（此处省略一万个字）

笔者点评：

多年以后，老学员问我段老师现在忙什么呢？我告诉他们段老师离开证券行业回老家带孩子了，大家感慨难为笔者那时每天教他到深夜，最终还是没有结果。笔者认为关键是一个人自己要有动力变好，并且主动去吸收和沉淀有价值的知识才是最重要的。仅靠笔者主动灌输思想，对方不能全神贯注持续努力，那就只是笔者在全力以赴，而不是我们在全力以赴。如果一个分析师想吃证券投资咨询这碗饭，那么怎么会只考过了资格证书却没有任何专业知识的沉淀？做不好一定是自己懒，找不到其他原因。后面笔者也遇到过那种不学无术的学员，懒到上逻辑课时根本就不学，以为拿到个代码就可以赚到钱了，可是这样人太高估自己了，最终在上涨的震荡中做差价，把牛股做丢了。

图 3-98　海通证券日 K 线

七、风范股份（601700）实战回忆（2018 年 12 月~2019 年 1 月）

有一家依靠收咨询费的公司——大连华讯，运用虚假宣传诈骗了高达 27 亿元的投资咨询费。这家公司可以说是用最低级的骗术，从股民身上搜刮到了惊人的财富，公司员工表示"我们公司就是骗客户的钱，没有文化、没有常识才会购买这些产品"。他们的诈骗手法就是发送持续短线上涨的"业绩"去诱惑投资者缴费，可投资者缴费以后，这些短期盈利的好股票就一个都没有了。但凡清楚知道股市的钱没办法依靠持续快速盈利来积累，就不会被这么低级的骗术诈骗，被骗的人是那些对投资毫无认知常识，又渴望快速赚钱的人。

证券行业内形容从业人员的生存方式，一种叫"跪着赚钱"，另一种叫"站着赚钱"。"跪着赚钱"是迎合客户做服务，每天研究股民想听见什么，然后说他们想听见的话，最终把钱赚了，赚这种钱必须狠下心来，"睁着眼说瞎话"才能实现。大连华讯就是以这种比较过分的尺度，被定性为诈骗。现实中笔者仍然可以看到太多同行以这种方式在各种平台割韭菜。比较典型的是一个做了 10 年保姆的大姐，用她的图表分析经验把自己包装成从业十余年的私募高手，在抖音都赚了好几百万元了；还有骑着摩托车号称一年 10 倍的短线高手，在股民的贡献下，已经把坐骑成功换成了宝马。总之，利用投资者错误的理念赚到属于自己的利润，在行业内实属正常。

站着赚钱不是谁想站着就能站起来的，因为要有站起来且站得住的实力。这种是舍弃乌合之众、舍弃大众里最傻的那部分群体而服务于小众群体的一种生存方式。其本质是依赖于持续从市场里赚到钱，所以说并不是谁想站起来就能站得住的。我们的追求是把自己做成一个在行业内站着赚钱的品牌，因此力求所有的分析与操作能够让学员们学得会、听得懂、跟得上，最终充分实现持续盈利。

（一）做一个公开表演账户迎接市场底——2018 年 12 月 20 日（盘中交流）

笔者：欢迎志强老师加入我们的小团队，为了我们以后把工作做得更好、更出色，我代表大家对你的到来表示感谢。

志强：我也很开心可以一起做事，之前一直找不到机会，我看到很多股民找不到真正的高手，现在你出来讲课了，你这操盘高手改行讲股票算不算不务正业啊？我现在有个提议，很多股民根本分不清谁是真高手，谁是割韭菜的，干脆充分发挥你炒股赚钱的能力，做一个示范账户出来，这样日后学员既有一个参考的标准，团队又有一个代表作品。

笔者：在北京操盘这 10 年，我前后走了 3 家集团公司，所管理的资金全部实现了资产的盈利，但从个人发展角度说，却落后了周围同事一大截。我前面操盘的那家公司，公司里 100 多名证券从业人员，最后真正被集团资管部录用的，只有我和另外两个同事。但这几年，很多公司里过去不炒股票的人成为股评界的名嘴，反而我们这些真正在市场里搞实战的，却远不如他们的收入。看来每天研究股民想听什么，比每天研究股票赚钱容易多了，真是个劣币驱逐良币的世道。现在我开始向投教领域转型，已经和我的第一批学员共同战斗了两年，并且帮助他们踏踏实实地赚到了股票市场的钱。你说我这是不是不务正业？之前给机构操盘是做事业，现在做投资者教育也是做事业，不管我在证券行业里做什么，目标都是持续从市场里赚钱，而不是赚股民口袋里的钱，我的理想是做投资者教育界的清流，而不是同流合污或者随波逐流。

另外，你提到的示范账户我认为是个好提议，毕竟真刀真枪的收益率是口才再好的竞争者都无法比拟的。最近两家机构希望找我谈委托操盘，其资金体量都不到 1 亿元，这种小资金接过来做表演盘我觉得正好，但要征得出资方的同意。如果谈不拢，我们可以自己开一个 100 万元账号每天记录账户的结果。由于最近市场已经进入下跌趋势的最后阶段，这个事情必须抓紧，后面是重要的趋势上涨机会，我们要准备好抄底工作，实战账户可以把我们的投资结果透明化，让外界更加迅速地了解我们，让更多人知道我们是"站着赚钱"的那群人。

志强：对啊对啊，我们不割"韭菜"，我们放弃"韭菜"做长期品牌，示范账户搞出来后我可以负责记录工作，每天把账户持仓与收盘市值统计汇总，然后通过图表方式展现出来。

（二）下跌末期，重仓杀入大黑马——2018 年 12 月 27 日（20：00　晚课）

笔者：在连续观望了几个交易日以后，今日盘中用 100 万元资金的重仓买入风范股份。在建仓的第一时间已经给所有学员发了入场信息，确保大家跟得上我们整体的交易节奏。现在更换了具备合法合规的投资顾问资质平台后，团队的实战操作可以第一时间给到学员那里，看到好机会大家可以进行同步操作了。由于盘中仅仅是给大家发了交易指令没有详细地谈到买入逻辑，这里给大家详细解读一下对本次风范股份买入操作的实战思路。

今年的股市，市场从年初跌到了年尾。曾经市场流行一个理论，说市场每年至少有一次上涨，这个上涨被称为"吃饭行情"，因为不管是券商还是投资机构以及咨询机构，都要依靠一波上涨实现盈利，可2018年和2008年一样跌了一整年，整个行业"无饭可吃"。现如今去杠杆和贸易摩擦这两个导致市场走下行趋势的绝对因素已经化解，维护市场稳定的政策底已经出现，我们可以判定当下的指数背景正处在下行趋势的末端、上涨趋势的初期。

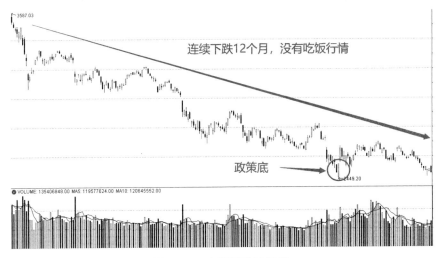

图3-99 上证指数日K线

那么，在市场处在下跌末期上涨初期要如何选股呢？

这里我有三个实战方向给大家分享：

第一个，如果未来市场结束下行趋势，开始上涨趋势，一定是有热点崛起带动指数上涨，那么这个热点是谁？现在看肯定就是券商。因为地产和银行已经是末日黄花，而保险板块整体市值相对证券还是小，只有券商既能够带动指数又能够带动人气，而且市场复苏、货币政策转宽松等都是它们上涨的逻辑。近期所有券商股都有大资金打底仓的动作，而券商连续下跌后距前期套牢盘区很远，中期反弹是有空间的，所以这是一个操作方向。

第二个，底部上市的新股。连续下跌以后，新股的发行市盈率水平大幅度下降，市场恢复后自然要提升。还有个重要的依据，新股上市以后，上方没有套牢盘压力，资金进场以后，可以"天高任鸟飞"地去炒，因此关注近期上市的新股，也是一个操作方向。

第三个，基本面突发反转型股票。这种股票不是一个明确的板块群体，而是市场可遇不可求的一个类型。它们的特征是，之前因为基本面恶化公司股票下跌，而后因为种种原因行业或者公司出现了重要转机，那么一旦市场开始走好，这类股票股价会随着业绩的复苏迎来持续大涨。著名的牛股方大炭素（600516）就是这种情况，可见基本面突然的业绩增长预期出现的连续大涨是多么猛烈。但这种机会可遇不可求的属性，并不是每次市场起涨阶段都能够通过市场特征找到的，巧的是这次我们发现并买入的风范股份正是这种类型，今天建仓完毕以后过了半小时就已经涨停板了。

现在我和大家谈一下风范股份的操盘逻辑，为什么它是我们可遇不可求的基本面突发反转型股票。

风范股份属于特高压行业。什么是特高压行业呢？就是围绕电力系统做输变电服务的。特高压的用途主要就是提供电网的输送能力。由于大规模的输变电服务围绕国家电网来进行，所以特高压业务的经营好坏、业绩好坏都要看国家电网招标的进度以及公司所能够获得的业务份额。从历年的表现结果看，核准的项目越多，行业龙头公司中标的份额越多，业绩增长越多，从而因为业绩的增长使得股价出现明确的上涨。以平高电气（600312）为例，可以看到平高电气多年来整体的走势明确反映了这个逻辑。

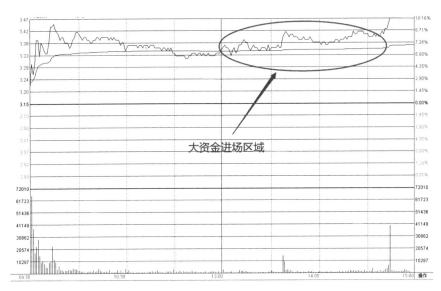

图 3-100　风范股份 2018 年 12 月 27 日分时走势

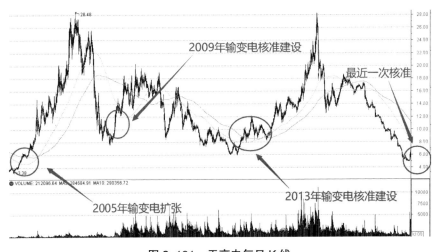

图 3-101　平高电气日 K 线

通过图 3-101 可以看到，平高电气在 2005 年输变电扩张的第一阶段开始走出了持续的上涨行情，依稀记得那时市场还是从 1400 点向 1000 点位置下跌的熊市周期，而基本面的增长逻辑直接引发了平高电气股价的上涨。第二阶段是 2009 年"4 万亿"投资，各个行业都出现了整体复苏。第三阶段是 2013 年以后输变电核准建设的工程进一步增加。最近一次是在 2019 年 9 月，国家能源局公布了今明两年将核准 12 条特高压工程的消息。这个消息出来以后，相关的许继电气、特变电工等特高压的个股全部整体上涨，这就是整体特高压走强的基本面逻辑。

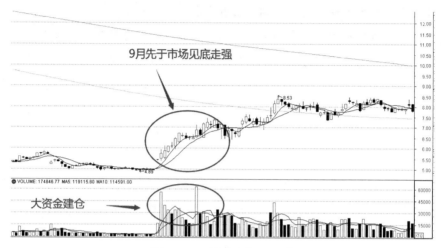

图 3-102　平高电气日 K 线

大家要注意，如果按照这个逻辑去选股，根本轮不到风范股份。因为整个国网招标的特高压市场份额过去是不给风范股份这种民营企业的，许继电气（000400）、平高电气（600312）这些公司是国企，国家的项目给这些有核心竞争力的国企是很正常的。如果按照之前的炒作逻辑去选股，我们应该关注国企，可这次我们应该更重点地关注风范股份！大家不要以为关注它是因为跌得多，笔者绝对不会以"低位放量做补涨"的表象分析去买一个下降趋势的股票。昨天涨停今天也要追涨买入，一定是找到了有明确看涨逻辑的证据。这个看涨的依据和昨天国家电网召开的新闻发布会关于"启动国家电网混改"的新闻有直接关系。我们一起来看一下这个发布会的新闻稿，全文如下：

财联社 12 月 26 日讯，国家电网公司 12 月 25 日宣布，下一步将以混合所有制改革为突破口，推出全面深化改革十大举措，包括电网建设、装备制造、抽水蓄能、电动汽车、综合能源服务、信息通信等各业务领域，几乎涵盖了国家电网公司的全部经营范围。

　　值得注意的是，国家电网公司将首次在特高压领域推行混合所有制改革，引入保险、大型产业基金以及送受端地方政府所属投资平台等社会资本参股，以合资组建项目公司方式投资运营新建特高压直流工程。上述引入资本不受所有制限制，国有资本、民营资本均受欢迎。

　　国家电网公司向社会资本开放特高压工程的大背景是，在建设放缓两年后，特高压工程迎来新一轮核准高峰。2018年9月，国家能源局批复九项输变电项目，含"五直七交"12条特高压线路，在拉基建稳增长的背景下，规划2018年第四季度至2019年内集中核准投建，将驱动电网投资快速回暖，预计投资额1800亿~2000亿元，释放站内设备需求约600亿元，带动核心设备龙头未来2~3年迎来新一轮增长高峰期。

　　这个新闻很重要，我们整理一下其中的关键词：最重要的是"特高压领域推行混合所有制改革，引入不受所有制限制的国有资本、民营资本"的内容，这个表述各路媒体都有相关报道，其报道的内容都是以"特高压领域首次向民营资本放开"为主题，指出民营资本终于可以进入特高压招标领域。这个消息最直接利好的就是风范股份，因为沪深股市只有一个民营的特高压上市公司！

　　同样重要的还有"2018~2019年集中核准投建的特高压项目预计投资额1800亿~2000亿元，带动核心龙头未来2~3年迎来新一轮增长高峰期"的表述，可以看到新的核准建设规模和时间周期，将带来明确的公司景气度和增长逻辑，因此对相关上市公司未来2~3年的增长产生非常确定的利好影响。

　　通过以上两点，风范股份很自然地进入了我们的选股视线。要知道，民营特高压的市场规模很小，对比首次放开的国网招标，那简直是一个成倍数增长的蓝海市场！2000亿元的投资，过去就不曾给过民营特高压企业任何份额，而后将面向民企放开，与国企竞争。假设未来风范股份只能拿到2000亿元投资份额的百分之一，那也是20亿元的合同啊！何况作为民营特高压企业能上市的风范股份未必只分20亿元。因此这个消息一出来，次日风范股份就被资金扫盘至涨停。

某学员：老师，这里面也没有具体数据说风范股份能拿到多少份额啊？单纯地依靠想象靠谱吗？

笔者：大家一定要注意，这里有个重点——支撑股票价格的核心因素并不是业绩，而是预期！预期越高，股价自然越高。不要把我讲的重点放在 20 亿元合同上，那只是个比喻，真正的重点是之前市场并没有预期风范股份可以分到国网招标的市场份额，现在忽然这个蛋糕可以分给民营企业了，然后再告诉大家这块蛋糕有 1500 亿元。到底分多少呢？没有人知道未来份额的具体数据，但可以现在随便想象。往往出现这种情况，都是要先把股票炒起来，然后等待未来的市场份额兑现。如果真的能超预期，那就进一步持续上涨；如果炒完以后不及预期，那就来几个跌停，这是市场一直在发生的规律啊！股票的上涨不是你拥有了什么样的业绩，而是未来向好的逻辑出现并给予市场上涨的预期。如果真的预期一定会好，并且好到什么程度却不确定，那么这时股价上涨就没有了定价参考的标准。当一只股票上涨是应该的，却不知道哪个价格是合理的，这时候它就具备了一飞冲天的价值。因为你想象蛋糕有多大，就可以有多大，多数人也不可能买入股票后真的留到未来吃到蛋糕那一天。所以现在风范股份就是机会，而其他国企的特高压股票这时没

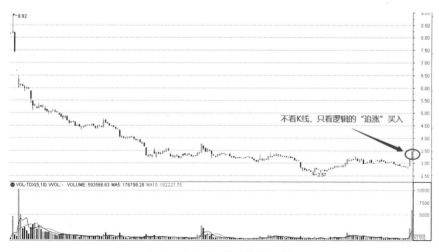

图 3-103　风范股份日 K 线

有超预期的因素了，所以操作重点就是风范股份。

我们今天的买入操作，正是基于以上逻辑的判断，而和短期的技术位置以及趋势状态没有关系。炒股最重要的是趋势形成的逻辑，如果判定趋势有确定的反转依据，那么在反转初期越早介入越好，晚了就会错过机会。

（三）上涨趋势初期，市场需要英雄——2019 年 1 月 2 日（12：00　午盘交流）

志强：老庞，早上你不在，风范股份早早就封上涨停了。虽然最近指数走得还比较弱，但我们表演盘刚一出手重仓就迎来了开门红，下午语音直播能不能和所有粉丝讲一讲我们买了风范股份？但我担心说完以后他们追高被套了，你看这种情况，下午我说还是不说？

笔者：今天是过完元旦的第一个交易日，前几天答应电视台今天上午做节目，所以做完节目才回来。早上节目还没开播时，就已经看到风范股份封死涨停了。现在已经是股价启动以来的第四个涨停，也是我们建仓以后的第二个涨停，单股浮盈已经超过 20%，在这种情况下，我的想法是风范股份很可能会直接翻倍。

所谓时势造英雄，根据经验看，指数在一个底部区间开始转折之前不仅仅要有带动指数的板块，最重要的是还要有塑造赚钱效应的持续上涨的个股。因为连续上涨的个股产生赚钱效应，会引发场外资金流入，进而催生市场行情。道理上，风范股份的井喷走势是突发消息改变了市场预期所导致，又恰逢市场见底初期，市场需要塑造一个这样的"英雄"，所以不只是今天涨停，上一个交易日第三个涨停时，就能感觉到股价要越来越高了。但下午的网络直播还不能很激进地表达，最多是把逻辑做分享，让粉丝们有自己的判断。我们说清楚操作的依据和想法即可，不然真有人 5 个涨停追进去亏损，就是你的锅。而且，我担心的是你的表述会不会被多数人接受，因为多数普通股民深受"技术大神"所害，总觉得操作龙头妖股应该是看量、看图或者看指标实现的，怎么会像我们这样挖掘基本面逻辑之后反而不看图就买了进去？所以讲风范股份是可以，但一定要做到客观和不失严谨且不做煽动，把握住这个尺度就好。

图 3-104　风范股份日 K 线

志强：那如果这样还是下午你给大家讲吧，一个是大盘这里出现底部，一个是看基本面的话风范股份有反转逻辑，这个情况你比谁都了解。

图 3-105　上证指数日 K 线

笔者：现在因为市场还没真正从下降趋势里走出来，很多股民都很情绪化地不想看股票了，毕竟已经跌了一年了。但是，这里基本已经回到了前期政策底低点的位置，今天上午在电视台也明确表达了我的看法，现在核心矛盾已经在消退，这种位置下跌跌不动，再跌并不符合所有人的利益。现在风范股份这种给予市场赚钱效应的英雄已经开始产生了，我们真的应该更乐观才对，下午我亲自分享一下关于市场见底的逻辑和意义，让大家有信心、有准备地应对未来的上涨行情。

（四）收益与波动成比例——2019年1月10日（9：00 早盘交流）

客服丫丫：昨晚用文字给客户发了昨天表演盘已经离场的信息后，早上看了下微信留言，有的没有反馈，有的说是风范股份买少了，有的询问这里可否做同步的操作，你看如何回复一下？

笔者：很多股民真的是这样，不涨就天天发信息问，问的问题其实千篇一律，并不是他真的不懂什么，而是他需要一份可怜的安全感。我觉得这样的人将来恐怕经过牛熊洗礼后，还是要被市场淘汰，除非他能够一直跟着我们团队的思路去做，不然在外面随便遇到割"韭菜"的人，分分钟利用他们急功近利的心态而收割掉他们。你只能回复他们说我们现在认为这么多涨停以后股价已经进入第一波攻击的末期，我不知道未来是不是盘整以后还会有进一步的高点，但目前它的上涨使表演盘以30%的仓位带来了36%的账户总收益。这么多涨停以后，2元多的股票变成了7元肯定要选择止盈离场，所以就把我们的操作意图再重申一下即可。

至于喊话买少了的人，告诉他们可以自己衡量。每个人对风险的喜好不一样，一些人厌恶风险，我们就把表演盘仓位做低一点，一些人追求更大的收益，就把账户持仓搞重一点，可追求更大收益的前提是承担更大的市值波动，如果这里不是盈利36%而是浮亏36%，这些人会怎样？总之，这种问题没有绝对的答案，股市投资收益与波动绝对是兄弟俩，拒绝下行波动又想获得投资收益是不能实现的，我们没办法追求完美。

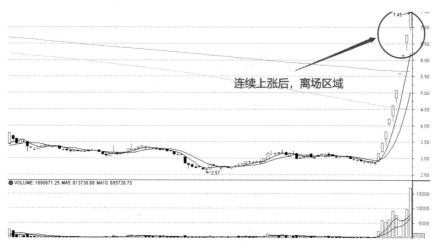

图 3-106 风范股份日 K 线

笔者点评：

2018 年是艰难的一年，很幸运 2018 年末让我们抓住了风范股份这只股票。这样的买股逻辑，事实上可以反复在市场中应用，它根本不需要分析量能和均线，而是一个板块形成预期以外的反转逻辑时，找到弹性最大、股性最犀利的个股，比如：2021 年 1 月的纸张涨价预期炒作时，宜宾纸业（600793）也出现了风范股份同样的上涨，其原理是一样的。

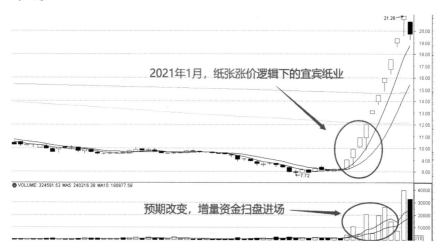

图 3-107 宜宾纸业日 K 线

八、新疆交建（002941）实战回忆（2018年12月~2019年1月）

苏州（悠悠）：

我是做电子制造生意的，在苏州工业园和上海都有我自己的产业。我进股市也很早，差不多1994年炒股到现在一直在赚钱。但我又不太懂股票，因为我们都是朋友凑在一起，他们的消息比较灵通，他们说买什么我就跟着买。可最近一年因为股市下跌和生意比较忙，没怎么关注股票，最近听闻庞老师说市场要见底了，准备把资金调集回来好好搞一下，希望能获得不错的收益。

（一）市场到达底部要关注次新股——2018年12月26日（盘后　微信语音）

悠悠：老师，我平时比较忙，最近您一直在强调大盘要见底了，我钱已经准备好了，什么时候进场记得第一时间通知我。

笔者：目前主要关注新疆交建（002941），但应该不会马上建仓，这里对它还要先观察一下。至于其他个股，短期是不是需要操作，我还没做复盘，等晚一点再复盘研究一下。

悠悠：最近老师反复提及新疆交建，说这是个很明确的机会，既然是机会，那为什么今天它涨也不买进呢？

笔者：新疆交建这只股票有两个维度很重要。

第一，这个公司上市以后的走势，可明显看出有主力资金在里面。我们在首次打开涨停位置当天的K线最低价格画一条线，可看到它最近的价格一直围绕这个位置震荡，如果再看仔细点，12月19日和12月20日这两天跌到线后又被拉回，这说明里面有资金在围绕画线位置护盘。

通过这样的画线，可以更直观地看到该股围绕巨量换手位置而护盘

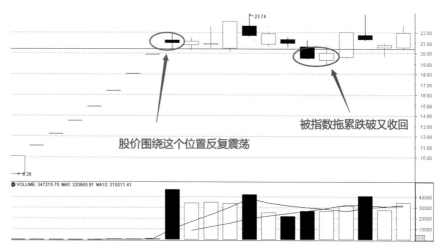

图 3-108　新疆交建日 K 线

的状态，更直观地看懂这里是主力建仓成本，不然为什么最近指数单边下跌，该股却奋力拉回？

第二，大盘在未来即将见底。我们前几天已经说过，制约市场的去杠杆与美国加关税的影响已经在消退，所以市场上涨背景已经具备，现在就是选股期，如果不做好功课，行情来了往哪里打、怎么打都不知道，那还赚什么钱呢？

由于指数即将见底，整体指数估值水平已经很低了，那么这里的新股整体定价都不太高，应该关注这时上市的新股。现在，新疆交建明显有主力资金在活跃，但它不能表明股价一定会因此而上涨，但倘若看懂了指数要在这里见底上涨，那么这种先于市场有主力资金入驻的个股自然会强于市场上涨，因为主力资金一定是对市场做出了正确估计有备而来。如果大盘开始上涨时，它很自然地创出历史新高，则更容易受到资金的认同，所以我们需要耐心地等待市场回暖，多头资金形成共识时去介入。

（二）仓位的控制要结合自身承受能力做通盘考虑！——2019 年 1 月 2 日（20：00　晚课）

笔者：今天在收盘前最后 10 分钟通知大家表演盘买进了新疆交建。

如果觉得剩下 10 分钟时间来不及，那就明天早上找低点再买进一样来得及。事实上，今天我们打了 1/10 的试探仓位，明天早上我们也准备再买一点。

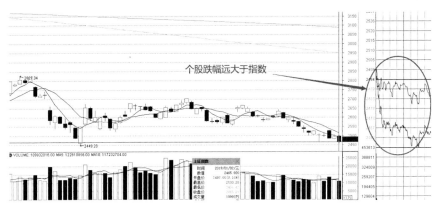

图 3-109　上证指数日 K 线

大家都感受到了，今天的指数距离新低只一步之遥了，而且指数分时图上黄线跌幅巨大，显示个股跌幅远远大于指数本身。在这种情况下，今天上午新疆交建逆势冲板，明显的资金逆势抢筹。而且该股昨天走势是强于指数的冲高回落，此前已经发生过一次了，这次是非常典型的试盘走势，是突破新高前的一次试探攻击，笔者觉得通过今天这只股票的走势，能够看到资金做多的决心，所以在收盘前我们支持一下主力，买入 10% 的观察仓位。

悠悠：老师，今天下午收盘前收到建仓新疆交建的消息，于是赶紧买了一点，好像仓位还不到 10%，看大盘走弱我就放心了，明天早上还可以与您同步进行加仓，可您的表演盘现在是买了 10% 的仓位，后面是否会继续加仓？我觉得仓位轻盈了也不过瘾，如果明天还继续加仓，你提前告诉我明天应该加多少仓位，我明天直接都买进去得了。

笔者：关于新疆交建的选股逻辑前面已经跟大家分享过了，一个是判断市场调整接近尾声，另一个是该股作为新股，没有上方套牢盘，一旦行情发动很容易连续新高受到资金追捧。今天补充一个逻辑，而最新

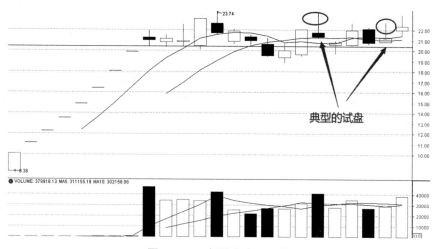

图 3-110　新疆交建日 K 线

的 12 月经济数据已经出来，制造经理人指数跌到了 49.4%，意味着 12 月的数据较 11 月的下滑了 0.6%，可能有的同学不太懂，但这个数据表明经济已经站到悬崖边上了，再不反弹就有跳崖失速的风险。但大家千万别害怕，也不要担心，之前这种情况反复出现过，而且每一次都会匹配相应的政策来稳定宏观预期，因为每一次的稳定经济动作，都是以投放货币和审批基建项目的形式展开的，2016 年 9 月，国家释放货币推动万亿 PPP 项目稳定经济就是这样的逻辑。如果从这个角度考虑，我们很可能迎来降准降息等货币投放政策，同时叠加基建项目的审批以稳定经济增长，那么对新疆交建这种基建类股票构成直接利好。

再看市场层面，目前多数基建股随着 2018 年全年指数下行出现了比较深的跌幅，未来即便上涨，也满是套牢盘等待解套。而新疆交建却是一只难得的没有套牢盘的基建股。我们在上涨行情的初期，一定要重视套牢盘的存在！因为一只股票上涨的抛压动力由两股力量组成：第一股，获利盘，是股票上涨以后想卖出股票兑现利润所产生的抛盘；第二股，解套盘，是长期亏损以后扭亏解套而卖出股票产生的抛盘。所以，如果一只股票没有套牢盘，上涨的对手盘就只有获利盘一种。

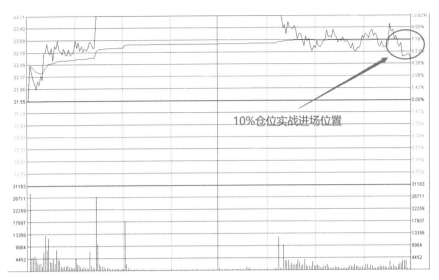

10%仓位实战进场位置

图 3-111　新疆交建 2019 年 1 月 2 日分时走势

通过以上分析，我们看多新疆交建的逻辑更深入了。至于明日加多少仓位的问题，个人计划再度加仓总仓位的 10%，随后择机再行加仓，整体计划仓位要加到 30% 左右，它是根据表演盘的实际状况和笔者风险偏好得出的结论。因为我们首次下单的风范股份（601700）动用了总仓位的 30%，连续涨停后，总账户已经有了 8% 左右的浮盈。这种情况下倘若风范股份真的出现震荡，或者新疆交建同时发生震荡，那么表演盘容易出现整体的本金回撤，笔者希望它的资金曲线一直在本金之上运行，日后打出浮盈空间我们再加大仓位。所以，从这个角度考虑，在指数还没有真正走上涨趋势之前，没有必要重仓而让自己陷入被动，这才有了小仓位分批进场的结果。如果未来风范股份如预期连续涨停，而市场有更积极的见底信号，我们会在后面阶段更积极地加仓新疆交建，这是根据诉求和机会把握的权衡结果，但每个人可以根据自己的风险偏好做不同的持仓比例，仓位多少和每个人承受的风险偏好相关，逻辑和心态控制比仓位本身重要得多。

（三）我们失去了加仓的机会——2019年1月8日（16：00盘后交流）

志强：今天两个持仓股全部涨停！风范股份已经8个涨停，新疆交建3个涨停，我们表演盘只用了半仓，收益率已经在几天时间以内突破30%了！

笔者：志强同志很激动啊，从今天培训班学员们的盘中留言看，大家也很激动，这么多人一起见证了表演账户的起飞！其实今天新疆交建的涨停让我觉得有些意外，你看今日的分时走势，早盘震荡了一下以后只用了1分钟封上涨停板，感觉就像主力在说"我无敌，你随意"，卖出就让你买不回来，而想买入的投资者则需要提前想好买入的逻辑果断低吸，否则盘中瞬间涨停也只在涨停板排队了，因为上涨一瞬间完成，根本没有思考的时间。

志强：老庞，你前几天还在说突破后找机会进一步加仓，然后我想你可能没机会加了，新疆交建是要和风范股份一样连续涨停了。

笔者：幸好新疆交建在启动前我们有20%仓位，不然就真的踏空

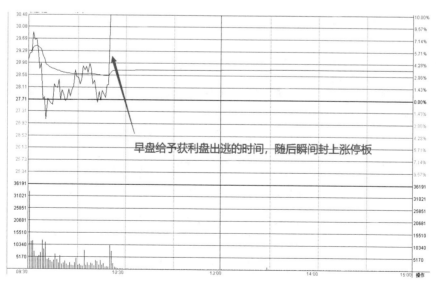

图3-112　新疆交建2019年1月8日分时走势

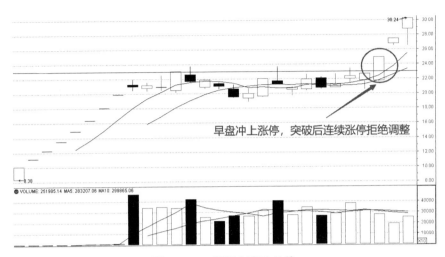

早盘冲上涨停，突破后连续涨停拒绝调整

图 3-113　新疆交建日 K 线

了。加仓完第二天就低开冲上涨停，然后是连板，根本没有反应的机会。尤其是今天涨停出来后，股价已经脱离平台渐行渐远，恐怕如你所说，根本没有加仓机会的基础，现在就更没有加仓机会了！现在市场迎来了降准，趋势反转已经出现，我们根本不愁赚不到钱。最近几天要瞪大眼睛去寻找下一个阶段可以重仓的品种，尤其是收益率脱离成本以后，我们可以更好地放手去做。

（四）高位逃顶——2019 年 1 月 14 日（20：00　盘后课）

笔者：今天上午在新疆交建打开涨停以后，我们第一时间陆续通知大家离场，到第二次打开涨停以后大家已经都卖光了。新疆交建突破以后已经七连板，在连续加速后打开涨停所以果断离场。

就在前几天，悠悠同学问了好多次涨停要不要抛，涨停要不要抛，我觉得这种心态一定算是反面教材。要知道这还是连续涨停的股票，每天基本 90% 的时间都在涨停板上，倘若真的是经历一番近些年我们经历的震荡行情，那可能心理素质会更不好。本次新疆交建的操作，我们拿到了 96% 的单股收益，同时我们也在认真地总结操作的经验和问题。每做一次交易都能够认真总结交易的得与失，到底哪里处理得好，哪里处

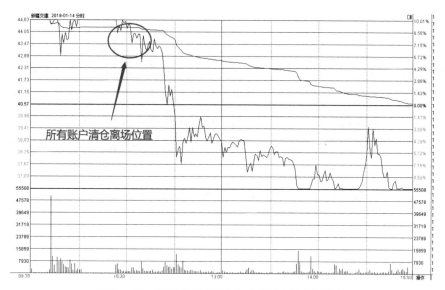

所有账户清仓离场位置

图 3-114　新疆交建 2019 年 1 月 14 日分时走势

理得不好？是不是可以在日后的交易中进一步的优化？对于本次操作来说，该股突破后没有给我们更好的加仓机会很是遗憾，后来连续上涨后严重脱离了基本面的价值而被我们整体清仓，落袋为安。未来我们仍然要反复运用这个思路和方法，在判断市场处于行情初期阶段时，找到那些没有套牢盘又有明确预期的新股，在行情发动的初期能够取得更好的收益。

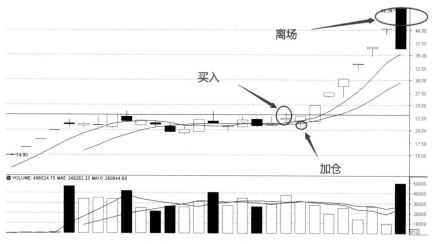

离场

买入

加仓

图 3-115　新疆交建日 K 线

笔者点评:

2019 年夏天,我在苏州工业园的米其林星级餐厅与悠悠一起吃了一顿饭。作为一个事业成功的女强人,她平时并不是把精力都放在股票上,而对我的交易,她一直以为是在跟随机构的消息操作,直到我们见面以后,这个误会才真正解开。听来的股票代码就买入,导致持股心态不好是应该的,因为当我们不懂内在逻辑的时候,持有股票怎么可能心安?把钱压在一件自己没有把握的事情上,很容易做出错误的决定。所以一定不要道听途说一个代码就投,当你不懂上涨逻辑而股价又不能马上上涨时,股价波动对持股者就是一种折磨,只有在充分了解其上涨逻辑后去操作,才能让自己更加从容地面对波动。

九、华贸物流(300628)实战回忆(2019 年 1 月~2021 年 12 月)

著名作家巴金先生在《再说小骗子》一文中写到"有人看不见前门,找不到前门,他们只好另想办法找门路开后门,最后一头扎进骗子怀里"。同样的道理套用到股民对交易的理解里是这样的:有人不懂趋势,找不到趋势,他们只好另想办法去赚股票的钱,于是他们放弃了趋势研究,试图希望通过图表分析技巧去寻找低买和高抛的"战法"和"技巧",最后被割了韭菜,还输了本金!

我想,这应该是大部分散户亏损的路,输了本金后去学习,学习的内容不是专业学什么,而是胡乱学习,殊不知,割韭菜的人已经把你的贪婪和需求研究得很透彻,就等着你放弃趋势研究找看图赚快钱的技巧以收割你。

大家要清醒地知道,真正在市场中决定长期盈利的不是交易技巧,而是买入的股票具备持续上涨趋势的逻辑。我们投资日常最重要的事情不是每天盯盘交易,而是密切跟踪上涨的逻辑依据,只要上涨逻辑在,股价的波动就只是过程而不是结果，但绝大多数的散户之所以被骗，就是因为潜意识里排斥波动。然而，成功的投资者不是这样的，笔者身边优秀的操盘高手和基金经理不管是面对 2008 年的极端下跌，还是 2015 年的快速下跌，最终都没有逃顶，但却在承受市场波动以后获得了巨大的利润，这就是最真实的结果。我们设立表演盘的目的，是让很多散户投资者有实战参考，尽管阶段性市值波动谁都无法避免，但通过正确的理念和认知，是可以持续地从股市中获得回报的。

（一）明天买入华贸物流——2019 年 1 月 14 日（17：00 盘后交流）

志强：老庞，我们清仓了风范股份（601700）和新疆交建（002941）后，表演盘仅仅用 50% 仓位做到 46% 的收益率。一个月不到，入场资金实际已经翻倍了。现在行情还在继续，你看手上这些账户要空仓吗？

笔者：肯定不能空仓啊！如果从技术角度看，指数这个位置面临上方的筹码套牢区清晰可见，现在这点成交量根本看不出要涨的样子。但是，政策底和货币投放已经开始了，这里根本不需要看技术分析，需要的是眼界和逻辑！所以指数从这里往上涨，只剩下类似"哪天涨""怎么涨"这种运行节奏问题，根本不需要担心会不会涨，或者套牢的问题，现在应该卖房子卖地买股票啦！

志强：什么，今晚直播课你要讲卖房子卖地买股票？既然这么看好了，关键是买啥？

笔者：在你没来之前，我在内部课里一直讲华贸物流（603128）这只股票，我认为在市场回暖后，这只股票应该有中期波段机会。因为我隐约看到了这个公司最近不寻常的一系列举动，主要体现在三点：

（1）公司在 2018 年 11 月 7 日发布了《华贸物流关于以集中竞价交易方式回购股份预案的公告》，公告计划 8 元以下回购 2000 万 ~4500 万股。2019 年 1 月 2 日又公告已经回购约 110 万股，目前还在继续增持中。

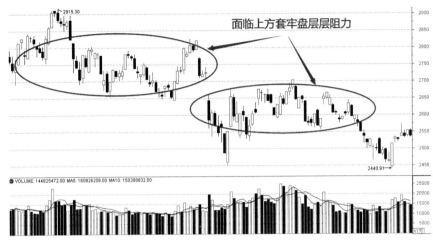

图 3-116 上证指数日 K 线

（2）2018 年 12 月 21 日，公告增持计划实施完毕，这个和回购股票的操作基本同时进行。

（3）公司在 2019 年 1 月 3 日发布了《华贸物流监事会关于公司股票期权激励计划的核查意见》，相当于公司买了一堆股票后，未来业绩如果持续增长，则给管理层发股票。

以上三个公告内容：首先，公司要回购股权；其次，股权回购以后的用途，即未来业绩增长，将用这些股票对管理层进行激励；最后，公司同步了增持计划。虽然不能就此确定公司业绩必然增长，但企业的管理者一定比我们更加了解自己的公司状况。我之前常说"利益支配行为"，2018 年我们抄底恒华科技（300365）就是这个思路。如果这个公司没有任何动作，我们根本发现不了它，但大股东突然动用上亿元资金回购并增持，又有股权激励，让我想起当年恒华科技实际控制人包揽所有定增股票的情况。如此看，明天我们先把仓位加一部分到华贸物流，不管大盘如何震荡，我们既然清楚未来股市要恢复性上涨，那么我们就应该有一定仓位。

（二）主动增持与被动增持——2019年2月3日（20：00晚课）

笔者：最近的指数仍然持续震荡，但很明显个股活跃度已经开始增加，还有一些手中有资金的人在茫然，不知道用什么思路，买什么股票好。任何时候，没有充分的准备，不可能机会来了就能够把握住，就能够做得好。我们的选股工作从来不是在市场已经开始上涨时去做的，而是在市场调整期通过各种方法找到能够支撑股价上涨的理由和依据，这样行情到来时才知道什么股票可以买。

前几天，我们的公开表演盘已经对华贸物流进行了买入操作，和之前的新疆交建一样，我们仅仅买入了 10% 的初始仓位。因为目前华贸物流的成交额很低，这种状态下我们还不想成为拉升股价的主力，所以这个没有量能的盘口只能一点一点稳稳地买。而就在周五收盘的位置，该股已经出现了一个非常极限的成交量能，1800 万元的成交额已经是非常极限的地量。面对这样的成交额，如果在熊市下跌周期，基本上这种技术特征不会成为笔者重视或者参考的因素，但现在不一样，我们面对的是大盘上涨行情初期、一家以各种理由买入自己股票的公司。极限

图 3-117　华贸物流日 K 线

量能出现表明空头力量已经衰竭，由于现在还在公告的增持期，增持动作还要继续，因此地量以后我们继续温和地加仓，也许接下来有机会遇到大股东"抬轿子"。

索隆：老师是说大股东增持了，所以这个股票会涨？然后现在地量了就可以加仓？

笔者：这个不能简单通过大股东增持做定义，因为从增持的角度划分，股票可以分为主动增持和被动增持两种。主动增持，顾名思义就是指大股东自发拿出大资金增持股票的行为，行为的背后是控股股东或者是管理层对公司未来预期的看好，并且用行动进行证明，多数是以二级市场的直接买入实现的。当然也有少数的情况，是通过一级市场的股权转让或者增发的情况实现的，比如，恒华科技控股股东全额拿走了所有的增发股票，就是通过定向增发主动增持的一种。这里可以看几个典型的主动增持案例。

杉杉股份（600884），公司控股股东杉杉集团在 2012 年调整末期开始出手增持杉杉股份，而且同期又增持了其他锂电池上市公司的股份，显然这是看好锂电池行业的复苏才进行的买入。随后杉杉股份的走势和公司业绩也验证了控股股东的眼光。

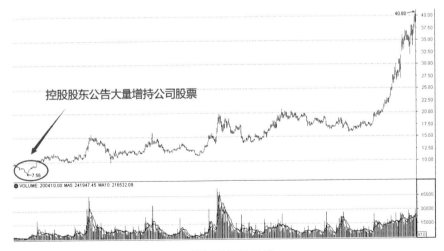

图 3-118　杉杉股份日 K 线

2015 年的北陆药业（300016），本来是一只已经连续涨幅巨大的股票，却出现了董事长带领众高管大幅度"追高"增持的情况。在公告主动增持后不久，公司定增引入中植系，随后从增持的位置又上涨了 500%。

2012 年的海虹控股（000503），在控股股东一路上涨一路主动增持后，股价整体迎来了 15 倍的升幅。

从以上个股的增持结果看，增持后都实现了巨大涨幅。或许这样的涨幅有 2015 年牛市的泡沫因素，但总体的框架逻辑是典型的"利益支配行为"，试想下，控股股东作为上市公司的"家长"，是最了解自己"孩子"的人，因此这些增持都是在利益驱使下进行的。

之所以说不能简单通过大股东增持的动作就定义为股票必然会涨，因为增持也分为主动增持与被动增持，控股股东积极增持的情况我们称为主动增持，我们再看曾经那些被动增持的个股情况。

2007 年牛市，中国远洋（601919）回归 A 股上市，上市后在业绩大幅度增长的加持下，股价连续暴涨，而后大量机构参与定增股后公司业绩"翻脸"，在舆论压力下大股东被迫增持，公司是典型的国企，彼时还没有良好的管理层激励制度，最后的损失只能是国家买单。

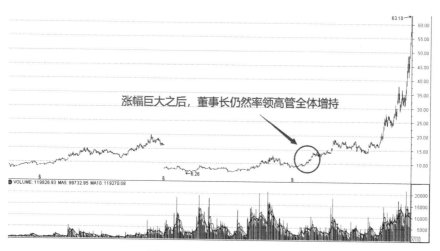

图 3-119　北陆药业日 K 线

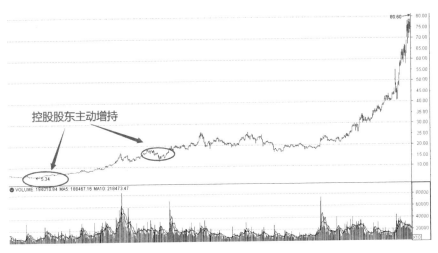

图 3-120　海虹控股日 K 线

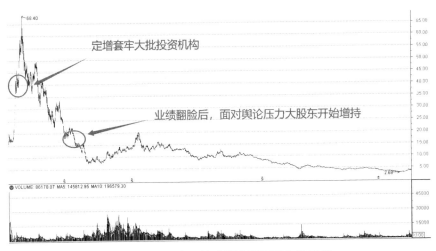

图 3-121　中海原控（原中国远洋）日 K 线

"扇贝跑路事件"的主角獐子岛（002069），在舆论的压力下，公司管理层被上级要求以 15 元左右增持，近期股价已经跌到 3 元了。

通过上述这些过往的经历和案例，我们应该清楚主动增持和被动增持是完全不同的两种结果。当然这种结果都不是绝对的，一定要客观分析每次出现增持的情况和动机，如果看不懂宁愿放弃。

现在的华贸物流，是典型的主动增持。这和它推出的股权激励有很大的关联度，现在我们的持仓很低，后期还要继续跟踪基本面情况。至于加仓的幅度和动作，由于目前的成交额已经非常少，所以明日开始我们会在持仓 10% 的基础上缓慢加仓 10%。我强调一下，这里绝不会一口气把价格直接买上去，大家的买入动作要尽可能地温柔一点，在没有太多成交量的盘口上买入要温柔，否则会提高自己的持股成本。

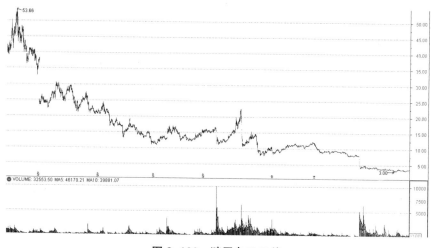

图 3-122　獐子岛日 K 线

（三）国家战略和卖水公司——2019 年 3 月 6 日（19：30 晚课）

笔者：今天早上，满屏幕的两会新闻都在解读《长三角区域一体化发展上升为国家战略》。这个事情本月初就有新闻报道说受到了代表委员的热议，现在已经真正上升到国家战略了！这个消息对华贸物流构成重大利好，让我感觉到非常的兴奋！

可能大家不太明白上升到国家战略是个什么概念，其实这个消息对投资市场是绝对的重磅事件！我说两个上升国家战略的过往，你们就明白了：

第一个要说的国家战略是十几年前，我国确立依靠房地产和基建投资带动国家经济增长。房地产和基建投资上升到国家战略高度，于是我们迎来的是整个房地产相关产业链股票的几十倍上涨，如万科 A、保利地产、海螺水泥等。

第二个要说的是我所经历的 2010 年前后的"稀土战略"，推动了稀土行业的整合兼并以及头部企业的壮大，最终包钢稀土整合北方稀土企业，广晟有色整合南方稀土企业，稀土上市公司实现惊人涨幅。也就

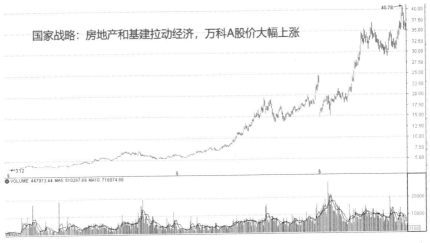

图 3-123　万科 A 日 K 线

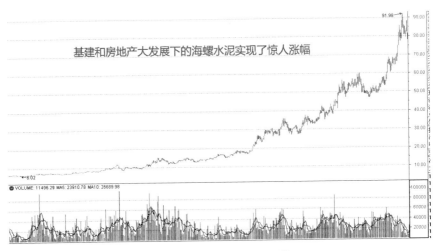

图 3-124　海螺水泥日 K 线

是在那时，因为重仓北方稀土出现大涨，我在机构操盘所管理的账户有了很好的投资收益。

现在"长三角区域一体化"上升为国家战略，对于要做的事情，我们必须要有信心。巴菲特说过，没有任何人是依靠做空自己国家发财的。相信只要未来的战略逐渐落地，必然引发相关上市公司的业绩持续增长，最终就像房地产和稀土那样，股价实现连续的翻倍！

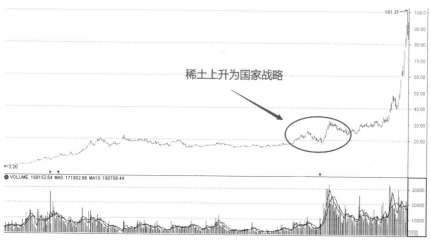

图 3-125　广晟有色日 K 线

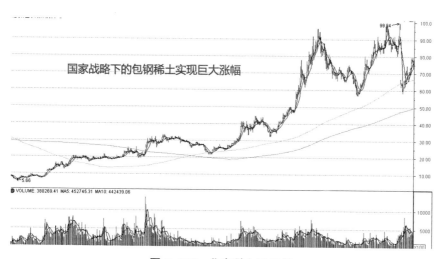

图 3-126　北方稀土日 K 线

那么，"相关上市公司"到底是谁？长三角区域一体化战略最直接利好的股票又是谁呢？

我在百度搜了一下，目前长三角战略从地图上划分有26个城市，但26个城市中，按照城市级别和经济增速划分，前五名的分别是上海、南京、苏州、无锡、徐州。所以长三角的重点显然在上海，要知道目前上海的经济增速和人均GDP都是全国第一！这就像老师教学生是一个道理，本来你是全班第一，现在给你政策、给你资源是为了让你从全班第一带着周围的同学考到全校第一，甚至全国第一。所以，长三角区域一体化的领军城市自然是上海，而最直接的利好就是华贸物流！

有的同学可能想，老师买了华贸物流就觉得是最好的？就像当妈的都觉得自己家孩子好一样。我想说这里有一个简单的道理，华贸物流是一个典型的"卖水的公司"，因为这个属性，它未来必然会直接受益！

所谓"卖水的公司"，不是指华贸物流去卖农夫山泉或者怡宝了，而是一个比喻词汇。不知道大家有没有听过这样一个故事：从前，美国的金山有金子，于是好多人去挖金子。在这个淘金的过程中，最终有的人挖到金子后暴富了，也有的人累死在那儿，什么也没挖到。而真正赚钱最多的人却不是挖金子的，而是卖水、卖挖金工具的人。华贸物流是一家以运输货物、国际快递、贸易供应链为主的公司，不管以后多少公司在长三角做什么生意，始终离不开物流运输服务；不管以后多少人在这片土地淘金成功或是失败，华贸物流就是靠给淘金者们提供运输服务而生存的企业。所以，它是一家典型的"卖水公司"，是长三角地区重要的国有大型物流运输企业。本次国家把长三角战略上升至国家战略，华贸物流必然是受益最明确的。现在再看一系列的包括股权激励、回购和增持股份的操作，想必是大股东和管理者已经提前感受到了政策未来的扶持，给公司的发展带来了空前的机遇，为了迎接并把握这样的发展机遇，才在这样的时间点上搞股权激励，让它能最大限度地在增长周期发展状态共同受益。而这种机遇带给投资者的，绝不是30%或者50%的个股涨幅就结束的。刚刚那些案例大家也看到了，有没有一个国家战略引发的趋势机会是涨一波或者涨一倍就结束的？这么好的机会，我们势必要完成一次账户的资产大幅度增长才对。所以从这个角度看，我们现在的仓位肯定是轻了，后面必须找机会更积极地加仓！

（四）股权激励落地，全力以赴加仓！——2019年3月20日（19：30　晚课）

索隆：老师，今天华贸物流公告了股权激励得到批复，对股价算利好吗？如果是利好，今天怎么出现了下跌？

笔者：今天华贸物流盘前发了两个重要的公告，一个是股权激励得到批复，另一个是回购进展情况。

这里先说一下股权激励批复情况：公司发布《华贸物流关于股票期权激励计划获国务院国资委批复》的公告。华贸是一家典型的国企，因此公司想搞股权激励必须有国资委层面的批复。我对国企的股权激励是非常看重的！5年前，我曾经买了130万股的大唐电信（600198），由于国企的管理人员收入构成是"工资＋奖金"，这种体制下管理者是不持股的，导致管理层和股东的利益完全不一致，最终这个公司股价趋势一直很弱，也没有业绩的持续增长。我觉得股权激励才是真正让企业焕发活力的核心。只有管理层和股东的利益高度一致，作为投资人才能够真正把心放到肚子里。根据华贸物流的批复公告内容看，股权激励计划未来5年时间通过三次行权解锁的方式向管理层赠送限定价格购买股份的权利，一旦公司业绩满足行权条件后，激励对象可以每股5.82元的价格购买公司股票，并且在未来3年分3次行权解锁。公告中给出的行权内容如表3-1所示：

表3-1　华贸物流行权解锁时间与对应的解锁比例

行权期	行权时间	可行权数量占获授股票期权数量比例（%）
第一个行权期	自授予日起满24个月后的首个交易日起至授予日起36个月内的最后一个交易日止	33
第二个行权期	自授予日起满36个月后的首个交易日起至授予日起48个月内的最后一个交易日止	33
第三个行权期	自授予日起满48个月后的首个交易日起至授予日起60个月内的最后一个交易日止	34

再看一下国资委批复的各年度行权考核目标：

表3-2　华贸物流股权激励行权期对应的业绩考核目标

行权期	业绩考核目标
第一个行权期	2019年加权平均净资产收益率不低于7.5%，且不低于对标企业75分位值水平 以2017年净利润为基数，2019年净利润复合增长率不低于15%，且不低于对标企业75分位值水平 2019年经济增加值（EVA）按照国务院国资委对于中央企业的相关要求，达到董事会下达的目标值
第二个行权期	2020年加权平均净资产收益率不低于8.0%，且不低于对标企业75分位值水平 以2017年净利润为基数，2020年净利润复合增长率不低于15%，且不低于对标企业75分位值水平 2020年经济增加值（EVA）按照国务院国资委对于中央企业的相关要求，达到董事会下达的目标值

续表

行权期	业绩考核目标
第三个行权期	2021 年加权平均净资产收益率不低于 8.5%，且不低于对标企业 75 分位值水平 以 2017 年净利润为基数，2021 年净利润复合增长率不低于 15%，且不低于对标企业 75 分位值水平 2021 年经济增加值（EVA）按照国务院国资委对于中央企业的相关要求，达到董事会下达的目标值

最后是激励对象与分配情况：

表 3-3　华贸物流激励对象与分配情况

序号	姓名	职务	获授股票期权数量（万份）	占计划授予总量比例（%）	占公告日公司股本总额比例（%）
1	陈宇	董事、总经理	60	2.00	0.06
2	孙晋	董事、副总经理	55	1.83	0.05
3	蔡显忠	副总经理	50	1.67	0.05
4	刘庆武	副总经理	50	1.67	0.05
5	于永乾	财务总监、董事会秘书	50	1.67	0.05
6	蒋波	副总经理	50	1.67	0.05
董事、高管 6 人			315	10.50	0.31
中层管理人员和核心骨干 241 人			2685	89.50	2.65
合计 247 人			3000	100.00	2.96

根据表 3-1～表 3-3，我们汇总得到的信息如下：

（1）股权激励是获得以限定价格购买股票的权利，限定价格定为 5.82 元，也就是未来几年公司股价涨到 15 元或者 50 元，公司高管只要能够使得公司的业绩增长达到激励条件，就可以通过 5.82 元的价格获得公司的股票。那么也就可以理解为，只要公司业绩能够持续达标，公司预期 5.82 元的价格对应未来的股价是有利润空间的，是便宜的。

（2）对公司的考核标准是，未来几年，公司的复合业绩增长率不低于 15%。那么对应于管理层来说，只要能够完成业绩持续增长，作为奖励，将解锁对应的激励股权比例。

（3）公司股权激励从上到下合计 247 人共 3000 万股份，从高层到中层领导全部和股东实现利益绑定。恰逢长三角经济一体化的国家战略横空出世，行业处在国家战略扶持的快车道，显然本次股权激励就是正确的时间点做了正确的事，为公司在特定发展阶段的持续增长打下坚实的基础。

以上就是股权激励的总体情况，这只个股的上涨逻辑，一方面是稳定增长的自身情况，另一方面是国家战略和华贸的股权激励！笔者认为，这样的激励措施会让管理者和骨干更加积极，是国企改革最核心的推动因素。

再看看关于回购的公告：

华贸物流发布《关于回购股份比例达 2% 暨回购进展》公告。公告指出"截至 2019 年 3 月 18 日，公司通过集中竞价交易方式已累计回购股份数量为 20402962 股，约占公司目前总股本的 2.02%，成交的最高价格为 7.98 元 / 股，成交的最低价格为 5.20 元 / 股，支付的总金额为 125008931.88 元（含交易费用）"。

这个回购的股份是公司用于股权激励的股份数量，是通过二级市场直接购买的。目前已经花掉了 1.25 亿元，买入了 2000 多万股。我看了一下关于"最高成交价格 7.98 元 / 股"的描述，又计算了一下此前回购与本月回购数量的情况，得到的结论是 3 月公司又买入了 600 万股，而且两会把长三角战略上升为国家战略以后，公司最近完成了一个"追涨增持"，也不知道是不是担心场内资金把股价买到"一去不复返"，耽误了公司的股权激励计划。现在这盘大棋刚刚走到增持阶段，大家觉得近期的回落震荡值得担心吗？我觉得现在应该把眼界放开，如果公司未来能够实现持续增长，这里的上涨最多算是见底初期的第一波攻击，以后给予激励对象的利润，需要股价的进一步上涨。所以，在股权激励的建仓期，股价出现回落就构成买入的机会。

从市场状态看，3 月 11 日的涨停创造了近年来的最大成交量，笔者认为这里应该是增量资金进场收集的证据。但如果我们真的等待该股回落至这里再行建仓，那会不会有踏空的风险？笔者前面说过，目前对它的预期已经不是进去赚个 30%、50% 的机会了，这里的加仓我们可以学学管理层，大气一点，股价回调即可以买进，因此明天开盘以后会进行大规模的加仓，各个账户全力以赴地加仓。

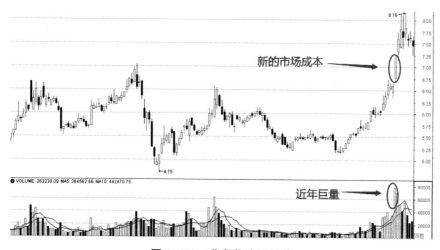

图 3-127　华贸物流日 K 线

（五）历史总是惊人的相似——2019 年 4 月 8 日（20：00 晚课）

笔者：就在今晚，由于华贸物流近期的连续涨停，公司发布了《华贸物流股票交易异常波动公告》。与很多公司异常波动公告"未有应披露而未披露的信息"不同，华贸物流给出了三点提示并首次披露了公司正在洽谈并购的情况，我们一起来看公告内容：

公告日期：2019-04-09

证券代码：603128　证券简称：华贸物流　公告编号：临2019-023

港中旅华贸国际物流股份有限公司

股票交易异常波动公告

本公司董事会及全体董事保证本公告内容不存在任何虚假记载、误导性陈述或者重大遗漏，并对其内容的真实性、准确性和完整性承担个别及连带责任。

重要提示：

1. 港中旅华贸国际物流股份有限公司（下称"华贸物流"或"公司"）股票于2019年4月3日、4月4日、4月8日连续三个交易日收盘价格涨幅偏离值累计超过20%。

2. 华贸物流正在与大安国际物流（北京）有限公司及其关联公司股东商谈收购大安公司及其关联公司股权及业务合作等事项。截止到本公告日，该事项正在商谈中，尚未进入双方的决策流程，还未取得实质性进展，未有应披露的结果和书面约定，存在重大不确定性。经本公司自查并向公司控股股东及实际控制人核实，公司目前经营状况正常，除上述事项外，公司不存在应披露而未披露的重大信息，包括但不限于重大资产重组、发行股份、上市公司收购、债务重组、业务重组、资产剥离和资产注入等重大事项。

3. 截至2019年4月8日，公司市盈率（TTM）为34.90，与同行业相比略高，敬请广大投资者注意投资风险。

一、股票交易异常波动的具体情况

公司股票于2019年4月3日、4月4日、4月8日连续三个交易日内收盘价格涨幅偏离值累计达20%，根据《上海证券交易所交易规则》的有关规定，属于股票交易异常波动情况。

二、公司关注并核实的相关情况

（一）经公司自查，公司目前经营状况正常；公司前期披露的信息不存在需要更正、补充之处。

（二）经公司书面问询公司控股股东、实际控制人，确认截止到本公告披露日，公司控股股东、实际控制人不存在影响公司股票交易异常波动的重大事项，不存在其他应披露而未披露的重大信息，包括但不限于重大资产重组、发行股份、上市公司收购、债务重组、业务重组、资产剥离和资产注入等重大事项。

（三）经公司自查，目前华贸物流正在与大安国际物流（北京）有限公司（下文中简称"大安公司"）及其关联公司股东商谈收购大安公司及其关联公司股权及业务合作等事项。大安公司是一家主营国际货运代理及运输、快件、报关报检代理、国际进出口贸易的综合物流服务公司，具备国际货运代理一级资质。华贸物流拟以 4.8 亿 ~7.2 亿元的价格收购大安公司及其关联公司 60% ~ 80% 股权。如达成该收购及业务合作，协同效应产生后，对本公司年净利润影响区间为 5400 万 ~8800 万元，占公司最近一期（2017 年度）经审计归属于上市公司股东的净利润的比例为 19.38% ~ 31.59%，不构成重大资产重组。截止到本公告日，该事项正在商谈中，尚未进入双方的决策流程，还未取得实质性进展，未有应披露的结果和书面约定，存在重大不确定性。除上述事项外，公司不存在应披露而未披露的重大信息，包括但不限于重大资产重组、发行股份、上市公司收购、债务重组、业务重组、资产剥离和资产注入等重大事项。

（四）经公司核实，公司董事、监事、高级管理人员、控股股东及其一致行动人在公司股票异常波动期间未买卖公司股票。

（五）截止到 2019 年 4 月 8 日 15 时，公司市盈率与同行业其他上市公司对比情况数据如下：

公司所处行业的平均市盈率为 30.20 倍，公司目前市盈率与同行业相比略高，敬请广大投资者注意投资风险。

股票简称　股票代码　截止到 2019 年 4 月 8 日市盈率

（TTM）净率（MRQ）

华贸物流 603128　34.90　2.83

中国外运 601598　17.13　1.99

怡亚通 002183　68.81　2.22

飞利达 300240　221.55　3.06

三、是否存在应披露而未披露的重大信息的声明

本公司董事会确认，除上述大安公司事项外，公司没有任何根据《上海证券交易所股票上市规则》等有关规定应披露而未披露的事项或与该等事项有关的筹划、商谈、意向、协议等，董事会也未获悉本公司有根据《上海证券交易所股票上市规则》等有关规定应披露而未披露的、对本公司股票及其衍生品种交易价格可能产生较大影响的信息。

四、风险提示

公司郑重提醒广大投资者，有关公司信息以公司在上海证券交易所网站（www.see.com.cn）和公司指定信息披露媒体《中国证券报》上刊登的相关公告为准。敬请广大投资者理性投资、注意投资风险。

特此公告。

港中旅华贸国际物流股份有限公司董事会

2019 年 4 月 9 日

从公告内容看，华贸物流的拟收购动作：以 4.8 亿~7.2 亿元的价格收购大安公司及其关联公司 60%~80% 股权。如达成该收购及业务合作，对本公司年净利润影响区间为 5400 万~8800 万元。通俗点说，就是这个股权收购如果实现，那么收购 60% 的股权则使公司增加 5400 万元左右业绩；如果收购大安公司 80% 的股权，则增加当期净利润 8800 万左右。华贸物流强调这个预期的利润占公司最近一期（2017 年度）经审计归属于上市公司股东的净利润的比例为 19.38%~31.59%，不构成重大资产重组，因此不需要审议和依照重大事项公告的待遇申请股价特停，而且目前项目仅仅还在意向期，并没有真正签署确定性的协议进入实质阶段，但股价在这里连续的上涨已经在反映整个事件了。

从管理层本次的出牌手法看，和2009年海尔智家（600690）的运作手法也算是如出一辙。2009年初，当时海尔智家的名字是青岛海尔，在股市迎来4万亿元利好大涨的背景下，公司股价因为没有预期而持续弱于市场，随后海尔公告公司股权激励后开始启动上涨，同期海尔公告旗下子公司海尔投资开始增持公司股票。市场的解读是海尔作为老牌国企股搞股权激励将开启公司新的增长空间，原因是管理层有了股权激励以后，海尔集团旗下电冰箱资产很可能通过本次股权激励后会注入上市公司形成业绩增长，而后海尔股价在大盘见顶的背景下也没能拦住其连续的上涨！果真在后面迎来资产注入，并开启了股价的长牛之路。可见股权激励和资产注入对上市公司和股东产生了多么重要的影响！有关海尔这段历史，大家可以通过图片自行复盘。

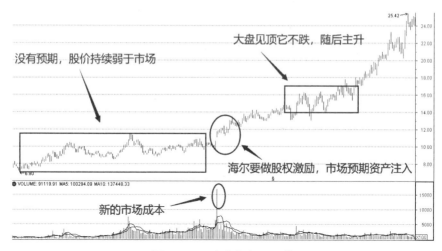

没有预期，股价持续弱于市场

大盘见顶它不跌，随后主升

海尔要做股权激励，市场预期资产注入

新的市场成本

图 3-128 青岛海尔日 K 线

再看华贸物流的市场面情况：

从低位上涨至今，我们连续对华贸物流进行了3次买入操作。从最终结果看，连续的重仓买入后带来了短期不错的盈利。由于今日该股盘中激烈换手以后形成了新的巨量，我们又看到了"新的市场成本"。它标志着获利盘和新入场的买家在这里激烈换手，两方都有自己的想法。如果未来该股能够在这个位置有效地站稳换手再上涨，恐怕超级牛股非

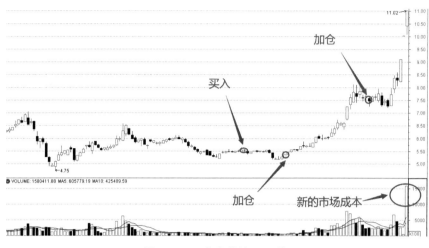

图 3-129　华贸物流日 K 线

它莫属了。但不能依靠想象，我们需要尽可能地让自己的预期和分析更加客观。所以，期待是期待，事实是事实，这里还是要观察公告出来以后市场会给予怎样的回应。

（六）读心神探之我的刑警粉丝——2019 年 7 月 15 日（20：30　晚课）

笔者：给大家分享一个有意思的事。前几天一个粉丝通过节目组找到我，希望报名我们现在的盘后课程。后来我们有了一段简短的交流，他说庞老师，你知道为什么我坚持要找到你，非要报名拜您为师吗？因为我看了很多人的节目，可是没想到风范股份、新疆交建、亿联网络这些股票竟然都是你真实的操作，我终于遇到了一个真正的炒股高手……我被他这段话说得很纳闷，作为行业内部人士，我好奇的是作为外行人，他怎么能分辨出来这个，并且一口咬定这些股票是我们亲自实战盈利的？原来是他的"职业病"！这位粉丝是一名刑警。所以他坚持通过节目组联系到我，希望能够帮助他扭转炒股亏损的局面。这绝对不是我惊讶到他，而是他惊讶到了我，看来 TVB 播出的《读心神探》不只是演电视剧，现实生活中也会有。

　　最近市场持续调整，华贸物流也随着指数的调整而同步震荡。我看到有同学到电视台的粉丝群里去谈及华贸物流，建议大家不要这样做，并不是我小气到找到好股票不愿意和更多的人分享，而是经历了很多后，太了解普通股民的状态。当他们听到一只可能是机会的个股并且保持关注时，一定是按照自己的思维去衡量，可如果大众的思维逻辑和交易行为是对的，就不会赚不到钱了。如果有思维、有格局的投资者还好，但终究是少数人。多数人的眼界和投资维度很业余，短期不涨肯定是股票有问题，而不是检讨自己的投资维度有问题，因为人的本能是推卸责任，所以笔者不想就此招惹是非，因为多数股民认为股票可以赚波动的钱，努力寻找方法来规避市场的波动，而我们是看懂趋势承受波动。

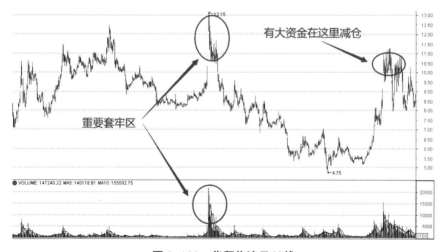

图 3-130　华贸物流日 K 线

　　从华贸物流的大趋势看，在前期画圈的位置有明显的量能堆积，是华贸物流的历史重要套牢区，近期在接近前面套牢盘区下沿时，股价开始回落，由于前期高位那里有过一个"新的市场成本"，那么这里巨量以后的下行震荡，说明的确有资金在这个短期高位上减仓了。

　　回头看，我当时也是有动过心思高抛一下的，但对应长三角战略背景下的华贸物流是公司腾飞的契机，觉得目前的盈利幅度不算可观。如果是去年的熊市行情，如恒华科技可以考虑赚个 50% 就走，因为知道大盘还要领个股补跌，那是弱市下没办法的事。但现在的华贸物流不一样，它占了天时、地利、人和的。其中，长三角战略是天时，指数中期调整见底是地利，推出股权激励绑定所有管理人员是人和。这么好的企业拐点机会，我们最低位的持仓已经有 100% 的利润了，可我们就为了赚这点钱吗？现在华贸物流基本上是以 10 元为高点、8 元为低点做区间震荡，笔者认为根本就不需要对未来趋势担心。这里的高点和前面操作的中际旭创与新疆交建有本质区别！新疆交建和中际旭创是做顺势趋势，而华贸物流是做下降趋势的反转。天上飞的股票因为没有了解套盘的阻碍，就涨得更顺利一点；而下降趋势反转的股票，买的位置低，可是上涨过程中各种套牢盘的抛压会带给股价实质的压力，导致其反复震荡上涨。因此，买股票是大概率不能实现买的价格便宜、上涨得顺利，鱼和熊掌怎能兼得呢！

所以，笔者的初心不会因为价格的波动而改变，我们还没等到公司的业绩真正释放，而为了趋势拐点的微利润和市场去争，实在不是笔者想要的结果，因此会雷打不动地继续持仓，等待上涨逻辑的兑现。

（七）在持股中为什么不做差价？——2019 年 9 月 20 日（20：00　晚课）

某学员：相信老师的华贸物流，未来坚定看好。但是老师，为什么我们不考虑做一做 T 呢？最近华贸物流波动这么大，如果能够高抛低吸降低成本，扩大利润不是更好吗？

笔者：在 1997~2003 年，我把所有的精力都放在研究技术分析和如何才能做差价上，直到我看到高手如何从股市里赚取庞大的利润以后，才开始真正反思这种想法是不是错了。现在如果我直接要求大家不要做差价，肯定大家难以接受，所以我给大家讲一讲其中的原因，希望大家可以从内心真正理解！我给大家说一下其中的道理，以及我周围发生的真人真事。

现在大家看到的是万华化学（600309）的日 K 线图。该股在 2016年 1 月开始见底上涨，一口气涨到 2018 年 6 月，股价涨幅超过了

图 3-131 华贸物流日 K 线

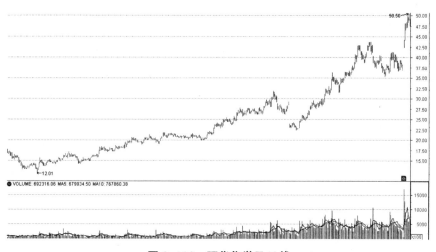

图 3-132 万华化学日 K 线

300%。期间震荡与回撤都有发生，可是大家想一想，这些震荡与回撤是不是整体趋势的一部分？只有走过去回头看，你才会发现最完美的交易策略是在哪里高抛一下，哪里低吸一下。就好像双色球开完奖以后，你一拍大腿说那几个号码我怎么没有买是一样的。但在震荡发生的过程中你没有办法精确地提前预知波动！就以万华化学 12 元的股价为例，当它上涨过程中如果你做出了 10% 的差价而沾沾自喜，那么你是否还能坚持到 50 元的趋势高点？如果你真的坚持到了 50 元的趋势高点，那么当初 12 元做出的 1.2 元的差价，对应 50 元的股价它只有 2%。这个账我没算错吧？ 2% 的差价有什么可沾沾自喜的。如果趋势未来继续上涨，股价涨到 200 元，那么这 1.2 元的差价就连 1% 都不是了。所以你认为重要的是差价吗，是持股的成本吗？显然，你不管是 12 元买进还是 20 元买进。如果未来股价真的到了 200 元，12 元的持股成本和 20 元的持股成本差距是 8 元没错，但这个 8 元对应 20 元是 40%，而对应 200 元的股价，其实只有 4% 了！通过这个计算是告诉大家，投资就是投未来，而不是眼前的成本，如果股价可以持续看到更高的位置，那么眼下的差价什么都不是；如果能够看到趋势持续上涨，大幅度获利结果，那么眼下的差价一不小心，很容易让我们弄丢手中的筹码，并且对未来的盈利影响也还很有限，对应逻辑明确的上涨趋势我们去做空，是逆趋势交易的老毛病，不符合顺势而为的交易原则。

　　有个实战家是这样比喻的，他说，如果 12 元涨到 25 元做个差价，结果看见其他股票好像更低、更有潜力就换股了，那么未来 50 元也好、500 元也罢，就跟你没什么关系了，因为你的持股已经被清空了，游戏提前结束了。

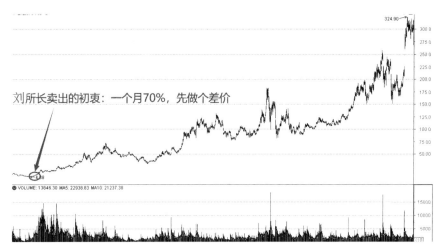

图 3-133　长春高新日 K 线

当年，我们公司研究所所长是重点研究医药领域的。2008 年底，他认为长春高新（000661）这个主业为地产的公司很可能借助生物医药的研发成功转型和突围，就在低位重仓了长春高新，后来的事情是长春高新在买入以后的 20 个交易日上涨了 70%！于是所长心动了，短期这么大的利润必须做个差价，这一个差价让他永远地和长春高新说再见了。从那以后，所长给自己定了规矩，但凡研究清楚的投资机会，买完以后自己账户半年内不允许交易。这位名牌大学双硕士学位的医药研究员，现在用自己的交易规则约束自己做差价的冲动，就是不想再重蹈覆辙，人的一辈子多短暂，能遇到并把握几个超级股，那就足以让我们改变了！

其实关于差价交易，对笔者影响最大的，还是笔者的老师。他在 2003 年买入天士力（600535）20 万股，2008 年股价 24 元回落至 8 元没有做任何差价，最后 2013 年清仓，这一笔交易，赚到了 2000 万元。大家看吧，我不能勉强大家一定不做差价，也有的人觉得炒股真的没办法持股这么久，可这些经验和经历都是我身边发生的。而且在我身上做差价卖飞的牛股也很多，我不会重蹈覆辙，也不希望大家走弯路。我言尽于此，剩下的就看各位自己了。

（八）你不认可华贸物流的内在价值，我是不会卖给你的——2021 年 5 月 13 日（盘后交流）

某客户：庞老师，前段受新冠肺炎疫情影响股市跌得很厉害啊，我看新闻说全球股市都在下跌，您看这里我们还要一直持股吗？

笔者：见面真的见不了，我回北京一周多目前还在居家隔离中。和您说一下华贸物流的情况，这样至少您也不至于太过担心。之前华贸物流公告了 2019 年全年的业绩，表面上看 2019 年增长至 3.51 亿元比 2018 年净利润 3.23 亿元增长了仅 10%，但事实上看扣非净利润的情况，华贸物流从扣非净利润 2.81 亿元增长到上年的 3.45 亿元这个增速很惊人。而且公司并购了大安国际物流后有明确的业绩承诺和协同性，今年会有进一步的业绩释放。可惜突发的新冠肺炎疫情把股价打回到了前面

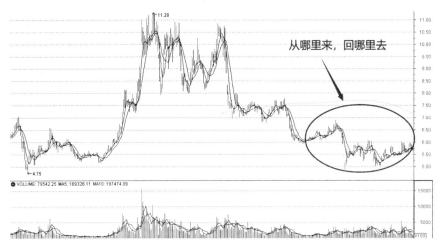

图 3-134　华贸物流日 K 线

启动的位置，这也是没办法的事情，投资就不可能像上班那样稳定地按月获得收益。尤其是新冠肺炎疫情引发的停产和经济数据跳水，这些根本不是投资人能够提前预判并左右的。前几天华贸物流公告了公司2021 年第一季度的业绩，在新冠肺炎疫情之下 2021 年第一季度净利润下降了 17%，显然现在是公司最难的时候。而这并不是公司的管理层或者公司的基本面发生了什么问题，而是所有公司因为新冠肺炎疫情都出现了这种问题，那么当问题出现的时候，我认为最好的风险控制就是要学会权衡利弊，看看问题到底是不是对公司的未来增长预期产生影响或者造成改变。目前新冠肺炎疫情正在散去，最难的时候已经过去了。我身边一同买入华贸物流的同学们持股心态非常稳定，根本原因是投一个项目前，我们清楚地知道自己投什么，所以根本不会因为波动而改变初衷，尤其是华贸物流股价回到了现在这个价格。

　　我记得韩国电视剧《商道》里有一个对历史情景真实的再现，是朝鲜第一商林尚沃和清朝商人交易人参的事件。清朝商人联合起来迫使朝鲜红参的交易以极低价格完成，而林尚沃劝说无果，没办法就以低价把低价卖出的人参全部收购，最后到贸易集会结束时他宁愿放火焚烧也不愿意低价卖出。清朝商人得知后闻讯跑来，同意原价收购红参，此时林尚沃告诉他们："这是我们朝鲜最上等的红参，你们不认可我们朝鲜人参的内在价值，我是无论如何也不会低价卖给你们的！"最终，所有的朝鲜红参以之前市场价格的两倍全部卖给了清朝商人，至此林尚沃积累了庞大的利润，成为朝鲜的首富。

现在的华贸物流股价也很便宜啊！而且公司增长的战略和股权激励以后的业绩变化都已经真实发生，新冠肺炎疫情只是影响了阶段性收入，其本质逻辑不会因为新冠肺炎疫情发生任何改变。现在的华贸物流，就像那些被林尚沃准备烧掉的朝鲜红参一样，他说："如果大家不认可红参的内在价值，我是绝不会以这样的价格卖给你们的！"我说："如果市场不认可华贸物流的内在价值，我是无论如何也不会把股票卖给其他参与者的！"要知道新冠肺炎疫情以后，国家为了挽救新冠肺炎疫情影响下的经济，货币财政政策大幅宽松，宽货币与宽财政轮动带动了社会融资与货币投放的大幅度增长，这些社会增量货币必然要助力经济的恢复和股市的上涨，因此当下我们需要的是耐心，管理层和股东一样都希望公司能够尽快地回归正轨并且股价上涨。年报的 10 股送 3 股或多或少表明管理层呵护股价的意愿，笔者不会因为突发新冠肺炎疫情而交出低位筹码！

某客户：听完庞老师的分析，我的心里有底了。我觉得庞老师和那些讲图形的老师完全不一样，之前买完股票一调整心里就没底，但毕竟自己懂的东西还是太少，所以希望多问问您。趁这次新冠肺炎疫情把华贸物流"打回原形"，我准备这两天往账户里面追加 200 万元的资金，您看什么位置，差不多的时候，对华贸物流再加仓。

笔者：好的，总之一切有我，趁这个机会肯定要继续加仓，未来市场认可了华贸物流的持续增长后，这么低的价格肯定就没有了。

（九）当你特别想做点什么的时候，还不如什么都别做——2019 年 9 月 13 日（20：00　盘后交流）

北京暴发的第二段新冠肺炎疫情终于告一段落后，趁此机会我和把账户托管的客户见了一面。合作了多年以后，我们已经是很好的朋友了，这位大哥平时忙得根本没时间研究投资，甚至很少看股票，但因为新冠肺炎疫情，导致他在家看股票的时间多了，其实他都不如不看，因为太多人的错误交易，都是从"有了时间看股票"开始的，多数人的想法是"我应该努力做点什么以帮助账户获得更多的利润"。可是本能地想试图做点什么能够帮助账户的收益提高时，就是最容易犯错误的时候。

某客户：最近这股票一直震荡，咱们是否考虑做个差价？

笔者：做个差价？你这算是建议，还是命令？如果你给我提建议，你知道我的脾气，那你趁早拿回去自己管理，如果你的思路和策略交易的长期结果是对的，那为什么账户还能到我的手上？但你每提出一个建议时，我又必须把你提供的策略从脑子里过一遍，因为我置若罔闻，既显得对你不尊重，又显得我听不进去外界的任何建议，久而久之矛盾会越来越多。所以，要么把账户拿走，要么不要和我争论以及建议我短期应该怎么样去做。炒股票时，两个人管一个账户，永远有吵不完的架。

某客户：我不是这个意思，我想今天难得和庞老师见一面，一定要学点东西再走！我知道您非常看好华贸物流，正好这里连续阴线8天了，等于是来了个"串阴洗盘"，我就觉得短线能走个阳线了。

笔者：华贸物流形成真正的价格趋势反转，是在公告了第二季度业绩大幅度增长后。按照公告结果看，公司预计上半年扣非净利润同比增长40%~50%。也正是因为这个业绩释放的结果，公司股价一字涨停后一气呵成完成了一波接近翻倍的上涨。要知道，这个业绩可是在第一季度受新冠肺炎疫情影响导致业绩下滑近20%的基础上实现的逆袭，可以想象第二季度公司是多么赚钱。除此之外，我注意了基本面新冠肺炎疫情以后的经济恢复情况，从6月开始，我们的整体进出口数据非常强劲，作为对中国经济最牛的长三角地区做进出口贸易运输的华贸物流在第二季度大幅度增长时，行业景气度还没有达到最近两个月这样优秀，媒体上把它叫作"疫情红利"，那么不仅仅是对医药行业有红利，现在看对进出口相关行业同样是一种红利。从这个角度看，第三季度业绩出来时很可能是进一步高增长。

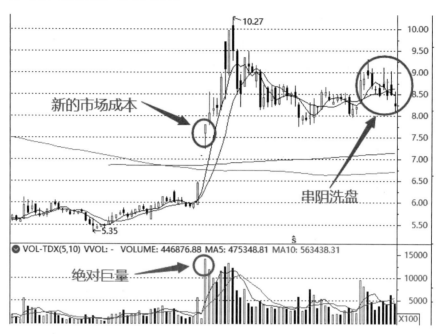

图 3-135 华贸物流日 K 线

此外，公司公告计划非公开发行补充流动资金，虽然不知道和增发参与的机构是否有默契，但可以肯定的是，股权激励正在向我们期望的方向发挥效益，且业绩增长也在新冠肺炎疫情打击后不期而至，这才是股价真正在后面持续走高的核心因素。目前，上一波攻击中形成的巨量位置是多空最激烈的争夺位置，近期股价震荡回落后在巨量之上的位置止跌，技术趋势也健康完好。基本面上成长逻辑和业绩进一步释放的基本面信号都在这里出现，不管是"串阴洗盘"还是"串阴洗碗"你都不要管，等着它创新高就是了！你特别想做点什么的心情我理解，可是你现在最应该做的就是什么别做！

（十）"轻松过头"是华贸物流的加仓机会——2020 年 12 月 31 日（盘中交流）

学员索隆：老师，按照前几天我们说的，已经在华贸物流创新高的位置做了加仓操作，但最近因为做生意要用钱，可能需要把股票里的资金拿出来一部分，实在是没办法，您看能不能帮我选个高点把股票减仓？

笔者：最近两天我还在为你的又一次加仓高兴，怎么突然又要急着离场？从目前情况看，华贸物流在上周创出了4年来的新高，而且突破的量能呈现明显缩小，显示场内资金持股的心态非常稳定，不然突破时不会剩下这么点量能，看来前面的反复放量，机构买入并锁仓了大量筹码。

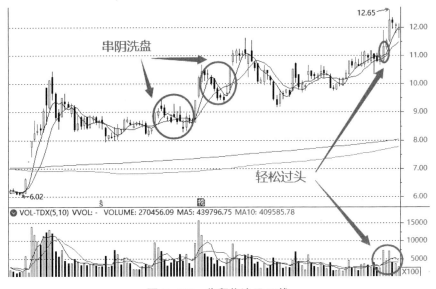

图 3-136　华贸物流日 K 线

既然机构已经在这里锁仓了大量筹码，应该是越往上走分歧越小了。我们最初买入一个筹码分散在满是分歧的底部公司，最终如我们所愿，它变成了一个上升趋势的成长股，我们等的就是这一天啊。当初我就说过，如果买了个长期下降趋势的股票，那么它爬出坑走成上升趋势，中间过程会有很多的波折。现在，它克服种种套牢盘压力和新冠肺炎疫情困难，已经成为一个好同志了，你又迫不及待地离开它，我都觉得舍不得。如果是非要急用钱，那就什么时候都该卖掉，没办法，如果能拖一拖，这里"轻松过头"后股价迎来上涨，最好还是多等上一阵子。

笔者点评：

要用闲钱来做投资，而不是生活中的所有现金来做投资，因为任何的全力以赴和孤注一掷都是不可取的，而且真的因为某一段的操作不如意，因为股票的波动增加了生活中的烦恼，那就更加得不偿失了。本次操作的后续是索隆同学 9 元左右加仓，12 元多一点离场，大概赚了35%，但仍然非常非常不值得提倡！

（十一）表演盘业绩突破 230%——2021 年 5 月 10 日（20：00 复盘总结）

我们在这里把华贸物流进行减仓，在完成持仓大比例卖出后，我看了一下表演盘账户的持股成本是 -41 元。志强在收盘后更新了一下华贸物流减仓以后的收益率曲线。从结果看，表演盘自 2018 年 12 月末开始运行，到 2021 年 5 月中旬，我们公开操盘了 2 年零 5 个月，总收益率水平突破了 230%。如果按照年化收益率计算，差不多两年多实现两倍多的整体收益，并且账户从第一只股票风范股份（601700）建仓开始，从未出现过负收益的情况，笔者不知道这样的收益率水平能不能让一般投资者满足，因为很多普通投资者根本无法忍耐持股的过程，更忍耐不了市场波动造成的回撤和新冠肺炎疫情突发引起的波动，所以我总说为什么很多散户根本就不适合股票市场。前段时间学员 Varja 妈告诉我，多少学员从低位建仓以后经历了震荡回落，经历了新冠肺炎疫情突发，拿到了派现和 10 股送 3 股的红利后，现在一路持股到 16 元。我觉得这些学员是真正的英雄，是真正地能够战胜情绪理性应对并且配得上从股市赚走利润的一群人。

本次对华贸物流进行减仓操作，并不是不看好华贸物流，而是华贸物流经过连续上涨后大概率要在这里进入一个持续的调整期，因为华贸的连续上涨得益于进出口数据的持续超预期，而进出口数据在最近几个月已经创造了历史最好水平。宏观进出口高增速数据，已经是历史罕见的增长速度，未来很难进一步增长甚至维持，就好比世界冠军已经拿到了短跑世界纪录，那么这个成绩接下来的增长将是以毫秒计算，并且不

图 3-137　华贸物流日 K 线

是短期就能实现的。此外，公司 2021 年第一季度业绩继续保持大幅度增长，期间从前十大股东更新情况看，易方达旗下多家基金开始建仓华贸物流，公司计划继续在 2021 年实施并购的意向公告出来后，市面上出现了很多新的研究报告而推荐华贸物流。这种景象相比 2020 年初停产跌停时候的没落，待遇简直是天差地别！只能说情绪会左右股票的波动，现在看公司股价最低时根本没有市场担心的那样糟糕，可股价上涨后恐怕也没有研报说的那样完美。笔者并不是因为这些原因而减仓华贸物流，毕竟公司的持续增长逻辑根本就没有变化，本次大幅度减仓的原因是我们本来对它就是绝对的重仓持股水平，目前把它的仓位下降到原始资产 30% 的持仓比例，仅仅是吃掉 3~16 元的利润以后回归合理持仓水平，后面的这部分仓位可以承受震荡甚至下跌，又或者未来继续上涨更好，总之这个动作是结合外界环境对仓位比例的合理调整，并不是对个股未来的不看好。

（十二）财务总监与私募大佬增持——2021 年 12 月 24 日（20：00　盘后课）

笔者：今天给大家讲了戴维斯双击的应用，大家可以按照这个方法去预估一下目标个股未来的价格。事实上，我们对华贸物流的卖出操作就是参考了申万宏源的研究报告并运用了戴维斯双击的方法。按照申万宏源2021年4月的研报，预计华贸物流2021~2023年每股收益分别为0.61元、0.80元和1.04元。而华贸物流2020年的市场估值波动区间是8~23倍，于是5月份公司股价16元时，公司的估值水平达到了动态26倍。因为我们对出口高增速的回落预期，所以笔者把账户的华贸物流进行了仓位控制。从近期华贸物流持续震荡的结果看，获利离场的投资者和进一步看好的投资者进行了充分的换手，而看多华贸物流的典型代表不乏一些著名的公募和私募大佬，这可以从F10的前十大流通股东列表看到：

【4.股东变化】
截至日期：2021-09-30 十大流通股东情况 A股户数：3.0289万 户均流通股：4.3232万
累计持有：8.4212亿股,累计占流通股比例:64.31%,较上期变化：305.25万股 ↑

股东名称（单位：股）	持股数	占流通股比(%)	股东性质	增减情况
中国诚通香港有限公司	5.4361亿	41.51 A股	其他	未变
北京诚通金控投资有限公司	5603.8362万	4.28 A股	其他	未变
上海浦东发展银行股份有限公司－易方达创新未来18个月封闭运作混合型证券投资基金	4185.2362万	3.20 A股	基金	未变
基本养老保险基金－二零五组合	3708.68万	2.83 A股	其他	未变
易方达研究精选1号股票型资产管理计划	3263.9169万	2.49 A股	基金专户	未变
高毅邻山1号远望基金	3150万	2.41 A股	其他	新进
中国工商银行股份有限公司－易方达科翔股票型证券投资基金	2924.5956万	2.23 A股	基金	未变
香港中央结算有限公司	2517.6548万	1.92 A股	其他	↓ -1267.5822万
易方达基金管理有限公司－社保基金17041组合	2435.1287万	1.86 A股	其他	未变
港中旅华贸国际物流股份有限公司回购专用证券账户	2062.2962万	1.57 A股	其他	未变

2021-09-30较上个报告期退出前十大流通股东有			
中国银行－易方达平稳增长证券投资基金	1577.187万	1.20 A股	基金	退出

图3-138 截至2021年9月30日华贸物流前十大流通股东情况

从数据看，截至2021年9月30日，前十大股东中，易方达占了4席，而著名私募高毅资产新进3150万股成为公司第六大股东。高毅资产是2021年第三季度新进买入的，那么它的建仓成本在第三季度是12~14元。再看一下退出十大流通股东的易方达平稳增长投资基金，从持股1577万退出的情况看，不像是清仓离场了，而是高毅资产的3150万股买入，把它挤出了前十大流通股东。如此看来，易方达基金的集中买入操作，表明易方达公司对华贸物流强烈看好。

学员Varja妈：想对新同学说一句，华贸物流我们还在持仓，继续等待。

笔者：是的，目前看行业增速到达天花板就做了一次减仓，公司是长三角战略的重要受益者，又是上海的重要跨境物流供应商，进一步增长的预期没有改变，因此表演盘继续保持持仓。如果公司能够实现研报预期的明年 0.9 元、后年 1.2 元的每股收益，那么可以按照对应的华贸物流 2021 年 20~25 倍 PE 波动区间去预估明年的目标价格。但这里也有两个前提：一个是公司业绩能够实现增长；另一个是明年的市场环境和货币供应情况。这些需要我们一边预期，一边求证，一边跟踪。

笔者点评：

投资中什么是最重要的？是认知和格局。认知水平越高、投资格局越大，越能看到更大的趋势，越有机会获得更大的利润。明明是一个能涨 N 倍的机会，却因为认知和格局不够而早早地离场，那是多么的遗憾，所以当我们确定这个机会可以让我们实现财务爆发时，投资者更不应该在把握机会的过程中轻易受到周围其他诸如"做差价""追热点"等声音的蛊惑，而去做一些愚蠢的交易。你把自己做的事情分享给认知水平和格局不如自己的人，他又怎么能够帮助到你呢？如果他的想法是对的，他又怎么会是现在的状态？所以成功的投资者都是孤独的，如果做决策的维度和大众普遍的想法一致，那么是最危险的。唯有反复提升自己的认知和格局，并坚定地去执行，才能更好地与大众脱离开来，在市场中持续地获取财富。

图 3-139　华贸物流日 K 线

十、亿联网络（300628）实战回忆（2017年4月~2020年2月）

能不能找到一个持续增长的公司取决于眼光，而不是技巧和方法；能不能赚钱取决于上涨趋势能走多久，以及你在上涨趋势的股票上持仓多久，不取决于它走出了什么浪型或者什么形态。所以，笔者从不把时间浪费在没有意义的事情上，当我们找到一个未来有持续盈利且大概率要越做越大的生意（股票）时，我们只需要拥有了这块资产的一部分，赚到钱只需要付出时间就可以了。

（一）上一次看见这种公司好像是在 15 年前——2017年4月6日（10：00　盘中解盘）

今天看到一只叫亿联网络（300628）的新股，让我眼前一亮，印象中上一次看到这么好的股票应该是 15 年前的事情了！我记得 15 年前的航天信息（600271）上市，那时候是熊市，当时由于股市大跌，4 元钱的股票满地，而航天信息发行价格属于高价股，首日涨幅并不大。这应该是熊市背景下，市场还无法接受绝对股价 30 多元钱的股票吧！毕竟那个年代 30 元钱股票是妥妥的高价股，而且当时股价很低的股票太多了，我记得贵州茅台都是 30 多元钱跌下去而腰斩的，可最终航天信息在后面累积实现了非常惊人的涨幅，若真的在上市买入，就和持仓贵州茅台一样发大财了。

那么，航天信息哪里好呢？又为什么看到亿联网络让我想起航天信息呢？因为它们都是典型的"完美公司"。当年航天信息上市时，这个公司是一家没有任何负债的公司，而且充分的现金流和明确的增长预期让人觉得无可挑剔，就是一个看似非常完美的公司。

同样完美的还有亿联网络。公司发行价格 88.67 元 / 股，成为近 6 年来"最贵新股"。所属行业是通信行业。主营业务范围：设计、开发、

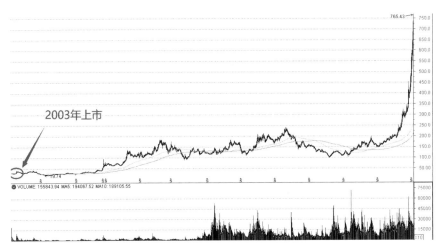

图 3-140　航天信息 2003~2015 年日 K 线走势

生产、销售网络产品、通信产品、电子产品、计算机软硬件、单片机软件及相关技术咨询服务；网络工程；经营各类商品和技术的进出口。

　　笔者查了一下机构对它上市定价的研究报告，公司产品所属统一通信领域，统一通信作为企业通信的重要应用形式，其背后的根本推动因素在于统一通信对于企业办公效率的提升和办公成本的节省，行业目前仍然处于快速成长期，根据 Frost & Sullivan 预测，全球 SIP 电话终端市场规模预计将从 2015 年的 900 万件增至 2019 年的 2050 万件，期间复合增长率为 22.9%；全球 SIP 电话终端渗透率由 2015 年的 27.5% 分别达到 2019 年的 66.3%，渗透空间依然广阔。首发新股实际募集资金净额 158954.72 万元……

　　以上是基本面情况和研报内容，现在用最通俗的语言谈一下笔者的理解：

　　（1）公司卖的是 SIP 电话机，那是个什么东西呢？简单地说就是可视电话。但到了智能手机时代，我们已经有了微信了，可视电话不符合我们的生活习惯，所以数据上，公司的产品 97% 都销往国外。

　　（2）"Frost & Sullivan 预测，全球 SIP 电话终端市场规模预计在 2015~2019 年复合增长率为 22.9%"。笔者查了一下这个 Frost &

Sullivan，是一家世界著名的市场研究公司，其观点具有权威性，因此被研报所引用。

（3）公司 2015 年利润增长率为 64%，2016 年利润增长率为 74%，行业增速大于 20% 的龙头公司业绩增速，而且毛利率从 2015 年的 58%上升到 2016 年的 63%，倘若 Frost & Sullivan 预测的行业增速能够实现，毛利率又不会下降，若公司成长持续，未来躺着就能赢钱！

（4）公司账面上未分配的现金接近 7 亿元，而总负债仅仅 1 亿元。研报给公司的定位是行业排名世界第三、中国第一！但这个中国第一没啥用，因为中国人本来就很少用这东西，而且国内收入占比太微薄了。

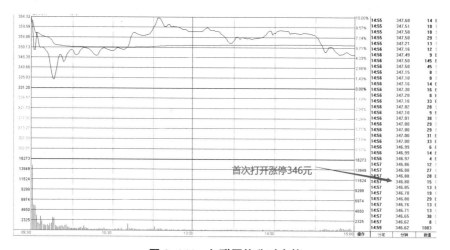

首次打开涨停346元

图 3-141　亿联网络分时走势

总之，从基本面的情况看，亿联网络是一个"完美公司"，它的资产和盈利能力好得登峰造极，最大的遐思应该是绝对股价看着很高，但对应成长性和优秀的业绩，以及进一步的成长空间，笔者认为无伤大雅。当年笔者错过了航天信息，这次一定要好好研究亿联网络，不能再错过。

（二）业绩大幅度增长，属于最容易赚钱的类型——2017 年 4 月 27 日（17：00　盘后解盘）

今天早上，原公司的研究员给我发了一份数据，他把历年上市新股的整体表现做了统计，大概的核心逻辑是新发行股票里，过去大家都注意那些40亿元以下的小市值公司，认为小公司长大能够带来赚钱机会。而研究发现，真正从40亿元以下市值上涨并让投资人赚到钱的公司少之又少，反而真正容易走出连续趋势上涨，让股民赚到钱的公司是那些120亿~200亿元的公司。如果按照研究员的数据看，亿联网络是否属于容易赚钱的类型？这显然不能作为操作依据，能够从中型市值公司成长到500亿元以上市值，需要公司有进一步的成长才可以，所以追踪的重点是公司的进一步增长情况。

消息面上，昨日亿联网络公告了公司第一季报。第一季度公司股东净利润1.41亿元，同比增长89.99%，实现扣非后归属母公司股东净利润同比增长94.62%。今天受到此消息影响，亿联网络高开高走，迎来了上市以后的首次涨停。笔者看了一下光大证券最新的研究报告，认为第一季度毛利率上升了1.2%，且在到达了64.3%后，毛利率还会有进一步的提升空间，主要原因是高端产品的比重进一步提升，末了还把公司的目标价格首次上调到404元。

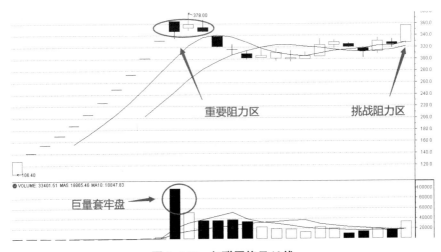

图3-142　亿联网络日K线

从市场层面看，股价横盘在首日开板巨量下方横盘，价格趋势并不算强劲，恐怕和它绝对价格高有关系，这是一个"弱横盘"，该股今日放量涨停后，股价正在挑战前期巨量套牢盘。现在市场层面看不出它有绝对的强势，如果在这里挑战前期密集成交区能够顺利突破，或许未来有希望进一步上行。看评论区大家的留言，已经在问是否可以介入了。笔者认为这要看投资者对该股票报以什么样的眼光和策略，如果你问我明天能不能涨，或者后天能不能涨，这个我真的没有办法给出期待的答案，但如果对未来企业的进一步增长有信心和期待，那么我认为是值得长期关注的。笔者炒股 20 多年，机构独立操盘生涯有 10 年，我的经历让我清楚地知道，什么样的想法才能真正从市场里获得利润。如果说这个公司有未来风险和不确定性，那么笔者认为公司未来毛利率下行或者增速下行，则必然会引发股价下行风险。这里笔者只分享我的态度和观点，投资有风险，选股需谨慎，对机会与风险要理性看待，并且要有充分的心理准备！

（三）机构研究报告靠谱吗？ —— 2017 年 8 月 28 日（17：00 盘后课）

图 3-143　亿联网络日 K 线

笔者：就在昨晚，亿联网络公布了 2017 年中期业绩以及分配的预案。公司 2017 年上半年净利润为 3.05 亿元，同比增长 63.97%，每股收益为 4.67 元。分配预案为每 10 股转增 10 股。天风证券周日发布题目为

《谱写又一华丽篇章，中报同比净利增长 63.97%》的研报给予亿联网络买入评级。预计公司 2017~2019 年 EPS 分别为 9.23 元、13.03 元、16.81 元，给予公司目标价格 315 元。按照这个预测结果，目前亿联网络的收盘价格是 281.29 元，对应 2017 年的动态市盈率水平也就 30 倍多一点。倘若行情未来能够完成 Frost & Sullivan 的行业预测增长值，那么笔者对公司完成这篇研究报告给予业绩增长的结果非常有信心，因此目前价格自然是机会。

某学员：庞老师您好，请问一下，看了网络的评论，很多散户都说研报一出股价必跌，研报的评级和预测我之前也看过，可感觉不靠谱也不准确呀，难道我们做投资真的要拿这些研究报告的数据作为投资参考吗？如果未来不准确怎么办呢？

笔者：这个问题提得很好，我认为首先要正确认识研究报告的功能。研究报告仅仅是各个机构的研究员对公司的预期看法，是不能作为绝对结果而指导实战操作的。目前市面上研究报告分为免费版本和付费版本，我们现在看到的报告多是免费版本，而付费版本往往要比免费版本更新得更提前、更具体，往往是一只能涨的股票，付费研报出来时机构建仓完毕后，免费版本的才投放到市面上。按照这个流程，有网友说"研报一出股价必跌"也算是有一定道理的，但这并不像传说中那样绝对。

至于研报靠不靠谱，那研报存在的意义是什么？一般的私募基金公司规模都很小，往往是和一些知名券商的研究所进行合作，所以这种群体就是付费报告的需求者。如果研报做得不好，甚至卖不出去也服务不了自己公司的客户，那可能早就关门大吉了。所以不要否定研究报告存在的意义，即便再好的研究员，跟踪的企业情况也会随着经营环境的变化而变化的，关键在于投资人拿到手里怎么用。至于准确度，笔者认为大家不应该注重业绩预测，而应注重研报的预测逻辑，目标公司被研究员给出增长的原因到底是什么才最关键，我们要的是思路而不是结果。

就像我刚刚引用亿联网络的研究报告，其实核心不是天风证券的业绩预测，而是 Frost & Sullivan 对整个行业未来几年的增长空间预期。这个预期持续落地，公司不出内控差错，那么预测中提到的业绩增长实现起来就很轻松。现在，我们要按照这个逻辑继续追踪下去，看着公司一天一天地长大。

学员：如果不长大呢？

笔者：那就要承担投资所产生的亏损，这就是投资，你的提问适用所有股票，我的答案也是。

（四）闭眼睛买入的逻辑——2018年2月7日（16：30盘后课）

某学员：老师，前天您说亿联网络和恒华科技（300365）应该执行闭眼睛买入的策略。我想补仓亿联网络，您看可以吗？

咖啡喝不醉（学员）：如果看好公司的逻辑没变，那自然股价越低越有优势啊，看好就下手，我已经买进了。

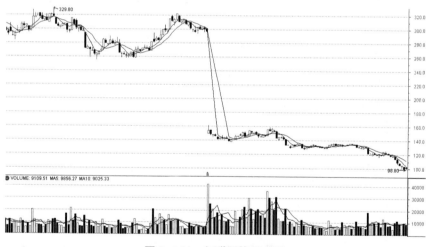

图 3-144 亿联网络日 K 线

笔者：非常理解这位同学想做又不敢做的心情，最大的心理障碍是过去不曾从基本面思考过投资，但却遭遇过市场的洗礼，就有了现在这种心态。

之所以认为亿联网络和恒华科技同样享受"闭眼睛买入"的待遇，完全是因为它的成长性与现在估值水平的不合理。公司在 2018 年 1 月 17 日发布了上年的业绩预报，预计 2017 年全年业绩增长 32%~38%。

Frost & Sullivan 预期的行业增速在未来 5 年保持 20% 的增长是我们看多亿联网络的核心动力，公司行业排名世界前三，市场在增长，毛利率不下行，这都是公司股价的安全边际。

具体数据上，以除权后现有股本，机构对公司业绩的预期是 2017~2019 年的每股收益分别为 3.96 元、5.80 元、7.78 元。以目前 100 元的股价看，对应 2018 年 5.8 元的动态 PE 已经到了 18 倍左右。这种增长预期如此明确的公司，给这种估值水平真的很夸张，至少我之前没见过。而且不是亿联网络一个公司这样，好像最近市场的调整，"砸"的就是这批成长股。如果增长能够持续，这个价格我们只需要关心赚多少的问题就可以了；核心逻辑是预期没有变化的情况下，估值低的离谱，那么这里执行"闭眼睛买入"的策略。

（五）突发利空对持股是不是有重大影响？——2018 年 3 月 23 日（16：00　晚课）

学员：老师，美国关税的事情会不会对亿联网络的股价产生重大的影响？您前面介绍过，这个公司 95% 以上的收入来源于出口，今天加关税的消息出来，好多出口的公司都在跌停，亿联网络接下来会怎么样？

笔者：昨晚特朗普总统签署总统备忘录，依据"301 调查"结果，将对从中国进口的商品大规模征收关税，并限制中国企业对美投资并购。受此消息影响，今天市场来了个崩溃走势。截至收盘，主板跌 110 点，跌幅 3.39%；创业板跌 91 点，跌幅达到了 5%。

炒股这件事情，最大的挑战是买入后出现预期之外的突发因素应该如何处理，但一般的分析师很难把这个事情讲得足够明白。本次加关税事件，笔者认为冲击最大的应该是给苹果做手机零件的上市公司。这些电子制造业的公司最重要客户就是苹果，那么加关税后，肯定对它们的盈利预期有巨大冲击，所以如果手里有这些股票，应该考虑止损规避。

关于亿联网络，刚刚有同学提出产品基本都依赖出口的亿联网络会不会遭遇重大影响？这个肯定要拿事实和数据说话的。为了找到数据，

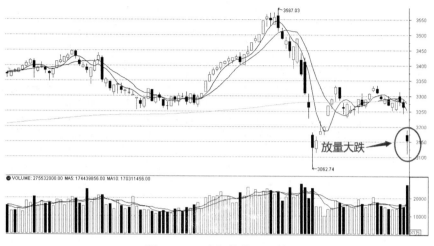

图 3-145 上证指数日 K 线

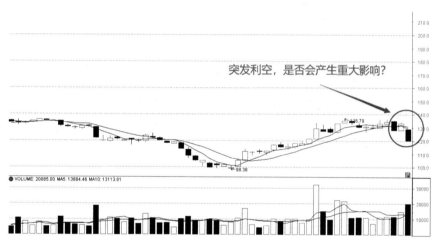

图 3-146 亿联网络日 K 线

我查了已经披露的亿联网络 2017 年中期业绩的收入结构，显然美洲客户在 2017 年的整体收入增幅较大，而且占公司整体营收的一半，说明公司营收的一半来源于美洲。我们姑且把美洲市场理解为全部是美国市场，那么加关税的事情肯定对亿联网络的产品有很大的影响。

要么，公司不能够向下游客户传导，只能牺牲利润纳税；要么，公司涨价向下游客户传导，进而消化关税压力。我认为，若真的有影响，则这两种情况是必然结果吧？于是，我又查了亿联网络的竞争对手情

	营业收入(元)	营业成本(元)	毛利率(%)	营业收入比上年同期增减(%)	营业成本比上年同期增减(%)	毛利率比上年同期增减(%)
分产品或服务						
SIP 统一通信桌面终端	545787648.34	203901081.54	62.64	57.27	54.94	0.56
DECT 统一通信无线终端	74931995.61	29266305.08	60.94	58.33	55.47	0.72
VCS 高清视频会议系统	31716601.48	8061600.97	74.58	57.45	53.55	0.64
配件及其他	32289235.18	11433384.71	64.59	78.84	71.01	1.62
分地区						
美洲	287926984.05	104546542.39	63.69	84.56	84.78	-0.04
欧洲	268595843.23	98155855.73	63.46	43.11	38.06	1.34
亚太(包含亚洲及大洋洲,不含中国大陆)	73511081.83	26817342.75	63.52	38.14	35.74	0.65

图 3-147 亿联网络 2017 年中报主营业务分析中所披露的公开数据

况和公司的产品定价情况,参考了电子商务门户网站 eBay 上的公司产品报价。目前公司排名世界第三、主要竞争对手是 Polycom(宝利通)、Cisco(思科),而这两家公司的产品报价竟然是亿联网络的 2~3 倍。笔者不明白为什么价格差距如此之大?亿联网络报价 300 美元的产品,这两家基本都在 1100 美元左右。按照网络上查到的非官网信息数据,大概说两家企业都在欧美组装,显然亿联网络的中国制造成本低一些。这个数据不是权威结果,我就不提供图片了,大家可以按照这个思路去做更细致的研究。我之所以强调这个结果,是因为公司产品价格距离竞争对手还是有很大的提升空间,这种情况下倘若加税,公司可以通过涨价的形式转移成本,对公司整体的业绩影响应该不大。后面可以关注一下公司的半年报和季报,主营分析里面会有相关的数据。

目前,亿联网络短期遭遇了突发消息的打击,对公司股价的确有短期影响,但这个困难不是不能解决的,而且公司未来的增长是因为下游对需求的增长,所以并不影响我们对公司未来业绩增长的判断。对应如此低的估值水平,大家应该淡定一些。

（六）成长性才是股票的安全边际——2018 年 8 月 13 日（20：00　晚课）

笔者：上周亿联网络公布了 2018 年的半年度业绩报告，从报告情况看，美国加税对公司的生意可以说完全没有任何影响，报告期内美洲客户毛利率下降 1.34%，反倒是以欧洲客户为首的"其他区域"客户毛利率下降了 3.28%。

厦门亿联网络技术股份有限公司 2018 年半年度报告全文

VCS 高清视频会议系统	72 603 751.77	19 308 748.42	73.41%	128.91%	139.52%	-1.18%
配件及其他	37 296 799.92	13 792 475.75	63.02%	15.51%	20.63%	-1.57%
分地区					毛利率	
美洲	318 074 073.94	121 239 457.64	61.88%	10.47%	16.97%	-1.81%
欧洲	352 441 470.77	140 809 811.09	60.05%	31.22%	43.46%	-3.41%
其他海外区域	124 916 124.52	50 696 261.30	59.42%	26.22%	37.33%	-3.28%

图 3-148　亿联网络 2018 年半年度报告主营业务分析数据

从已经公布的半年报情况看，印证了我们之前对"加关税对公司影响不大"的判断。但净利润大幅度增长 34.43% 的背后，是毛利率整体的下行。周末我看了一下亿联网络最新的研究报告，关于毛利率下行的原因，研报指出，主要是汇率波动的自然影响，公司增长符合预期，经营一切正常。同时，几份研报表述到"亿联网络已经是在 SIP 话机领域市场份额全球第一、中国第一的提供商"，这是类比同行的状况得出的结果。整个市场未来还要维持 20% 的整体增速，那么行业龙头在成本价格上存在巨大优势，保持稳定业绩增速完全可以期待，因此对股价未来的走强趋势预期没有任何改变。

学员：最近朋友在学习追涨停的技术，按照那位老师的说法，赚钱很快。相比之下看看自己持有的亿联网络已经震荡了这么久，我都快崩溃了！这股票基本面既然这么好，可是股价也不涨啊！

笔者：这又是一个老生常谈的话题，以年为单位赚股票的钱，股神巴菲特都做不到，你我又如何能做到？但我们的培训是围绕市场如何做实战，如果真的想"快速盈利"，那么你看看外面多少人在讲"涨停战法"或者"妖股战法"，试过的人应该都知道，最后都没怎么赚钱。

至于亿联网络的股价不涨，这是事实，但应该看到不是它没涨，而是整个市场都没涨；甚至从全局看，现在的市场环境下所有的股票都在下跌。到底是个股的趋势状态弱还是市场环境弱？我们把亿联网络的趋势和指数的趋势进行一下对比就高下立判了！

图 3-149　亿联网络与上证指数日 K 线趋势

为了便于对比，我们把股价走势进行了复权处理，现在可以很客观地看到底谁的趋势强，谁的趋势弱。通过对比我们可以明显看到，市场从年初持续下跌至今已经跌了差不多 800 点，但亿联网络的趋势状态在 2018年 3 月后开始持续明显强于指数，指数逐步震荡走低的同时该股的低点还能够逐步抬高，尤其是特朗普两次加税都没有把股价带崩，这个节奏真是妥妥的强势。如果按照中报34%的业绩增长看，全年的动态市盈率仍然在20倍以下。我的老师有句话说得特别好，什么是股价的安全边际？不是跌到多少倍的市盈率水平就安全了，而是公司业绩能否持续地增长！只有公司的业绩持续增长，面对市场的波动我们才能够扛得住。现在之所以没涨，需要的是市场回暖的环境。要知道，市场持续下行时，再好的公司也难以做到持续上涨，往往是调整时大跌一起跌，而当上涨来临时，成长股的优势才能体现出来。我们只能通过持股静静地等待市场趋势的转折，而不是看到市场的转折再进去，因为哪里发生了转折都是回头看才清清楚楚。我们可以把持续盈利寄托在公司的持续上涨中，但不能把自己投资股市的持续盈利寄托在可以把握波动趋势上。现在，亿联网络和恒华科技这种成长股走势完全和指数趋势独立开来，靠的是它自身的优异成长性，这是我们做基本面研究的关键性所在。接下来等市场给予它上涨的合适契机，目前股价拒绝同步指数下跌是因为安全边际在做支撑，而后指数企稳上涨，即上涨来临时，它自然会给我们坚守以后应得的利润。

（七）一个很重要的投资经验——2018年11月4日（20：00晚课）

笔者：2018年的行情真是惨烈！前几天碰到一个同行，和我说他的客户亏损巨大，本金仅剩下20%了，但仍然在寻找短线能够翻身的黑马。作为销售经理，他已经不忍心去营销他的客户了，因为他换了三家公司，客户跟着他交了3次钱，每次都以亏损告终。听闻这个消息，我想起曾经认识过两个从20万元炒股炒到1万元钱的人，其中一个还是公司研究所的研究员，一个主业是搞投资研究的人竟然也抵抗不住价格波动的诱惑，更别说普通投资者了。这样比较下来，我们的学员们能坚守到现在也挺不容易的。2018年这种下跌，但凡交易得再频繁一点，恐怕本金连一半都剩不下，还好恒华科技、中际旭创都给予了我们相应的利润。虽然亿联网络没涨，但对比这样的市场下跌，已经比其他个股优秀太多了，而且近期股价已经开始动了！一个放量高开大涨，股价已经冲上前期密集套牢区，这里的上涨引发了获利盘的出逃，因此出现了当日的巨量走势。巨量意味着有人愿意卖出，也有资金坚决买进，说明短期股价上涨还是遇到了抛压。除非有特别的利好消息或者非常强劲的指数环境，否则这里放量以后，股价正常的规律是需要进一步的换手来消化前期套牢盘。此外，按照前面已经公布的第三季度报告，业绩同比增长了 38.96%，看了下最新的机构研报，几家券商机构预估明年业绩将突破 10 亿元。其中，东方证券预计公司 2018~2020 年净利润分别为 8.15 亿元、10.86 亿元、13.92 亿元，每股收益分别为 2.73 元、3.63 元和 4.66 元。如果以东方证券研报提供的数据作为参考，今天大涨以后股价是 71.4 元，对应明年 3.63 元的业绩，动态估值还不到 20 倍，这么好的成长性，只有这个估值水平，真的是市场低迷才能看见的价格。

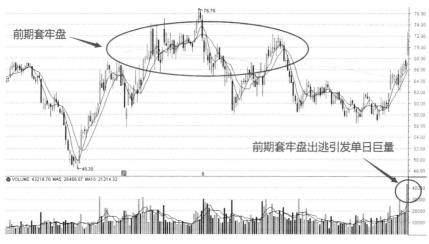

图 3-150 亿联网络日 K 线

这里分享给大家一个经验：

牛股往往都是在熊市中先于指数见底的，这是我经历了几次牛熊交替之后总结的规律。比如 2003 年熊市的万华化学（600309），2003 年提前大盘见底的万科 A（000002），2008 年熊市末期的葛洲坝（600068）等，这些未来能够持续趋势上涨的牛股，都是在趋势上涨前先于指数结束调整而提前见底。其背后的本质逻辑，是因为基本面良好的股票和资质普通的个股比较起来，必然更容易受到投资者的青睐，所以供求关系会先于指数趋势发生变化，而不是同步指数。从基本面角度解读，这也是自然的结果，因为个股跌到了非常离谱的估值水平，这时无论市场怎样下跌，它都难以到达更低的位置上，所以真的跌到了那样的位置，股价自然见底。

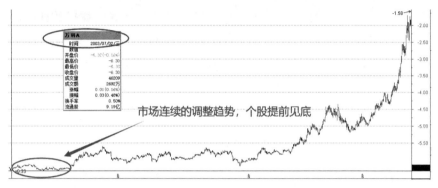

图 3-151 2003 年万科在熊市中途提前见底

这里单纯地给大家看一下 2003~2006 年万科 A 的走势，就不一一举例了。2003 年，万科的估值跌到极其离谱的价格，而后股价开始上涨，尽管后面股市从 1738 点跌到 998 点，但万科持续走出震荡趋势，最终在市场调整结束走出上涨趋势时股价一骑绝尘。

图 3-152 亿联网络日 K 线

现在，我们可以看到亿联网络也是典型的先于市场见底。它的低点位置是在 2 月指数 3100 点的位置形成的。后面指数下跌，它反复强于市场，可以理解为亿联网络的低点先于指数形成的原因是股价已经跌到很极限估值水平，所以供求关系在那里已经开始发生改变了。后因为时间来到了下半年，公司目前估值对标的是明年业绩增长预期，所以近期股价虽然有反弹，但整体估值仍然是 20 倍估值以下，任凭指数环境再差劲，这样的估值水平也难以进一步下跌。现在，大盘迎来了 2449 点的政策底，而指数的低位对应了亿联网络前期高点附近，它停留在这个位置就是为了等市场结束调整趋势后向上修复极其低的市场估值。试想一下，在市场上涨时，多数平庸的个股都能恢复性反弹，而亿联网络在现在的估值水平上，不该进一步突破上涨吗？

（八）造假疑云，成就新的市场成本——2019 年 1 月 17 日（20：00　晚课）

某学员：亿联网络和老师说的一样，真的突破上涨了，但今天网上那篇质疑亿联网络造假的文章您看到了吗？

笔者：这里的突破走势没走多远呢，今天就因为这篇文章来了个大跌。关于造假的公司，我印象最深刻的是当年轰动 A 股市场的"银广夏造假事件"。当时银广夏公司鼓吹自己生产的麻黄素出口海外，生产都忙不过来，可有基金经理去调研时，公司大门紧闭，说是商业机密不让随意参观，于是该基金经理直奔电业局，当发现公司电费一个月 200多元时直接打道回府，并且告诉周边机构这个公司不能碰。半年后银广夏造假被曝光，银广夏成了 A 股的"跌停之王"。如此伤天害理之事，公司管理层真该下地狱！

现在，大家把矛头指向了亿联网络，很重要的原因是信威集团（600485）造假事件的延伸。关于信威集团造假的事情，这里不多介绍了，你们新闻上都看到了，但质疑亿联网络的文章和信威集团的记者曝光不同，因为它不是新闻媒体出来的，而是出自某股票讨论 APP 的投资者之手。作者的质疑是因为信威集团100%的业务都在国外，这一点亿联网络和它很相似，而且亿联网络的业绩和毛利率又好得出奇，在国内见不到产品的情况下，才写出这样的文章来，没想到这样的文章也能引发如此强烈的股价波动。关于造假的问题有一个核心证据，笔者认为是任何分析文章都无法解释的，而公司上市初期到现在银行的巨额现金存款，公告中强调这些现金多数都买理财产品了。任何公司的业务和业绩都可以造假，可是账户里的现金能造假？有银行盖章，属于亿联网络的大额存款，应该不会是公司拉着银行里应外合填上去的数字吧？这是上市初期招股说明书里都有的。亿联网络上市以来，已经进行了两次大比例送股和现金分红。根据研报的统计结果，公司把40%的利润都进行了分红。那么这些钱是亿联网络借来的？若能史无前例地搞到巨款并配合一个上市公司进行造假，那在全球资本市场上登峰造极了。再看招股说明书里的承诺，公司在上市初期，公司大股东主动提出延长限售股锁定至36个月。这么有本事既把钱放到自己账户，又能淡定地36个月还不套现跑路的"骗子"，现在真心不好找！所以公司账户上的现金和理财产品，是公司业绩真实的有利证明。我们虽然不知道公司未来会不会造假，但至少知道现在无论谁写什么文章，都只是质疑，而没有真实的证据，现金就在银行账户里，不用担心！

某学员：今天亿联网络出现了一个绝对的巨量啊，好像资金在这里出逃了不少，应该继续持股等待吗？

笔者：没错，这个答案是肯定的！现在我给大家系统梳理一下分析思路。

今天是亿联网络上市以来的绝对巨量，这个巨量明显有资金离场。从价格趋势看，目前最有动力离场的有两个群体：第一，前期密集成交区位置套牢的持股者，经历了几个月股市的深幅调整后终于解套并且盈利了，质疑亿联网络的文章出来，这些人直接变现了持股，导致今天的巨量抛盘；第二，低位买进或者前期和我们一样一直持股的，在看见质疑文章后选择"先抛为敬"，我觉得这是情绪交易的正常心理和必然结果。如果他们当初认真学习过现金流的重要性，恐怕不会再干这种事情

图 3-153　亿联网络日 K 线

了。现在这些想抛的人抛完以后，新入场者承接了抛盘，由于新进场的投资者持股成本就在这里，所以今天的巨量可以被称为"新的市场成本"。

"新的市场成本"后面只有两个结果：要么新进场的人都套在这个高位；要么今天抛出的投资者再无低位接回来的可能。从博弈角度看，注定了这里未来不是起涨突破的最后低位，就是大资金放量出逃的最后高位，是载入该股历史的多空激战的关键位置。现在我们看到该股正在形成"新的市场成本"，但它并不是我们持股和做多的理由。

那持股和做多的理由是什么呢？必然是公司持续的成长啊！今天好多人把重点都放在质疑亿联网络业绩的文章和盘面的多空博弈上了，完全没有人再谈及亿联网络盘后公布的上一年度业绩预报。按照公布的数据看，公司预计 2018 年净利润在 81529 万 ~87437 万元，同比增长38%~48%，这个业绩是在贸易摩擦和汇率波动较大背景下实现的，可以说，这是经得起考验的成绩单。有的学员一开始抱怨亿联网络在 2019 年没有犀利的涨幅，后来看到指数跌了 1100 点它却始终不跌，才觉得它是一块宝了。目前去杠杆结束、贸易摩擦暂告段落，降息后，为了经济数据恢复，预计会有货币投放和稳增长组合拳持续展开，一轮熊市已经到达尾声，未来市场估值将得到修复性上升，亿联网络自然会进一步上涨。

从这个角度说，指数在未来恢复性上涨预期明确，亿联网络只要 40% 左右的业绩增速能够延续，动态 PE 在 20 倍以下的日子将一去不复返。

指数刚刚盘出原始下行趋势

图 3-154　上证指数日 K 线

（九）又一次闭眼睛抄底的机会——2019 年 5 月 29 日（盘后交流）

笔者一个很好的朋友，是北京某基金公司的董事长，因为在同一家公司共事过多年，所以关系很不错。他的发小有两个亲戚炒股亏损巨大，为了能够尽快挽回损失，他们通过我朋友找到了我，而且是直接就把人带到我面前，扬言我不救他的亲戚们，就没人能救他们了。这里我们暂且把他们的名字称呼为客户 A 和客户 B。沟通中，客户 A 炒股亏损多少没具体说，就知道给投顾公司各种交钱，最后反复割肉；而客户 B 炒股亏了 50%，但自己在坚持。在与两位的攀谈过程中，强调了几次我目前看好亿联网络并耐心等待。但他们根本没有听明白我在说什么，他们更多的是想听到哪只股票能买，全然不知道也不理解为什么买。这种股民笔者过去遇到过很多，经验告诉我不要随便蹚这种浑水，因为不管你说出的股票是什么，他们都要坚持用自己的投资认知去做交易策略，所以你给他推荐任何股票都不会改变他们运用错误投资思路获得的投资结果，而且还会带来不少麻烦。更有甚者，赚钱闷头不吭声，而亏损则说老师的个股选错了，因为人的本能就是推卸责任，尤其是钱财的事情，更不好贸然参与。现在算是迫不得已要拉下水，笔者不能给他们提供交易决策，但笔者可以分享买了什么股票，为什么买，仅此而已。

笔者与他们强调"公司按照明年的业绩增长对应现在的股价很低，应该有进一步的上涨"这个核心逻辑时，他们的表情是一脸蒙圈；我反复说亿联网络的股价很低了，而客户 A 一直说这只股票已经涨翻倍、股价很高了，这种互怼模式让场面一度陷入尴尬。当一个人的固有思维形成以后，就算是持续亏损，他仍坚定地捍卫认知，笔者也是很无语，因为他根本没听说过与之对立的观点，说什么都是鸡同鸭讲。

亿联网络公告的 2019 年第一季度净利润，再度增长了 38%，按照天风证券最新的研究报告预计，2019~2021 年 EPS 分别为 3.61 元、4.57 元、5.75 元。如果按照现在的股价，公司对应明年的动态 PE 水平又是 20 倍以下，可见亿联网络现在的定价水平和 2018 年初根本没有区别，还没有因为市场的回暖而得到真正修复，最终随着市场回暖肯定要修复的。所以这里不能指望股价回到前期"市场成本"位置去低吸。虽然那里是技术支撑位，但公司的业绩进一步增长和指数的回暖，在没有任何利空的情况下，怎么可能估值水平会跌得比 2018 年低点还低呢？因此，这里又是一次闭眼睛抄底的好机会。不过，我不会很积极地建议他们一定要如何操作，人与人的差距很大，笔者最多说为什么买，已经仁至义尽了，剩下的要靠他们自己。

笔者点评：

这里的重点仍然是 Frost & Sullivan 的行业报告，有行业扩张的背书，才有券商研报持续增长的数据做参考，笔者只是没有和他们讲得那么深入罢了，这俩人连估值都不懂，就想着看图赚股票的钱，这可能吗？看见股价前面涨了，就觉得现在的位置是高位。大家现在应该都懂得对股票价格高与低的参照一定是未来估值，而不是前面的低点。在没有一点认知水平的某些股民面前说什么道理，都显得那么苍白。如果我们发现自己的股票动态估值足够便宜时，图表分析中的技术支撑位就没有那么重要了，买入和坚定持股是此刻的主要策略；相应地，也不会因为看到距离技术支撑位还有空间，就做出"高抛"的愚蠢决策。这些低维度的"小聪明"是阻挡你赚大钱的绊脚石！

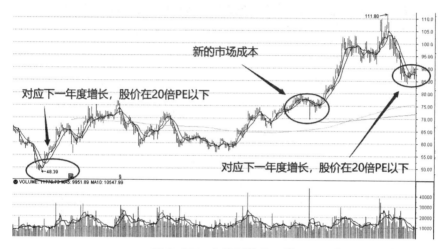

图 3-155　亿联网络日 K 线

（十）不要随便告诉别人你的持仓——2019 年 7 月 1 日（20：00　盘后课）

笔者：今天亿联网络再创历史新高报收涨停，从 2018 年最低价格一路上涨，目前涨幅已经接近 200% 了。再过几天，亿联网络将再次进行大比例转增股本的除权。这种反复的年报和中报 10 送 10 的操作既降低了绝对股价，又扩张了个股的流动性，未来还可为解禁股的流通提前做好铺垫。在这里恭喜大家一路的坚守才能有今天这样的结果！与大家获得持续盈利结果形成强烈反差的是最近身边发生的两件事。

第一件事：在前段时间，我告诉一个朋友的两个亲戚（客户 A 和客户 B）说亿联网络重仓买完不要动。今天下午涨停后我和这两个人通了一个电话，客户 A 说买完以后两周都没涨，就卖了，因为涨得太慢了；客户 B 买完以后，真的踏踏实实持股，然后该干什么干什么去了。

由此可见，同样一只股票，不同的人操作，会获得不同结果。炒股绝对不是简单到问我一个股票代码，就能把钱赚走的，这个道理要亲自从弯路上走过一圈才会懂。客户 A 始终在用他自以为正确的思维方式交易我的持股，那么日后恐怕他遇到困难时，还会把责任推到我的身上。因为他骨子里认为自己的想法就是对的，所以这样的人真的没办法在股市里生存；而客户 B 能够听进去别人的观点，快速对原有交易策略做出改变并且保持耐心，这样的人也许并不一定是真的因为理解了什么才做出这样的交易，但至少不再坚持错误的交易认知，也不会固执地希望通过错误的交易认知来获得对的结果，这就是人与人之间的差距。

图 3-156　亿联网络日 K 线

第二件事：今天下午我在电视台录节目听说的。有观众扫二维码添加了助理以索取公开课的链接。但有一位股民直接找助理要牛股，据说是因为各种亏损，实在是输得好惨才反复求助理帮帮他。软磨硬泡好几天以后，助理一心软就告诉他我们在持仓亿联网络。没想到这位股民今天直接对助理发语音一顿臭骂，说亿联网络已经这么高了，还告诉他就是为了害他。下午我看助理一脸无辜的小眼神，也是哭笑不得。对于一个没经验的助理，还不知道这其中的问题出在哪儿。其实事情的本质是这位股民和客户 A 为同一类人，一直在寻找以自己认知为中心的"牛股"。如果这种人自己认知是对的，又怎么会持续亏损呢？

所以，不要随便告诉别人自己的持仓，他赚了钱不会分给你；而他亏了钱可会认为是你造成的。

现在，亿联网络再创新高，117.78 元的股价肯定不是上涨的终点啊。其上涨是因为持续的业绩增长和修复原来熊市不合理的动态估值，这里赶上了 10 股送 10 股的股本扩张也会给股价的上涨提供短期动力。之前该股长期不合理的估值是因为前面整体环境差，导致股价在 20 倍动态 PE 下方波动。随着市场转暖，股价今天达到 117 元，这个价格对应公司业绩增速和研报中明年 4.57 元的业绩预期仍然不足 30 倍 PE，比之前的 20 倍估值提升了不少，但这个估值修复的上涨趋势应该没走完。大家试想一下，这里看似涨了很多，但如果基本面和市场环境不发生变化，机构面对复合增速的股票，在不到 30 倍动态估值的位置会卖出吗？倘若真的有大机构愿意卖，卖出持仓造成股价下跌又导致其回落到动态 20 倍以下低估位置，那时其他看好机构反而进场抄底，而砸盘的机构可能没有机会买回来了，因此这也是机构不做差价的原因。所以，在当下不要自己吓唬自己，好日子还在后面！

（十一）又一个新的市场成本诞生——2019 年 9 月 23 日（20：30　盘后课）

2019 年 9 月 20 日，亿联网络发布公告称收到了创业板公司管理部门发来的半年报业绩问询函。

创业板半年报问询函【2019】第 39 号

厦门亿联网络技术股份有限公司董事会：

我部在半年报审查过程中发现如下问题：

1. 报告期内，公司实现营业收入 117446 万元，同比增长 39.74%；实现净利润 60675 万元，同比增长 47.94%。毛利率和净利率分别为 65.19%、51.66%，在申万通信行业上市公司中排名第二。我部关注到，公司连续多年业绩增长超过 30%，且毛利率和净利润水平持续维持高位。请你公司：

（1）结合所处行业发展情况、竞争格局、进入壁垒（包括到不限于技术、人员、销售渠道、业务资质等）、公司的行业地位、研发情况、核心竞争力等详细说明公司业绩增长且盈利能力显著高于通信行业平均水平的原因和合理性，与细分领域企业业绩变化情况及盈利能力是否存在差异。

（2）请按照产品系列补充说明相关产品的定位、应用场景、最近两年及一期销量、价格及其变动情况等。

2. 半年报显示，公司主要采用经销模式将产品销往海外，在国际市场拥有较多优质稳定的客户。请你公司补充说明：

（1）最近两年及一期合作的经销商数量、区域分布及变化情况。

（2）主要合作经销商的基本情况、与公司合作年限、是否存在关联关系、结算周期、与公司签订长期合作协议的情况以及销售金额和占比、最终客户情况等。

（3）公司在海外设置机构及配备人员的情况，并说明与公司海外业务规模是否匹配。

（4）公司产品在国内市场的销售情况，包括销售金额及占比、销售模式、销售渠道及主要客户等，并说明与国外市场是否存在差异及具体原因。

3. 根据公司披露的公告，公司采取轻资产运营模式，将部分人力密集型的生产外包，委托给外协加工厂。请你公司补充说明：

（1）外协加工成本占营业总成本的比例，近两年及一期公司合作的主要外协厂商的情况，公司向其采购的产品和金额等。

（2）除外协成本外，公司主要原材料供应商的情况，包括但不限于供应产品的类别、合作年限、采购占比、是否与公司存在关联关系等。

4. 截至报告期末，公司货币资金和未到期理财产品余额合计351211万元，占总资产的比例超过80%。请你公司补充提供截至目前持有理财产品的明细、货币资金存放地点及相关权利证明文件，并说明公司理财产品和货币资金是否存在使用受限或设置权利负担的情形。

请你公司就上述问题做出书面说明，并在 9 月 30 日前将有关说明材料报送我部，同时抄送厦门证监局上市公司监管处。

特此函告

创业板公司管理部

2019 年 9 月 20 日

笔者：这个公告是上一交易日盘中出现的，起初我看过以后没当一回事，因为市场一点反应都没有。但过了一个周末，今天开盘后亿联网络来了一个"后反劲儿"，股价低开直接杀到跌停随后被买盘托起。看操盘手法，早盘杀出去的应该是某一线重仓机构，周末已经做好了卖出计划，因此开盘不计成本地杀出。再看看公告的问询内容，不得不说管理层提问得很专业，可以说问得非常细致和具体了。问询函出来以后股价崩了一下，但我发现大家心态很好，即便出现这种波动，已经没有人盘中再给我发信息了，是不是面对亿联网络隔三岔五就来个质疑、隔五差六就来个问询的节奏都习惯了呀？关于这种事情，我始终保持一个原则，即现金流说明一切！银行账户里的货币资金和分红资金加起来与报告中披露的公司手中的现金能对得上，那么银行账户上的钱根本就不是造假能造出来的。

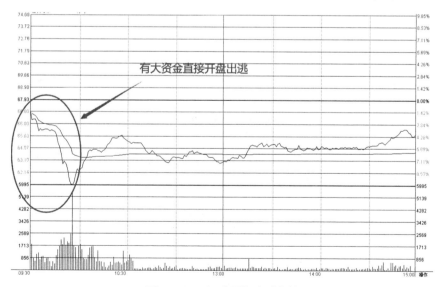

图 3-157　亿联网络分时走势

此前，市场经历了康得新、康美药业的造假，还有信威集团的造假，最终引发对亿联网络这种业绩优秀公司的信任危机。可 2019 年公司再度 10 股送 10 股的同时，每 10 股派了 12 元现金啊！平均一股派 1.2 元，公司去年每股收益 2.8 元，等于是把接近一半的利润派发了。质疑公司造假，这两年派发给股东的钱是假的吗？这还不算公司已经购买理财产品 20 多亿元！关于质疑业绩这个问题，市场总是反反复复担心，但赚来的钱都分给股东了，不知道为什么还说业绩是假的。现在突如其来的震荡又一次让多空激战的亿联网络有了年初时候的巨量，而年初巨量卖出离场的那些人，现在没有更低的机会接回来。今天打出"新的市场成本"，大家看吧，恐怕卖出的人又要重蹈覆辙了！

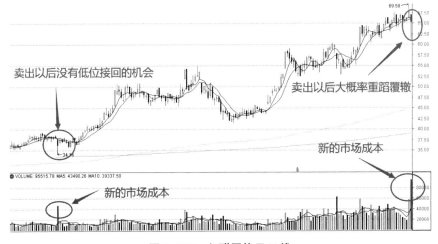

图 3-158　亿联网络日 K 线

（十二）500 亿元到 1000 亿元原则性不参与——2020 年 2 月 27 日（盘中交流）

客户 B：庞老师，今年因为新冠肺炎疫情，春节只给您电话拜年，不知道您回北京了吗？新冠肺炎疫情还在延续，您一定要注意防护保重身体啊！

自从去年买入亿联网络以来，已经持股半年时间了。前面您一直在强调"估值很低"和"持续成长"，我尝试跟着您的思路计算了一下亿联网络目前的估值状态。按照研报中现在的最新股本计算，2020 年和2021 年的业绩是 2.7 元、3.43 元，对应的估值目前是 40 倍 PE 的水平了，那是不是意味着该离场了呢？您看什么时候需要操作了，记得和我打个招呼，现在浮盈已经 1 倍了，不仅仅把前面亏损的本金赢了回来，而且还有盈余，等卖出以后一定感谢您！如果可以，希望您直接帮助我操作股票账户，这样我就可以专心做生意了。

图 3-159　亿联网络日 K 线

　　笔者：首先恭喜你能够一直跟随我的思路持股到现在。这段时间新冠肺炎疫情暴发，我没有在北京，只能等新冠肺炎疫情平复后我们再行见面了！你所说的目前股价对应 2020 年 40 倍出头的 PE 这个数据是准确的。公司前面已经公告 2019 年业绩增长 40%~50%，净利润预计119206 万 ~127721 万元。股价反映的是未来预期而不是已经公告的当期业绩，所以你能直接对标到动态市盈率照比半年之前，这绝对是明显的进步。现在亿联网络对应上市开板位置涨幅大概 200%，对应最低位涨幅大概 350%，是最近三年来不可多得的牛股。感谢亿联网络为股东们创造的价值！今天恰巧你先打电话给我，若不然我也会在明后天提醒你准备清仓。这里我总结一下目前公司的情况，再说一下清仓的思路：

（1）公司由于 2018 年熊市周期，估值水平受到市场环境的压制始终无法提高。一个业绩增速 40% 左右的公司，竟然只有动态 20 倍以下的 PE，现在终于按照业绩增速归于 40 倍 PEG 估值，估值水平已经合理。

（2）公司从上市初期 2016 年 4 亿多元的净利润发展到刚刚预报的 2019 年大概 12 亿元的净利润，这是很大幅度的业绩跨越！报表中对应的营业收入从 9 亿元跨越到目前的 24 亿元。研究报告预计公司会依靠全景视频会议系统的新业务在明年冲击 43 亿元营收。

（3）所谓依靠"全景视频会议系统"带来业绩增长，潜台词是原来的话机市场预期接近饱和。这意味着前期我们看好它业绩增长的预期现在已经没有了。如果再预期公司业绩实现跨越式增长，既要之前的电话业绩稳定（也就是市场不萎缩），又要新业务能够形成营收放量。

（4）公司到目前市值已经 600 亿元左右了，刚刚已经说过，今年还要面临巨量解禁。

以上是客观结果，现在说一下我的思路和逻辑：我认为最核心的问题是目前 600 亿元的市值和 24 亿元的营收。我觉得这个"体积"太大了。给你举个例子，比如说北京的房价，当初从 5000 元 / 平方米到 50000 元 / 平方米时，是 900% 的增幅；可是从 50000 元 / 平方米涨到 100000 元 / 平方米那只是 100% 的涨幅。因为 50000 元 / 平方米这个基数太大了，所以客观地说再翻倍其实很不容易。现在亿联网络的问题是连续上涨以后"体积"大了，而且估值水平也起来了。倘若亿联网络未来能够实现研报提到的业绩增长预期，那么公司营收将从 24 亿元变成 46 亿元左右，届时股价或许从 600 亿元冲击 1000 亿元。在中国 100 亿元做到 200 亿元或者 400 亿元的企业有很多，可从百亿元企业跨越到千亿元市值，这个门槛就很高了！并不是谁都能随随便便从百亿元跨越到千亿元的。我之前就因为这个逻辑习惯性地在 500 亿元市值左右清仓了三聚环保，现在用同样的逻辑清仓亿联网络。

因此，计划未来几天可以逢高清仓。如果你没有精力照看自己账户了，这个事情我们过一阵子见面再详细聊。

笔者点评：

过去，如果你只想着一只股票赚10%或者20%就落袋为安，那么现在你一定不要再有这种想法！因为带着这种想法和交易习惯去赚股票的钱会非常难，甚至行不通。这个市场根本不缺制造20%波动幅度的机会，但我们不可能拥有那么充分的精力和认知能力在短时间内反复获得这样的机会，所以真正让我们获得庞大利润的交易，就是这种能够出现连续翻倍的机会，但这种机会恐怕仍然满足不了很多普通投资者对股票快速盈利的贪婪，就像客户A那种人真的是太多太多了，不用看他的账户都知道，最终这种人肯定要为自己的无知付出代价。

除此之外，贪婪和恐惧是人们最普遍的弱点，往往股价上涨时贪婪让我们做出不切合实际的预期偏差；而股价下跌时，我们的恐惧和对波动的抗拒在情绪上表现得会更加明显，此时更容易让自己的情绪和想法向乌合之众靠拢，为了平复反复的情绪波动而换股交易，最终卖丢了亿联网络选择了持续被套的学员我这里也有，但这是他们自己选择的路，我只能替他们遗憾。投资必须是坚持并跟踪正确的投资逻辑，只要逻辑和思路是正确的，那么多数时间面对波动，我们要有耐心和眼光，只有这样才有可能真正从市场里长期获得利润。而我们在认识渠道所学习到的投资思路和投资技巧是对还是错，不是短期听着爽不爽，也不是某一个技巧短期被市场验证对不对，而是拉长周期看业绩结果，才能知道之前自己掌握的知识对决策到底是有用还是没用，因为结果不会说谎！

十一、公牛集团（603195）实战回忆（2020年2月~2021年1月）

笔者在北京操盘的10年里，一共服务过3家集团公司，第三家公司分析师有100多人，拥有资管部、研究部、培训部以及投资顾问部等独立的部门。可是在后来的几年，公司经营每况愈下，很多同事陆陆续续离职并占领了各大电视台的股评媒体。笔者曾经偶然看到一个股评节目请了 5 个分析师，5 个人都是其他部门的同事，当时把笔者笑惨了，就像公司开研发会被搬到电视台直播一样。但这是一种表演，就和舞台剧、小品是一样的，大家不要把股票分析节目当真。有个股神叫巴菲特，他根本没办法规避市场波动，只能把握趋势。

随着 2020 年春节后新冠肺炎疫情暴发，金融市场因为这样的意外事件出现了比较大的波动，让追涨杀跌的散户更加雪上加霜。

（一）短线高手的烦恼——2020 年 3 月 10 日（16：00 盘后交流）

短线高手：遇到个特别棘手的事情，老庞这次你可要救救我！去年底时，500 人的粉丝群我有 7 个，我想着是该"收割"他们的时候了，所以 12 月开始营销，春节前我收了一大笔咨询费。可买完股票就开始亏，春节后新冠肺炎疫情暴发，持仓股票又跌破了我和股民说的技术止损位，就强调交易纪律，让大家都砍仓了！没想到砍完以后大盘见底又开始涨，只能中途又买回。可是刚进来涨了几天又赶上外围股市暴跌，跌得美股都跌熔断了，大跌把赚的那几个钱又跌没了，我赶紧让大家离场。现在两次重仓出击失败，个别客户都亏 20% 了，真的不敢随便乱动了。我压力很大了，老庞你可得救救我！

笔者：我发现你情绪这么激动呢？一口一个救救你。感觉电话那头的你连后脑勺的头发都立起来了，咋了哥们，分析师不当了，要演出天线宝宝啊？我不知道要怎样才算得上是救你，我非常清楚股民急于求成的心态。现在的问题是你带着他们就像输红眼的一帮赌徒，是个凡人就没有点股成金、买完就涨的本事，可你收了他们的钱，就是在他们原本错误的预期基础上"更上一层楼"啊，这时客户你怎么服务得了？

短线高手：哈哈，不管怎么说我把他们忽悠来了。现在老庞，赶紧给我只牛股吧，这次离场后今天市场突然反弹，如果明天还不让进场，客户急了还不得吃了我啊？别人我真的信不过，一起共事这么多年我信得过你。

你看这样行不行，客户的工作我来做，我自己挖的坑我自己去平，你只管出操作策略，然后讲清楚逻辑就行，你拉我一把，让我渡过这个难关。

笔者：你看看公牛集团怎么样（603195）？我觉得可以考虑低吸一些。但你首先要让客户有个计划，比如说这次操作是拿 10 万元还是拿 100 万元或者 1000 万元？这要看客户的风险承受程度，你自己的客户自己把握，不要一次性买满仓，因为要在市场调整阶段买入，所以要分批买入，循序渐进地加仓。

短线高手：一个是让客户考虑风险承受度，另一个是循序渐进地加仓，这个我都记下了。买入的理由是什么呢？我讲给客户听。

笔者：公牛集团我们都不陌生，公司是全国开关和插座的龙头企业，但它并不是只卖开关和插座。从招股说明书披露的情况看，主要业务包括转换器、墙壁开关插座、LED 照明、数码配件等产品的生产、研发和销售。目前形成了"安全插座""装饰开关""爱眼 LED 灯""数码速充配件"等品类定位鲜明、可持续发展的业务组合 / 产品已经深入千家万户；集团受益四大产品的集体推动，2019 年第三季度营收和净利润分别为 75.32 元和 17.53 亿元，分别达到同比增长 14.85% 和 58.53% 的成绩。按照公司招股说明书披露的数据，公司四大业务全面发展，产能利用率和产销率已经接近甚至超过 100%，因此上市募集资金主要是对业务实现产能扩张。

近期因为新冠肺炎疫情突发，对公司第一季度的业绩肯定产生负面影响，但显然这种负面影响不会长期持续下去。只要公司的产能持续释放，市场需求进一步增长，公司的长期趋势自然是好的。所以从基本面角度说，这种公司主要的关注重点是产能和市场的消化程度，以及增长所匹配的估值水平。

从市场面情况看，因为新冠肺炎疫情引发的市场动荡，公司上市定价并不算高。后来打开空心涨停后受到了资金的追捧，巨量涨停的成交席位与涨停后的技术状态都提示机构已经入驻其中，恰好这几天美股熔断大跌，导致全球股市都在跌，公牛集团跟着大盘来了个跳空新低。

这里的跌破涨停板上平台以后，因为股价已经跌回标志性阳线的价格区间，表明股价回到了前期主力的建仓成本。目前因为新冠肺炎疫情突发，央行站出来表态要释放货币维持流动性，那么后面大概率市场所需要的资金支持和经济企稳是我们可以期待的结果。倘若现在趁市场回调买入，那么资金流入、新冠肺炎疫情散去经济企稳等情况在后面持续出现时，市场会进一步上涨的。到时候股价自然没有了现在的低价格，所以现在分批低吸肯定是好机会。

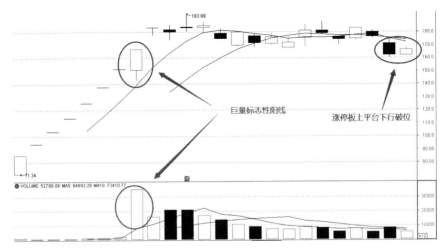

图 3-160 公牛集团日K线

短线高手：那就按照这个逻辑，我给他们讲一讲，如果我实在说不明白，你就到粉丝群里给大家好好讲一讲，争取早点让这些人弄明白。

（二）有些股民会亏钱的——2020年3月23日（22：00盘后交流）

连续几天，公牛集团的股价出现了调整，短线高手受不了，因为不再有之前他倡导的"破位止损"，而是持续加仓，这种风格明显让他和他的粉丝感觉到了不适应及不习惯。经不住他的软磨硬泡，我帮助他到粉丝群里给大家做了简短的语音说明，可是因为大家的认知基础不一样，氛围搞得比较压抑，因为说到基本面的亮点时根本没有什么回应。

有几人提出"我们是做短线的，不是做价值投资的"，你跟他们说股票是不可能高抛低吸，也不可能通过买卖策略的优化代替趋势分析的，这些话就是对牛弹琴。

笔者：今晚你让我长见识了！有些股民会亏钱的，是不可能被教育的。我现在知道为什么有人相信成功的捷径了，以后你这类受众群体，你继续给他们幻想就行了，他们需要的和我能传递的根本就是不同维度的东西。

短线高手：老庞你看，前面我带他们割肉了两次都没赚到钱，然后近期一边说低吸公牛集团，股价一边往下跌，而且我一直和他们说跌破前期低点止损，我以为真的像你和我说的那样不会破位，但现在真的破位了，所以不得已今晚需要你出面帮我控制场面，因为我已经不知道怎么和客户解释了。

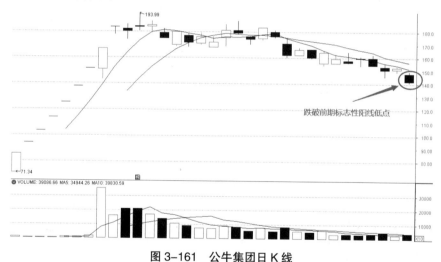

图 3-161 公牛集团日 K 线

笔者：第一，我可没说过破位止损，而且也绝对不会止损，因为预期的中期逻辑在。第二，这里逢低加仓是我之前已经和你强调的交易策略，你应该让他们有心理准备才是。我自己也有学员也有粉丝，但这几年经过我的努力，他们的认知和格局都有了充分提高，在美股跌熔断的前两天，我就和我的学员聊到公牛集团，现在他们看见这种波动根本没有人慌张，因为连个问我的都没有。但是你的这些学生是你想帮助他们都帮不了，这帮人只服从于自己的欲望，内心没想过搞清楚投资是什么，还想着持续赚钱，我真的纳闷他们凭什么？就凭他们什么都不懂吗？现在公牛集团的确是跌破了前期低点，可这是在什么环境下形成的？如果是市场持续走好的环境下公牛集团自己持续下行跌破前低，恐怕真是自身调整需求造成的；近期全球股市因为新冠肺炎疫情的原因暴跌，美股大跌带着 A 股跌，这是外界环境导致的市场整体下跌，所以不是个股出了问题。你仔细想想我谈到的投资逻辑，真正值得我们关注的是新冠肺炎疫情散去后，公司的业绩增长恢复程度和产能释放后公司产品的需求情况。现在这种环境还想着赚市场波动差价的人，真不知道以后还有没有机会了解股票到底是个啥东西？这个忙我就只能帮到这里了，如果后面你还有客户能踏实地按照我的思路走，出现什么情况随时再来问我。

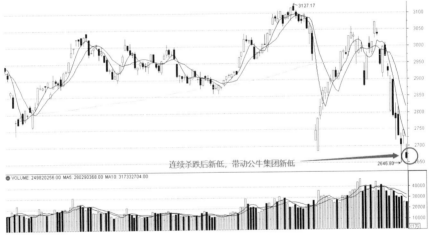

图 3-162　上证指数日 K 线

短线高手：你也知道股民就那样，谁能触动到他们心理的需求，他们就乐意听谁说话。这以后我也不打算搞投资咨询了，就给他们讲讲技巧方法，不然就像你说的，这些人的预期根本不是人类能满足的，那就给他们讲讲技术分析，让他们自己交易。

笔者：佩服你的"猪脑"，总是能想到你所谓的"赚钱捷径"。股票培训现在满世界都是，那不是高手多了，而是你这种滥竽充数的家伙多了！

（三）标志性阳线出现，股价创历史新高！——2020 年 10 月 29 日（20：00　盘后交流）

短线高手：老庞，今天公牛集团上午涨停创历史新高，下午始终没有封上涨停，你和你们那些学员还在吗？估计买完这么久没涨应该早就跑了吧？

笔者：今天突破历史新高的走势我看到了，至于打开涨停还是封上涨停我根本不重视这些没有用的细枝末节，倒是像你这号人总是喜欢装神弄鬼，拿分时走势忽悠人。如果你问我我的学员还在吗？我告诉你，自从我在 180 元附近和他们强调公牛集团的机会以来，没有一个人问我公牛集团怎么操作，也没有一个人提前卖出股票！有可能你会意外，为什么这些人心态都这么好？因为我们一起走了 3 年，大家的眼界和格局早变化了，怎么会因为不涨就卖出？

短线高手：原来那些客户已经被我坑得差不多了，现在只有几个人手里重仓公牛集团持股到现在，今天盘中他们就在问公牛集团怎么操作。我知道你最近忙，白天我没给你发信息，但我想你肯定不会卖的，我就和客户说公牛集团继续持有就可以。可他们一直追着我问目标价，这股票你选的，你看这个目标价格应该怎么定才合适？是按照基本面确定，还是看技术面确定？

笔者：就如你所说，我肯定不会卖。就在昨天，公牛集团公布了第三季度业绩报告。从最新公布的股东数据看，以社保和险资为代表的重要流通股东并没有减仓，今天各个机构的研报已经在网上散播开了。一方面，研报基本都在强调经济恢复以后公司第三季度收入增速和业绩增长明显改善；另一方面，研报中强调公司目前主要原材料涨幅较大，面临不小的成本上涨压力。我觉得首先是大家认可这种恢复，至于成本涨价是因为货币放出来了，成本自然上涨，释放货币的周期，最终原材料价格都涨价是通胀的必然结果，关键是公司对应的成本上涨，产品销量是否有进一步的市场需求？这有待于后续根据情况进一步地跟踪了解。

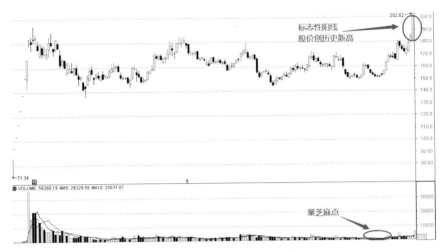

图 3-163　公牛集团日 K 线

至于你所谓的"目标价格"，实际是看上涨逻辑能否持续验证。如若能连续走趋势上涨，那么目标价格肯定要高一些；若上涨的逻辑不在了，那么趋势很有可能就结束了。所以"目标价格"，那可不是拍脑袋随便预测个价格就可以的！我们应该做的是追随趋势，趋势走到哪里我们通过基本面、市值和估值跟踪衡量，而不是提前给持仓的股票设定一个价格，这是我的观点和习惯。

此外，从今天主力资金的举动看到大家的态度，因为昨天的业绩一出来，今天股价就创历史新高了！这也是很多机构"不见兔子不撒鹰"的结果，看到结果才冲进去建仓！从技术上看，前期低位该股明显惜售，导致成交出现明显的"量芝麻点"特征，今天突破历史新高是典型的标志性阳线，它标志着增量资金入场，新的趋势开始。这里新的趋势开始后，股价自然要向上顺延趋势走一段空间，只不过按照目前市场一线机构的投资风格，这种震荡走高不会是暴风骤雨式的急涨，而是比较温和的爬升，所以我不会在历史新高的位置做价格预测，因为没有核心逻辑也没有参考意义。我的想法基本就是这样了，这里你看怎么和你的客户沟通。

短线高手：真的不用你讲得那么复杂，我就告诉他们突破了持股就可以了，我才不讲什么基本面，本来客户就不喜欢，而且我也不擅长，等我把这批客户解决掉，后面我只讲方法不做服务了，现在这搞得自己太累了。

（四）没有增长的股票就没有空间感——2021年2月9日（17：00　盘后交流）

笔者：公牛集团我们已经出完了，你要珍惜这里反弹的机会，让手里有公牛集团的客户把股票在这里卖出。

短线高手：怎么突然清仓了？

笔者：这是计划以内的操作。之前国际铜价格从去年低点的4600美元涨到了快8000美元，这个涨幅挺惊人的，铜是公牛这种制造业公司的主要成本，成本上涨对公司的业绩制约是很明显的。而更关键是，从2020年9月到现在，根本没有看到发改委批复新的建设项目。现在房地产已经越来越冷却了，可是在基建审批比较密集的第三季度和第一季度，也没有新项目批复出来，这对公牛集团来说，上游成本上涨严重，下游增长预期不明，最终冲击的就是股价。因为2021年整体的业绩增长预期不好，没有成长预期的股票我是不会买的。而且这么和你说吧，在2020年因为新冠肺炎疫情突发，所以全球货币大量投放，这些投放的货币是要一层一层向上游产业传导的。当传导到最后时，就是原

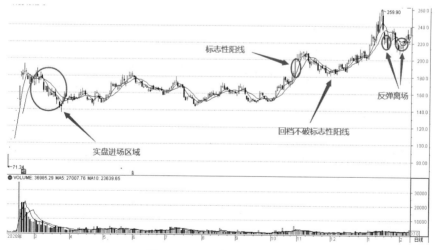

图3-164　公牛集团日K线

材料价格的上涨。因为有这样的货币传导规律，那么原材料价格上涨的趋势非常明确了，所以前段时间和我的学员们打了个招呼，从高点回落以后见到反弹就离场，因为我看不到公牛集团的空间感了！

短线高手：好，那我现在通知客户卖出，他们的服务费也快到期了，折磨了我这么久，终于可以和他们没关系了。

笔者点评：

我们清仓后迎来了 2021 年春节后市场的阶段性高点。而在阶段性高点形成时，以铜为代表的国际大宗商品价格创出了 8 年新高。市场上走势最强劲的就是黄金和铜等大宗商品相关的股票，随后制造业的明星企业三一重工和公牛集团等公司的股价开始加速回落。这里能够在下行趋势拐点卖出，并不是我们有什么未卜先知的能力，而是运用诸如"货币投放最终要冲击上游原材料"和"需求起不来增长就成问题"这样简单的原理在公牛集团上实现了逃顶。最后决定卖出的原因并不是我们判断这只股票一定会跌，而是判断股价没有持续的上行空间感。在股市中，我们没有办法做到尽善尽美的逃顶抄底，但我们应该知道什么样的因素产生后，是造成我们买入或者卖出的本质逻辑，并依靠这种本质逻辑把握大方向而持续获利。

十二、隆基股份（现名隆基绿能，601012）实战回忆（2020 年 6 月~2021 年 2 月）

温州（再见理想）：

我是 2007 年进入股市的，当时新闻都在报道开户要排队，我跟着身边的朋友一头撞进了股市。直到 2008 年的大跌，身边的朋友都被套住了。我熬过了 2008 年，又在 2009 年存了点钱进去这才把前面几年的亏损慢慢补回来。很偶然在 2011 年时看到庞老师参加全国实盘大赛得奖的视频，那时候我在五道口附近，离你们操盘的地方不远，我还刻意去公司拜访过。我们温州人早年在北京是以炒房出名的，像我本人曾经在五道口有 10 套房子，但是房子不能炒了，以后没什么好的项目去做，这几年炒股又亏了不少，希望庞老师能带带我，把亏损的钱赚回来。

（一）正确的认知很重要——2020 年 5 月 26 日（20：00 盘后交流）

再见理想：今年因为新冠肺炎疫情的影响，真的非常难，什么生意都不好做。我在北京的一个朋友，做实体生意的，最近几天竟然跟我借一万元钱给孩子交学费，真的是已经到了最难的时刻了。偶然在电视上又看见庞老师做节目，所以一直尝试通过电视台联络您。可是电视台的客服怎么都不给我您的联系方式，我才去找到您的抖音留言，作为一个好多年的老粉丝，终于又见面了，希望接下来的日子里庞老师能带带我。

笔者：现在已经是移动互联网时代了，真的想找到一个人，尤其是做我们这行的人，只要打开搜索引擎还有找不到的吗？从 2011 年全国实盘大赛就记得我的投资者，去年还在电视台做节目时，与那里的粉丝见过一面。我是个好多年都不露面的人，没想到一出来做节目，你们还能够记得我。但带他人交易我还是心有余悸的，最大的担心是你对我的交易风格或者对股票市场的了解程度是怎么样的？如果你希望快速通过各种操作技巧从股市获利，我估计这个事情怎么做都不会符合你的预期，还不如不做；如果是把它当作生意，投资出去以后一段时间看回报，我觉得我们还能谈一谈。千万不要把对我的印象停留在 2011 年的全国实盘大赛，因为不同的市场环境我们的交易策略肯定不同。当市场在 2011 年那样的下降趋势时，只能以短线策略为主；现在的市场是货币宽松的复苏周期，所以交易策略上以做趋势利润为主。市场永远在牛熊周期的交替，也是我整体交易策略的交替。因为市场一直在变，千万不要把一个阶段的操作风格给我打上标签，因为有的时候我是短线投资者，有的时候我是中线投资者，这都是根据市场环境的变化而变化的。我不知道你对交易和对市场的理解是怎样的，担心的是我们对投资的理解是否有契合度，我曾经就遇到过各种没有投资常识的投资者，有的认为我买完就跌，连规避风险都做不好，也有的认为几个月下来还不赚钱，各种期待落空，这引起的矛盾真的是浪费精力和时间，如果在投资领域两个人不能对话，那么我宁愿躲得远远的。

再见理想：庞老师，我是一个生意人，生意人知道投资有多么不容易。如果现在有一个一年能赚 20% 的项目，那对我来说就非常满足了。所以你千万不要担心，我和那些急着赚钱的小散肯定不一样。在股票投资的经验和能力上肯定不及你，但是你说的"投资不能规避波动性，也不能按月按天赚钱"我还是能明白的。请你务必放心，我知道投资和打工的区别，我还知道认知是情绪产生的基础，如果散户的认知不到位，他们只想听到自己想听的话，你说什么都没用的！总之，庞老师放心，最好最坏的结果我都能承受，接下来就是希望能跟着你赚到钱顺带学点东西，只要你不嫌弃我就好。

笔者：我仔细研究了你的持仓情况，首先 5000 万元以下资金在机构账户里都是小资金，既然是小资金就应该发挥小资金的优势，现在看你的账户虽然比小散的资金量大，但肯定属于小资金范畴，小资金没有必要持有 10 只股票，根本看不过来。如果是为了平滑收益率曲线让账户波动小、更稳定，那么要通过严格控制仓位来实现；如果追求绝对收益，对回撤和账户波动要求没那么严格，那么把持仓品种做 3~5 只的持仓组合即可，太多股票没有必要。但听你刚刚聊到的投资心态，我非常欣赏，发现长期搞投资的人更加理解投资的不容易，不会像一些人没有常识，还想着赚快钱。这里我建议你考虑把账户的持仓先整合，因为有资金才是把握机会的前提，随后有交易时我们再沟通。

（二）看大盘做股票是自己坑自己——2020 年 6 月 21 日（20：00 盘后交流）

再见理想：前几天大盘又涨了一点，我一狠心把前面套了好久的个股卖了一半，后来听网上的股评讲座说最近几天的下跌很可能补 6 月 1 日上

涨留下的跳空缺口，可没想到这个缺口没补，大盘又新高了，周五上午接
到你电话以后我已经把全部仓位都空出来了，接下来等你的进一步指示。

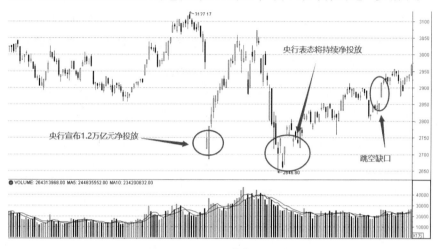

图 3-165　上证指数日 K 线

　　笔者：现在，我们先抛弃这种是不是补缺口的思路，因为这不影响
市场未来的整体趋势，应该忽略这些没有实战意义的研究，把重点放在
市场和个股未来的趋势研究上。我们要知道支持市场走上涨趋势或者下
降趋势的核心是什么，才能知道市场有没有可能在未来走出上涨趋势。
对指数的趋势分析并不复杂，股票市场上涨依靠的是资金推动，资金来
了股市就会涨，资金走了股市就会跌！因为本次新冠肺炎疫情的关系，
央行在春节后的开市当天宣布投放 1.2 万亿元维持新冠肺炎疫情期间的
流动性，这个投钱的动作出来以后，股市在春节低开以后直接上涨。随
后在 3 月下旬时央行表态将始终保持流动性合理充裕，此时股市并没有
因为经济数据的跳水引发持续的下跌，反而因为货币的持续投放而企
稳。那么央行提到的"接下来的流动性充裕"是什么概念呢？就以刚刚
公布的 5 月份货币执行报告看，5 月份广义货币增长 11.1%，人民币贷
款增加了 1.48 万亿元。因为新冠肺炎疫情，政府宣布可以忍受"M2 的
高增长"并且向企业提供贴息贷款以帮助有需要的企业，现在广义货币
巨量的增加与投放，股票市场就是社会资金的一个蓄水池，自然要水涨

船高。在这种环境下，我们要清楚市场既然会水涨船高，则应该去寻找什么样的机会、买什么样的股票，从而好好利用因为新冠肺炎疫情引发货币投放带来的赚钱契机。

再见理想：听你这样一说我就懂了，看来炒股票并不是听得多就有用，方向都被带偏了。

笔者：今天是周日，周五之所以和你确认账户的资金状况是因为这段时间我仔细研究了一下个股机会并做了交易计划，趁着周末我们研究好后下周就可以操作了。上次和你提到的华贸物流（603128），我觉得接下来还应该增加仓位，同时要对隆基股份（601012）进行建仓，仓位比例上，我计划华贸物流加仓到40%、隆基股份买入30%，另外30%的资金后面可能会买海天味业（603288）。我们充分发挥小资金的优势，把账户做成3~5只股票的组合。

隆基股份这只股票是我在第一季度报告中发现的。由于第一季度新冠肺炎疫情引发了经济的直线跳水，上市公司业绩在第一季度还能增长的公司完全凤毛麟角。有券商写宏观研究报告点评第一季度因为新冠肺炎疫情上市公司业绩大幅度下降的现象，标题就叫《流动性无忧，业绩下杀无解》，可见业绩负增长已经是2020年第一季度上市公司的常态。对于很多公司来说，根本是没有办法的事情，突发事件引发的普遍业绩下滑，不是经营能力和行业趋势的问题。而选股票，往往不是在市场好的时候做功课，反而是在逆境中更容易发现线索。现在基本面突发利空后，谁能够在如此差的环境下保持增长，又是什么原因形成增长并且能否持续增长，这是我最感兴趣的。基于这样的想法，我把目标锁定在隆基股份这只股票上。

从4月份隆基股份公告的第一季度业绩情况看，在新冠肺炎疫情的大背景下公司完成净利润18.6亿元，同比增长了205%，这种逆境下的业绩暴增太抓市场眼球了！看了一下机构研报的总结，都认为公司业绩大幅度增长的原因是制造环节产品成本的大幅度下降和需求的持续增长导致。以国海证券发布的《光伏龙头展现盈利能力》的报告为例，其中有以下表述：

硅片业务盈利能力提升是 2019 年业绩和 2020 年第一季度业绩实现高增长的重要原因。2019 年硅片收入 129 亿元，同比增长 111%，其中毛利率 32%，上升 15.9 个百分点。硅片外销 47.02 亿片，同比增长 139%。盈利能力大幅提升主要来源于非硅成本下降 26%，以及多晶硅价格下降。目前隆基和中环已经形成单晶硅片双寡头格局，预计 2020 年非硅成本还将进一步下降。

按照研报的逻辑，如果公司未来能够形成成本的进一步下降，即便在市场对光伏的需求不变的情况下，业绩也会有进一步增长的预期。国海证券预计公司 2020~2022 年的 EPS 分别为 1.77 元、2.24 元、2.68 元。这个业绩预测没有考虑成本下降或者市场需求进一步上升，如果未来出现更积极的迹象，就会进一步上调盈利预测。

再看一下隆基股份市场面的情况，该股现在的趋势状态非常有意思，和 2009 年操盘的海尔智家（600690）以及 2012 年的北方稀土（60111）如出一辙。

图 3-166 2009 年海尔智家日 K 线

2009 年 7 月 29 日，指数见顶之后一路跌幅高达 800 点，但海尔智家在见顶当日下跌后却成为日后的低点。即便指数跌了 800 点，该股仍然没有让在见顶之日卖出的投资者有低位买回的机会，可见牛股就是你在大盘趋势见顶位置卖出，一样没有差价和纠错的机会，真正的主升是在指数见顶后完成的。

北方稀土也是我曾经带领大资金参与过的一只个股，也是和海尔智家同样的情况。2012 年的大盘在 3 月 14 日开始持续下跌，可是北方稀土并未随着指数下行，我们就是在当时位置进行了低吸，随后该股创新高后进一步上涨。

图 3-167　2009 年上证指数日 K 线

图 3-168　2012 年北方稀土日 K 线

大盘大跌，北方稀土抗跌
大盘持续调整企稳，北方稀土新高

图 3-169　2012 年上证指数日 K 线

通过这些牛股与市场趋势的波动比较，我们可以知道，真正的牛股在趋势供求关系上完全强势于指数波动，也独立于指数趋势。如果单纯地看指数做股票，就算是看懂了指数的短期见顶特征，自己手中的筹码同样被清洗出场了！

现在，隆基股份在指数调整的背景下上演着同样的戏码。且上证指数在 2009 年 4 月见顶的位置持续震荡下行调整一年有余，可对比之下，指数见顶的区域却成为隆基股份的趋势低点。随后由于指数趋势持续震荡下行，该股却反复多次确认该低点区域的有效性，说明中线大资金持续在呵护把持。近期随着货币投放和业绩增长，公司更在前一波指数反弹中创造了历史新高。现在虽然指数距离前期高点还有明显的距离，可隆基股份的股价已经停留在历史新高附近，正在等待着市场随着货币投放和经济恢复进一步上涨。

我们做股票，一定要顺势而为。所谓顺势，就是要清楚地知道，一只持续新高的股票和一只连续新低的股票相比，并不是股价越低越安全，而是基本面和市场面趋势越好越容易赚到钱，因此我们要追随的是趋势，而不是价格。现在这里虽然看好隆基股份的潜力，股价也距离新高仅一步之遥，但还是要在看到趋势的进一步确立后再跟进去。因此我们下周可以耐心地观察，一旦隆基股份有创历史新高的走势，则肯定是要积极跟进的。

图 3-170 上证指数日 K 线

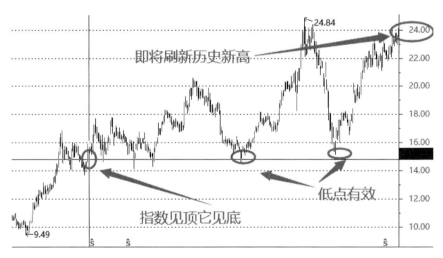

图 3-171 隆基股份前复权日 K 线

笔者点评：

决定大盘的是资金，而决定股价波动供求关系的是主力资金。市场分析是把大量的案例和资金意图深刻地结合并总结，绝对不是几个 K 线组合就能选到牛股那么简单。我们结合了大量市场技巧，以帮助我们能够在市场从容地发现主力机构，并把这些经验深刻地印在脑海里，不一定天天用、年年用，可一旦拿出来用，它就能够解决问题和行之有效。

（三）找到核心上涨逻辑，把握超预期利润——2020 年 9 月 17 日（18：00　盘后交流）

再见理想：庞老师，平时知道你很忙，总算是有个机会我们可以坐一会，聊一聊，这几个月我很少打扰你，因为专业的事交给专业的人就可以了，我对你绝对有信心。我今天带着我的朋友过来，他看到你账户里股票买完就涨，而且涨得都很好，非常想和你学习学习为什么买入，又持股到现在？

客户的朋友：庞老师，我过去买股票不赚钱的原因我自己也想过，觉得赚了一点就想卖出，可是一旦被套又一直等解套却越套越深，看到你的操作以后，我想知道为什么你一买完就涨，而且买完以后涨了这么多，如何做到一直持股不卖出？

笔者：首先，感谢二位的认可，但请务必不要迷信我，前面我做的亿联网络和华贸物流都不是短期买完就涨，我和你都有这样的期待，最好每一次选到好的趋势以后，还能找到最优秀的切入点，可这只能是我们每次尽可能试图达到这样的结果，而不是每次都可以持续做到这样的结果。买完就涨的择时方法一定有经验在里面，但绝对不可能依赖优秀的买入技巧赚钱。我最怕给别人留下的第一印象太好，日后落差太大，这种认可对我来说是一种负担，所以绝非我有所保留，而是希望你不要把精力放在没有结果的事情上。在这里我更乐意谈一谈持仓股票的趋势以及持股的逻辑，希望对你日后的交易有所帮助。

我之前对账户做了一轮仓位调整，目前是 3 只股票的组合，分别是华贸物流、海天味业和隆基股份。华贸物流目前持仓成本 6 元，大概有 100 万股；海天味业已经盈利退出；隆基股份成本 35 元左右，目前仍然在持仓中。最初的仓位比例是华贸物流 40%，海天味业 30%，隆基股份 30%。这里讲一下买入隆基股份持有至今的逻辑。

我们在 6 月 22 日股价创出历史最高收盘价格的位置进行买入操作。注意看这里的成交量能和股价情况，该股虽然没有创出历史最高价格，但以收盘价格计算，这里已经创造了历史最高收盘价格，而且量能没有显著地放大，说明多数持股者根本不愿意在这里卖出；换手率不到1%就向上突破，是典型的"轻松过头"的走法。

换手0.8%，轻松过头

图 3-172 隆基股份

实际上，后面的连续上涨，隆基股份的换手基本在 1% 左右。经验告诉我，这种换手率发生在业绩持续增长的公司时没有必要急着去兑现利润。如果有一天隆基股份也出现海天味业那种高位异常的放量下跌，可能我第一时间就离场观望了，所以稳定的低换手是 K 线分析中的重要持股依据。

但轻松过头和低换手上涨其实都是证券投资的基础分析。除了价格趋势上反映的资金态度，我们还要清楚隆基股份形成上涨趋势的逻辑，这才是研究股票的关键。如果不把研究做到逻辑层面而仅仅看图表层面，一旦股票出现回落和震荡时，心态就肯定扛不住了。试想一下，你持有的股票出现上涨带来了盈利，可这时候又不清楚未来预期和上涨的逻辑，那么当你经历股价短期波动时，最可能做的动作是落袋为安。正是因为这种不了解，规避风险的动作规避的未必是风险，也可能是利润，于是卖完继续大涨的情况时有发生。所以，趋势的逻辑分析是交易股票的核心前提，没有逻辑的趋势追随，注定是浪费赚大钱的机会，我们必须搞清楚逻辑以后再做进一步的交易决策。于是，我们必须理解隆基股份上涨的逻辑，这样才能不为股价可能发生的震荡所担忧。

　　隆基股份第一季度在新冠肺炎疫情突发导致各行业公司业绩大幅度下滑的背景下竟然逆流而上，同比增长了205%，这个业绩是在大环境非常糟糕的背景下实现的。而随着货币投放和稳增长的政策出台，第二季度的整体经济数据持续恢复，试问公司第一季度业绩在新冠肺炎疫情的背景下能大超市场预期，那么第二季度经济回升、各行业都在恢复的环境下，公司业绩是进一步超预期增长的概率大，还是业绩增长突然停滞的概率大？可以这样想，一个学生去参加考试，他的底子足够优秀，在很糟糕的环境下，这个学生仍然可以考出高分；现在，环境开始恢复了，那么他的考试成绩大概率不会比之前差。所以，第二季度的业绩进一步增长是可以期待的。

　　当然，这是普通投资者不够严谨的基本面推断逻辑，我们还要注意行业数据和公司数据，只有行业数据才能更客观地反映公司真实的现状。关于行业数据，上周中国光伏业协会发布了《2020年光伏行业上半年回顾与下半年展望》。由于报告是由光伏业协会发布的，因此里面披露的数据具有产业权威性。报告在产业规模的分析中指出"2月至3月上旬，疫情下我国光伏制造端受复工延迟、物流管控、人员隔离、防疫物资匮乏、原辅材料供应不足等影响，整体产能利用率有所下滑"。从这个描述看，是在原辅料供应不足、产能利用率下滑的背景下，隆基股份竟然完成了业绩205%的增长。报告指出"疫情导致2~3月国内应用市场基本停滞，上半年光伏发电装机容量达11.5GW，与上年（11.4GW）相比基本持平"，这表示在2~3月市场停滞的状况下，上半年还能和上年持平，说明第二季度整个行业肯定是出现了明显增长，不然照比上年少干了两个月，怎么还能干出基本持平的结果？由于光伏市场分为国内市场和国外出口市场两个市场，以上引用的报告数据是国内光伏行业的现状，我们还要注意国外市场的行业环境。按照报告中的表述，3月虽然新冠肺炎疫情还在延续，但整个光伏行业的发展并没有受到新冠肺炎疫情的影响，出口规模比上年同期有进一步增长。对此，报告的评价是"海外疫情对出口的影响低

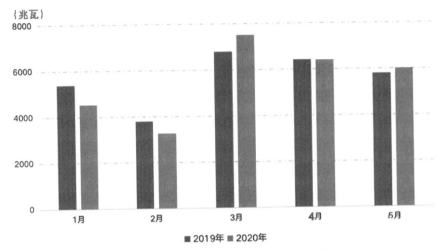

图 3-173　2020 年 1~5 月我国组件出口量

于预期"整体光伏行业各个细分领域的增长速度全部保持两位数以上。

　　综上所述，隆基股份的业绩在第一季度大幅超出市场预期的同时，第二季度行业又进一步恢复增长，那么大概率隆基股份的业绩还有进一步超预期的可能。我想，这就是隆基股份连续上涨却不见成交量放大的原因，大家都知道后面增长大概率要比上年底预期的还要好，那又怎么舍得卖出呢？

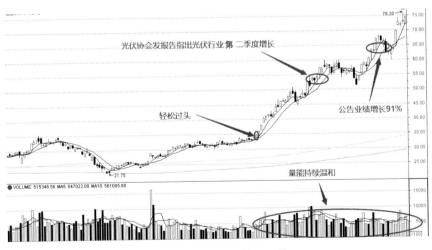

图 3-174　隆基股份日 K 线

这篇报告出来大概 1 个月后，公司在 8 月底发布 2020 年上半年业绩报告，2020 年上半年实现营业收入 201.41 亿元，同比增长 42.73%；实现归母净利润 41.16 亿元，同比增长 104.83%；基本每股收益 1.09 元，同比增长 91.23%；实现扣非后的加权平均净资产收益率 13.17%。对比之前研究报告预计公司全年实现 50 多亿元的净利润预测结果，公司公布半年报以后，所有的研究报告对 2020 年业绩预测提高到了 80 多亿元，业绩增长预期足足提升了 50%。其中，光大证券预计公司 2020~2022 年归母净利润分别为 83.80 亿元、98.82 亿元、119.11 亿元，对应 2020~2022 年 EPS 分别为 2.22 元、2.62 元、3.16 元。研报预计公司业绩增长 60% 多，但公司 2019 年净利润增长 106%，而 2020 年上半年已经增长了 91%，这让我想起 2 年前操作过的三聚环保股票，当时研报预计业绩增速 30%，最终公司业绩增长幅度和现在隆基股份一样每个季度都是增长接近百分之百，持续地超预期。依据光伏业协会《2020 年光伏行业上半年回顾与下半年展望》所表述的"下半年展望内容预计光伏下半年全球前景依然乐观，光伏市场将迎来恢复性增长"，后面隆基股份的业绩仍然有进一步超预期的可能，所以现在的研报预期未来仍然可能被上调，我会继续等待。

还有个经验分享给你，但凡换手率 1% 左右的上涨，都是大资金把持以后没有分歧的市场结果。因此，即便是未来见顶了也不会突然拐头暴跌，所以即便是想高抛，也至少等到它高位震荡以后根据新的情况衡量和考虑。现在，你应该懂了，不要在控盘持续爬升的个股上随意高抛，尤其是基本面一再超出市场预期的牛股。一只股票真正能让人赚到大钱，不是它落后了市场预期的增长，而是它反复超出市场预期的增长，这样的超预期增长才能带来投资的超额利润。

（四）双碳定趋势，高瓴带节奏——2020 年 12 月 31 日（21：00　盘后交流）

笔者：志强，周一要干光伏板块，如果明天隆基股份向上突破，那么你手中的账户和我手中的账户都要重仓打入。

志强：收到了，哥。咱不是前段时间刚刚把隆基股份清仓了，这现在又准备追高买回来了？

图 3-175　隆基股份日 K 线

笔者：这公司之所以被我清仓，是因为 10 月底出第三季报时，净利润同比增长了 60%，增速明显不如上半年。但因为上半年业绩增长很亮眼，所以总体业绩还是增长了 76%。按照研报预期，公司未来两年业绩增速也就维持在 20%。我看到第三季度业绩增速进一步萎缩没有上半年那么猛，未来有进一步放缓的预期，且股价已经到达今年业绩 50 倍 PE 的动态估值，就落袋为安了。可是，很快等到的是高瓴资本追高买入隆基股份的公告。我不知道你看了公告没，根据隆基股份 12 月 20 日下午发布的公告，持股 5% 以上的股东李春安与高瓴资本签署股份转让协议，李春安拟向高瓴资本转让其持有的 6% 股份，合计 2.26 亿股，每股转让价格为 70 元，相当于高瓴资本直接买入总额为 158 亿多元。我很早就关注并且研究过高瓴资本的投资风格，高瓴资本的掌舵人叫张磊，这个人与股神巴菲特喜欢抄底的做法不同，他更多的操作手法是"追高"，被是高瓴资本追高以后的股票，往往还要有更高！

你看爱尔眼科（300015）这只个股，在 2018 年 1 月的时候高瓴资

图 3-176 爱尔眼科后复权日 K 线

本追高买入，是复权价格在公司股价上涨近 700% 后入场的，股价在高瓴资本买入以后目前浮盈已经接近 600%。

还有 2015 年，高瓴资本"追涨"恒瑞医药（600276），随后恒瑞医药至今实现了惊人的上涨！

今年高瓴资本除了隆基股份，还追涨了包括宁德时代（300750）和凯莱英（002821）这样的成长股。根据高瓴资本的操作理念和以往的赚钱效

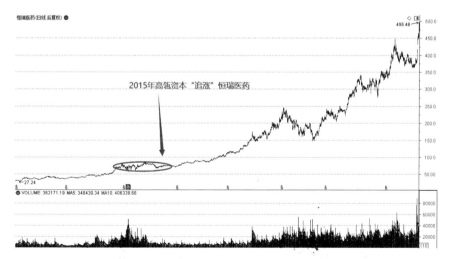

图 3-177 恒瑞医药后复权日 K 线

应，往往信息出来以后更会引发其他机构的跟风买入，所以隆基股份的股权转让公告一出来，股价直接跳空涨停一点都不意外。我真的不想在市场与其他机构抢着买，一直在等回调，终于这几天开始震荡了，那么这里还要做一个买入操作。张磊 100 多亿元购入隆基股份，是国内规模最大的私募机构对隆基股份的态度。我看很多人看 K 线研究主力行为，现在主力买了 100 多亿元，也不知道这些人看没看到？如果我们对投资的格局和公司的研究没有办法做得像高瓴这样深入，那么这局就当自己投资张磊了。

志强：投高瓴这个思路我也很赞成，但公告也有说原始股东大比例减持，老庞你就不担心吗？如果原始股东都已经开始卖出了，是不是说明他们觉得公司的股价太高了，才会减持卖出？

笔者：这几年北京很多机构都在招聘业务员，这些业务员的工作就是联系上市公司的原始股东谈减持业务。其实从道理上讲，减持这个动作不管是管理层给出什么样的理由，总会让人潜意识里认为原始股东也觉得公司目前的股价已经足够高了？但其实真相不是这样的！原始股东减持，除了要交印花税、过户费外，根据《证券法》规定，原始股东卖掉原始股，还需要按卖掉后的成交价减去成本后的盈利交 20% 的所得税。

按照规定，如果一只股票原始成本是 1 元，上市以后上涨到 11 元解禁，那么 11 元股价原始股东如果减持，纳税金额为（11−1）×20%=2 元 / 股。但此时如果你对未来公司的股价非常有信心，预计可以涨得更高呢？这个看好的预期导致的结果不是继续持股不卖出，反而是原始股东必须更卖力气地减持！因为在 11 元卖出原始持股，换其他账户持股，那么按照缴税比例，需要缴纳大概每股 2 元的税款。但如果等到 110 元再卖出，那么这个纳税依然比例不变，对应的纳税金额就成了（110 元 −1 元）×20%=22.8 元。与其未来上涨要缴纳更高的税款，为什么不在预期未来持续上涨的预期就早点做减持呢？所以，这是减持的奥秘！为了合法合规地避税，再看好的股票解禁后都要卖出，而且越是看到未来有大幅上涨潜力的原始股，越要趁早地在低位卖。换了账户持股，会剩下一笔可观的盈利。

到底是为了避税，还是不看好？这里我们不能单纯通过某一个举动对原始股东的减持意图盖棺定论，但刚刚结束的中央经济会议上，已经提出做好碳达峰、碳中和工作等八项重点任务，而未来双碳经济的核心，就是光伏！可以说，政策面已经对光伏行业的前景预期定性了，这种确定的行业趋势才是高瓴资本百亿元资金进场的关键逻辑。从之前高瓴资本买入的结果看，高瓴买入后的个股印象中还没有直接破位而大幅度调整的，本次隆基股份高管直接转让给高瓴资本的转让价格是 70 元，等于给了市场其他跟风机构很好的定价参照标准，现在隆基股份 92 元左右，距离 70 元买入价格并不算太远，跟风做一把是完全可以的。

（五）清仓核心资产——2021 年 2 月 22 日（16：00 盘后交流）

再见理想：春节时候和朋友聚会，大家一听说我重仓了华贸物流、隆基股份这样的股票都很羡慕，我的很多炒股的朋友都想认识你，朋友们都在说核心资产现在很火准备买点，但过完春节看你卖光了隆基股份，大家有点茫然，希望通过我问问你是不是不看好核心资产。

笔者：核心资产？前段时间我忙别的事情很少关注媒体的股评，也不知道什么时候，这个词就火了。在家边餐馆吃饭的时候也听见隔壁桌的两个人在讨论"核心资产"。根据我的经验，当大街小巷都在讨论时，当这个词上升到财经热搜时，那么这个板块估计也就离"死"不远了。记得 2011 年炒水利板块时，有个小姑娘在实盘大赛的连线中问我三峡水利涨这么好，能否买入中长线？我当时直接否定了她的提问，这咋涨起来以后才想着中线或者长线呢？总是低位的时候不关注，涨起来以后舆论说好，就准备追涨做中线那还能赚到钱吗？现在舆论把连续上涨的锂电池、白酒、光伏捏成一个板块，取个名字叫核心资产。炒核心资产和 10 年前炒水利兴国是一样的，所谓"阳光底下就没有新鲜事"，一个热点太热了后，是难以走出持续上涨行情的。买股票是在恰当的时候发现机会，然后让市场更多的人认同它的过程，而不是等着别人告诉我们某个东西好，我们再去买。

在春节以前，我还见了一个带过的学员，我还和她强调隆基股份不能再买了，应该把目标转向对应热点最冷的地方。因为市场热点的起伏就像是钟摆，钟摆的一头是过热，另一头是过冷。目前大股票持续过热，钟摆的一头已经被撬动得足够高，而小股票却无人问津，成为市场情绪的冰点，这个时候应该去小股票里找机会。当大众开始接受机构重仓股成为热点时，我们更应该远离大众，开始对小盘股进行布局和选股了。这里让你的朋友选择"弃热留冷"，多关注小股票，找小盘股里的成长股，我觉得后面可能赚钱更容易些。

客户的朋友：庞老师的意思我可不可以理解为因为板块热度太高了，所以调整就要清仓逃跑？

图 3-178　隆基股份日 K 线

笔者：大股票火的时候，我的习惯是直接去小股票里面选股，这样是先于市场一步；千万不要大股票火了去选大股票，然后小股票火了再纠结割掉大股票去追小股票，这就是左右挨耳光，节奏全错。如果大股票上涨，后面一定有小股票的板块轮动，这是笔者经常应用的一个思路，这个思路不是几句话能描述清楚的。卖出隆基股份这个操作不代表对隆基股份未来不看好，只是大股票过热以后市场有明确的风格切换。隆基股份的阶段性估值提升后，恰逢板块过热的状态已经提示我们大股票要调整了，那么清仓锁定利润做小股票，是符合市场规律的。我们将在这几天市场回落以后开始把操作重心放在次新小盘股上，虽然这种板块不能容纳特别大的资金量，但合适它们上涨的市场背景未来会逐渐出现。本着寻找机会的原则先做一波小盘股，然后回来看隆基股份的业绩增长和股价趋势情况。未来光伏是新能源产业的核心主线，经过震荡调整以后，隆基股份趋势仍然看好，并值得持续追踪。

再见理想：谢谢庞老师帮了这么大的忙，接下来我也有其他工作要忙，操作的事情我就不添乱了。只是恳请你后面收了我的这些朋友，他们到处交钱学炒股，结果都是亏惨了，这下可找到翻身的机会了。

笔者：翻身？我这儿不是画饼的哦，希望大家知道炒股这个事情没有办法按天按年赚钱，如果大家真的把它当成事业去经营，那么我们可以尝试一起走；如果急功近利且希望在我这儿找到快速赚钱的捷径，那还是继续去寻找"股神"吧。

笔者点评：

最近几年市场不好，可我们还是赚到了一些钱，这些利润的获取是在尽可能地把赚企业成长的钱与板块轮动进行结合，通过对趋势的跟踪而积累利润。如果买到的股票既是大趋势向上的方向，又是小趋势起涨的位置，那么获利会很顺利也会很快；如果买到的股票大趋势是向上的，但短期买入位置不太好，那么就倒地装死，等待解套和趋势的进一步上涨。

股市的钱有两种，一种是企业成长的钱，另一种是市场波动的钱。多数股民之所以亏钱，是因为内心无法抵挡市场波动的诱惑，因为市场的钱就在眼前啊，如果有合适的技巧能够赚市场波动的钱，那赚钱多简单啊？可是资本市场这么多年历史，哪个股神是依靠赚波动的钱而持续在市场里生存的？赚波动的钱赢得了一时，却难以持续赢下去。我记得当年我进京操盘时，和我同期的那些操盘高手基本做了两三年就从行业消失了，包括曾经风光的全某界网站实盘大赛冠军，最后公司出钱被实盘冠军亏损得"体无完肤"。原因是这些人只能做到某一个阶段大幅度跑赢市场，而无法实现持续大幅度跑赢市场。所以不要痴迷连续的投机交易带来的短暂结果，当凭运气赚到的钱最终还给市场的时候才如梦初醒。依靠严谨的逻辑和正确的认知赚来的钱，不会凭借实力亏回去，这就是我们能够持续从市场里拿走利润的原因。

十三、海天味业（603288）实战回忆（2020年6月~2020年9月）

2020年6月下旬，我帮助客户做了一个3只个股的持仓组合，它们分别是华贸物流（603128）45%仓位，隆基股份（601012）35%仓位，海天味业（603288）20%仓位。3只股票的基本面趋势都非常优秀，并且在新冠肺炎疫情突发的环境下，实现了业绩的持续增长。这里的选股全部遵循顺势而为的投资理念，但从仓位配比看，华贸物流最高，隆基股份适中，海天味业最少。这个仓位的划分主要是华贸物流的未来增长逻辑最确定，且是典型的低位困境反转。而隆基股份和海天味业的价格趋势状态明显比华贸物流走得更强，两只股票的趋势已经构成了创历史新高的"轻松过头"走势，因此总体仓位配置上隆基股份和海天味业的持仓比华贸物流更重一点。又由于隆基股份相对海天味业的业绩增速更亮丽，且PEG估值显得更低，所以思考再三，才有了隆基股份35%仓位和海天味业20%仓位的仓位配比。

涨时重势，跌时重质——2020年9月17日（18：00盘后交流）

客户的朋友：听到你谈到的华贸物流和隆基股份的持仓买入及持仓逻辑，让我有醍醐灌顶的感觉。过去买股票我主要是看图做突破的操作模式，可突破之后有跌有涨。涨的，有些涨得特别多，可我又没拿住；跌的，自己也在总结原因，可始终还是亏损。过去我总以为真的是像很多老师说的那样，是我看到突破时没有注意量能或者量能细节的把握，但学习了你对股票的分析后才发现，原来股票和我之前理解的东西根本不是一回事啊。

笔者：首先，图表分析一定不是炒股的全部，这种表象分析甚至显得过分基础。我在刷抖音的时候偶然看见过分析师的营销广告，说在他看来，股票能否炒得好，全看你对图形的分析是否准确，我觉得这种人自己炒股赚不到钱，就转身乱说，会让多少人去走弯路啊！未来听到市场里的任何一种观点，都希望你能认真思考本质逻辑，不要迷信任何一个人，当然也包括我。

客户的朋友：不，我觉得你和那些说假话的人不同，在你这里听到的更多是市场的真相。前几天，大姐（再见理想）说，你的海天味业被获利止盈了，自从你买完以后就一直涨，卖出以后又连续下跌，这只股票当初是怎么买到的呢？

笔者：海天味业其实是持仓中我预期不太高的股票。做它的本意是获得市场的平均利润，如果和隆基股份以及华贸物流一样的高预期，不会做一波就走了。这个"平均利润"是判断市场这里要涨一波，而指数涨一波的，什么样的股票能保持优势于指数或者大概率不落后于指数呢？海天味业就是在这样的思路下挖掘的。现在我们A股几千家上市公司，股票都挑到花眼，多数时间对多数公司根本不清楚具体是干什么的，可是十几年前我刚到机构操盘时，还不到1000家上市公司，那时候分析大盘要走一波行情，在手里钱多又没有个股敢买的情况下，都是把账户里20%~30%的资金配资ETF基金。其实真的不需要在每一波行情中把自己的投资预期回报做得特别高，不切实际的预期只能让自己乱了方寸。但并不是你预期低收益结果就真的低。比如海天味业，因为判断大盘要涨，考虑从它身上应该能拿个平均涨幅，最终超越了市场单股赚了60%。但因为总仓位只有20%，所以它只拿回了总仓10%多一点的盈利。

图 3-179　海天味业日 K 线

我去年交易一只股票新疆交建（002941），前几年还交易一只股票国科微（300672），都是低仓位进入后很快单边上涨，有点"无心插柳柳成荫"的味道。

客户的朋友：海天味业的操作应该和隆基股份一样有业绩的确定增长吧？但就算是增长，为啥前面涨幅这么大的股票也敢买？

笔者：你真当我是全才呀！既懂行业分析又懂资金行为，还懂操盘策略。一个人只有一个脑袋，脑袋再大也不可能装成百科全书。关于发现海天味业的方法，这里有个基础的框架逻辑，只要用这个方法在行情的特定阶段是很容易找到机会的，这个选股策略如下：

（1）首先对市场有明确的趋势判断，这个判断的依据是货币的投放情况。因为基本面上央行反复强调注入货币保证流动性，同时第二季度经济已经开始恢复并且回升，那么这个阶段大盘的趋势向上是大概率结果。

（2）在判断市场向上的阶段，一定要找到那些股价位置已经形成突破而且先于指数突破的个股。隆基股份和海天味业全部都是缩量先于指数突破，这样的突破表明市场资金的态度和做局资金的意图。你想想，指数没突破之前，它已经把所有套牢盘解放了，此时没有成交量说明资金持股心态良好，多头没有分歧。当股价站在没有套牢盘的位置等待市场的进一步新高时，这样的个股趋势走在指数趋势前面，就是等待指数上涨时个股进一步上涨的状态。

（3）基本面肯定是要考虑的重要因素，任何交易如果脱离了认知能力圈就离犯错误不远了。当我们不能从基本面得到股票上涨的确定结论时，"涨时重势，跌时重质"的思维方式可以用来主导阶段性策略。也就是说，只要它能在指数上涨的过程中帮助我们获得指数上涨的平均

图 3-180 上证指数日 K 线

图 3-181 海天味业日 K 线

幅度利润，那么我们根本就不用考虑要一直持股到它未来大红大紫。只要它的基本面增长良好，趋势状态能够证明自己的进一步上涨意图，做一波上涨就是非常容易的。

按照以上思路，再说货币超预期投放，消费股上涨是个常规市场逻辑。在本次介入海天味业前，市场先行启动的是整个食品饮料板块。比如酒鬼酒（000799）和贵州茅台（600519）这些酿酒股票，4月中旬就已经创出历史新高。

图 3-182　贵州茅台日 K 线

相比涨幅遥遥领先的白酒股票，海天味业的突破算是食品饮料中比较慢的了。因为这个账户我是 6 月中旬才开始操作的，所以正好赶上了海天味业的又一次"轻松过头"的突破买点。从当时的研报看，券商研报预计公司 2020~2022 年 EPS 分别为 2.34 元、2.74 元、3.19 元。公司成长性一般，估值水平不低，但看一下该股的整体趋势和指数的对比，会发现股价趋势反复提示我们主力资金已经充分准备好久了，其意图就是等待指数企稳把股价持续打出新高！

如图 3-183 所示，海天味业在上涨前的低点 75.92 元看似已经创出 10 个月的新低，但仔细看 3 月 19 日的收盘价格。那里是前面调整的最低收盘价格，可这个价格并没有跌破 2019 年 8 月的最低点。也就是说，调整趋势低点的收盘价格不破前期调整的最低价格，那么这种走势在市场中是比较常见的，它标志着股价只是瞬间击穿而不是有效新低。随后指数企稳，股价就无量创历史新高"轻松过头"，后续指数震荡走高它又反复两次"轻松过头"，显然只要指数不跌，资金就急着往里买，这是主力资金已经准备充分并持续发起进攻的痕迹。所以，笔者在6月22日和23日进行了买入，随后股价一直温和地爬升上涨，直到9月3日巨量跳水临近收盘时我们进行了清仓。这笔交易一开始就是本着跑赢指数的，也根本就没想过卖到最高价，所以制定的交易原则是跟随趋势走到技术趋势破位清仓。但连续爬升之后导致20%的持仓获得了50%+的利润，已经很不错了。

图 3-183　海天味业与上证指数趋势对比

客户的朋友：涨时重势，跌时重质。这下可学到了，我要把你刚刚的分析逻辑记录下来，以便日后有一样的市场环境时拿出来用。

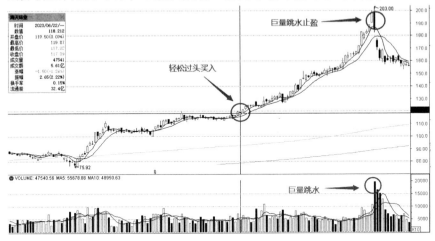

图 3-184　海天味业日 K 线

笔者点评：

这是一个典型的顺势而为的"跟趋势战法"，它的优点是简单且持续在市场中发生。只要大家看懂了指数的阶段趋势，就很容易在市场向好的情况下追随突破牛股进行获利。只要在操作上设置好相应的止损和止盈原则规范，操作仔细观察，基本上每一轮上涨周期的初期都会有这种迫不及待先于指数突破的板块给大家提供跟趋势赚钱的机会。除此之外，还要非常注意基本面的情况，如果基本面不够了解，那么放弃，或者做一波上涨就下车较为稳妥；如果对基本面的变化和股价进一步上涨预期有逻辑支撑，就像隆基股份和华贸物流那样，那么宁愿坐环路来回震荡，也不要轻易为了蝇头小利就中途下车！

十四、帝尔激光（300776）实战回忆（2020 年 12 月~2021 年 12 月）

对有的人来说，投资就是支付"智商税"的过程。当初亿联网络

（300628）一役之后，客户 B 在客户 A 的介绍下进了骗子的微信群，最后两个人都给骗子的 APP 里充了钱。朋友告诉我两个人本金都被骗光了，具体被骗了多少钱我也不好问，人家也不好说。怪就怪客户 A 这种人总想着走捷径，最后害人害己。我还纳闷为什么客户 B 消失了半年，原来在亿联网络上攒的利润都给骗子送去了。后来案子一直也没破，两人还因此产生了隔阂，客户 B 也消沉了好一阵子，直到年底前才找到我，说本金都被骗光了，现在要重新开始炒股，把以前的损失都赚回来。我忽然想起一个朋友圈的文案是这样说的：你无法赚到认知以外的钱，如果凭借运气获得了，也终究要凭借实力还回去。这个世界的公平之处就在于当你的财富和你的认知不匹配的时候，总会有几百种方法收回去。

芒格先生说"要让自己配得上自己想要的东西"。既然想赚股票的钱，就要让自己的能力配得上想得到的财富，不然凭借运气赚到的钱，早晚有一天还要凭借"实力"送回去。

（一）基本面硬逻辑是买入的信心——2020 年 12 月 23 日（22：00　盘后交流）

客户 B：中信证券的账户我存了 200 万元进去，庞老师你看接下来怎么操作？

笔者：按照我们前天见面时强调的重点，我希望你耳根不要软，承受波动、保持耐心，千万不要听大师告诉你赚钱更快的方法你再去尝试。明天早盘，我的想法是逢低买入帝尔激光（300776），考虑到你的风险偏好，我还不能直接把帝尔激光打满仓，但因为趋势已经突破，这里先半仓是合适的。

客户 B：好的，这只股票庞老师为什么看好呢？

笔者：我觉得这只股票未来的大趋势向上比较确定。从该股的图表趋势分析，帝尔激光上市以后一直有做局资金把持，在本次行情发动以前，股价在前期巨量换手位置上有效止跌并向上持续走强，做局资金一年半的隐忍终于收获了翻倍的浮盈。

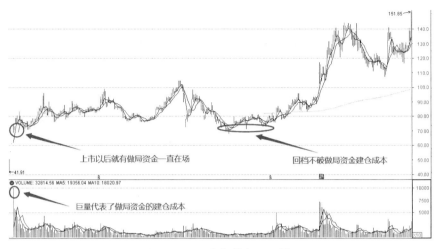

上市以后就有做局资金一直在场

回档不破做局资金建仓成本

巨量代表了做局资金的建仓成本

图 3-185　帝尔激光日 K 线

从基本面数据看，公司是光伏激光设备全球龙头；从下游客户看，公司绑定了隆基、通威、爱旭、阿特斯等全球龙头电池片厂商，2018年，公司 PERC 工艺市占率高达 77%、SE 工艺市占率高达 86%。也就是说，在下游光伏产业整体的业绩增长前景确定的环境下，帝尔激光作为这些龙头企业的设备供应商，如此高的市占率只要能够一直保持，持续增长预期就相对确定。现在的帝尔激光，就是光伏行业中最上游的卖水公司，未来光伏市场扩大，是它持续震荡走高的核心逻辑。我查了一下公司的公开资料，公司于 2020 年 11 月通过激励议案，设立考核目标2020~2022 年收入分别同比增长 35%、30%、31%。有券商根据公司的激励考核目标做出业绩预测，预计公司 2020~2022 年公司净利润分别为3.62 亿元、4.73 亿元、6.27 亿元，对应 EPS 分别为 3.42 元、4.47 元、5.93元，而今天股价收盘在 148 元附近，这个股价对应 2021 年的业绩还不到动态估值 35 倍 PE。要知道，近期隆基股份（601012）又一次新高是因为高瓴资本愿意动态 40 倍 PE 追涨买入 200 亿元，那么，与这个估值水平相比，目前动态 35 倍 PE 的帝尔激光真的不贵。

综合考虑，我觉得这种基本面硬逻辑下，前景已经明确的公司突破历史新高，这里先打半仓是合适的。

（二）利空出现，执行躺平策略——2021 年 2 月 3 日（21：00 盘后交流）

客户 B：今天的帝尔激光走势真的是惊心动魄啊！自从涨跌幅放大以后，我还是第一次吃到一天 16% 的跌幅，这种情况还有必要继续坚守下去吗？

图 3-186 帝尔激光日 K 线

笔者：接近 150 元的成本，今天跌到最低 107 元左右。其他光伏个股根本没跌，可是该股在公布消息之前已经跌了一波，想必有人已经提前知道公布减持的消息，先行杀跌卖股票了。我们现在这么说虽然没有实际的证据，但好多时候股票总是在利空前下跌，在利好前涨停，这种事情发生多了以后，投资者都不是傻子，当然可以猜到背后发生了什么。股市中突发利空和突发利好是我们控制不了的结果，这就像你做生意永远不会按照设计好的战略一帆风顺地经营下去一样。我非常看中基本面逻辑，因为我知道股票价格永远围绕价值波动，只要价值在持续增长，股价的安全边际自然提高。按照这个理念操作，即便突发因素影响了股票价格短期的波动，也要把这样的利好或者利空按照原则仔细衡量一番，再考量是否要改变交易策略。本次公司公告原始股东减持，其中，股东王烨减持 4208326 股，占总股本的 3.98%；股东苏州六禾减持 2493637 股，占总股本的 2.36%。事实上，这个举动并不意味着他们不看好公司的发展或者认定了股价高估，要知道目前税收政策下如果解禁股抛售，要征收所得税的。理论上讲，股价涨幅越大，交税反而越多。所以这里的减持假设是避税考虑，那么就不应该和所谓股东看好或者不看好公司的未来联系在一起。因为不看好要卖出是为保全利润，而看好未来要涨 10 倍或者 100 倍，那么现在更要卖出，只有卖出，换了账户持股，才能避免大幅度上涨以后缴纳更高的税款。只是一旦出现这种波动时，前面看好个股上涨的所有证据和方法都不能帮助我们避免突发减持造成的股价波动，所以目前的股价下跌我们没有办法规避，那么我们就必须接受这种波动，保持持股。经过连续下跌以后，目前股价对应 2021 年 4.47 元的每股收益预期，只有 20 倍市盈率左右，但它的增速预期是 30% 啊，显然这个定价往后看必然是低估的。所以，当波动发生时，什么也不要做，买完躺平是我的策略。

客户 B：好，一切听庞老师安排。

笔者点评：

这个市场是没有"神"的。买完就涨，被我们称为"择时技巧"。我们很多散户为了走捷径，去寻找各种"择时技巧"，然后讲择时的大师会给你举很多择时成功的案例，这样的技巧会是有效的吗？问题是世界上怎么会有"择时大师"？那不是早就该富可敌国了吗？所以不成功的案例他们会告诉你设置止损位，注意做好风控。可是当你真正去实践时就知道了，这种风控的概率和成功的概率基本上差不多，只是你一开始以为它的成功率很高，因为给你看的都是成功案例，是股民希望看到的；而你没看到，也不想看到的，是那些同样形态不成功的。所以千万不要因为自己看不懂股票趋势，就去学习"择时技巧"，那样会走更多的弯路。真正正确的选择是通过获得的信息理解基本的股价趋势方向，然后尽可能地做好择时的买点，然而也只是"尽可能"，剩下的由股价自身的趋势方向决定。主力资金的流入流出可以改变趋势的波动状态，但无法改变趋势的运行方向。当个股遭遇利空时,我们要分析利空是否会影响和改变现在的整体趋势,如果真的改变或者让一切充满变数,则必须要离场。如果没有改变,那么躺平或者等待是最好的策略。

(三)决定股价趋势的是预期——2021年5月18日(22:00盘后交流)

客户B:庞老师,我晚上看了一眼账户,你已经把共创草坪(605099)的持仓卖了,又买了帝尔激光。近期公司连续地公告股份解禁和大股东减持,补仓会不会有点早?

笔者:其实并不是刻意要针对帝尔激光进行补仓操作,昨晚和你聊过的,恰好共创草坪这里需要离场,这样手中又有了一部分资金。由于对帝尔激光未来持续看好,所以才继续买入。从周末公告看,本次实际可上市流通的股份数量为11274417股,占公司总股本的17.0501%,加上之前原始股东计划减持的部分,这对二级市场的股价的确造成制约,但这些因素不是股价持续下行的逻辑,真正决定股价上涨趋势的是持续的成长预期。

之前帝尔激光公告了第一季度业绩,公司营收大幅度增长了36%,这个增长数据和股权激励预期相一致。在光伏领域,激光企业是典型的"卖水公司",你们淘金子我卖工具,哪里有不赚钱的道理。除非光伏业整体不发展了,否则这种市场占有率非常高的绝对龙头,业绩增长是必然结果,所以这是我强调的"持续成长的预期"。

从帝尔激光的趋势状态看,我们在150元附近买入后,股价最低跌到99元,而99元的位置对应之前帝尔激光的巨量,显然已经到达了强支撑。但仔细想想,更合理的操作不应该是到达支撑位急于买入,而是真正企稳上涨再跟进去。恰好今天卖了共创草坪后,股价在解禁当日反而企稳上涨,于是上午115元附近,我进行了加仓操作。这个价格对应2021年机构研报4.47元的业绩预期,连30倍PE都不到,可公司未来几年的业绩增长预期却在30%以上,因此这个价格物有所值。

图 3-187　帝尔激光日 K 线

　　这些年我们买的股票一定有确定性趋势增长逻辑的，这样的个股才可以重仓，一旦市场的热钱和风口达到这样的持仓时，钱自然就赚到了。要注意的是，多少人炒股亏损，最大的问题是没有弄明白"股票的本质不是你怎么样去寻找更好的机会，或者更有优势的策略，而是谁能够更有效地做好不确定管理和规避风险"，所以投资是反人性的。正因为多数人不愿意付出这样的时间和精力去探索"如何有效规避和管理不确定性"，转而去追求"更快赚钱的技巧和看图方法"，那么最后啥也没得到。我们最有优势的方法，其实是选择不确定性更小的增长型行业的龙头企业，然后保持耐心等待就可以了。但等待的过程也许不是很轻松，比如说亿联网络、华贸物流一等就是两年，这样的操作既不会热热闹闹地去追击涨停板，更没有轰轰烈烈的利润暴增，就是买完不动，反而最后赚到了很多钱。所以，我们现在找到了帝尔激光的核心上涨逻辑以及合理的买入价格，那么剩下的就交给市场，用时间和耐心去验证我们的眼光，时间到了，利润自然有了。

　　客户 B：我现在根本就不担心跟着庞老师后会赚不到钱，只要不是给你添太多麻烦的情况下，你教我如何分析研究，让我有收获也有进步。在经历了这么多事情以后，发现自己的心态以及各方面都比以前要好很多，这离不开你耐心的教导，再次向你表示感谢。

（四）"轻松过头"出现以后，要做趋势的追随者——2021 年 7 月 12 日（18：00　盘后交流）

客户 B：今天帝尔激光创新高了，看了下换手率只有 3% 多一点，是不是庞老师以前说的"轻松过头"走势？

图 3-188　帝尔激光日 K 线

笔者：股价在极少的成交量水平下创出历史新高，是典型的"轻松过头"走势。有意思的是，"轻松过头"前的这一段上涨是在大股东减持、原始股东解禁和公司融资发行可转债的背景下实现的。还记得当初你曾担心大股东减持会压垮股价吗？实际上，不管是限售股上市减持，还是发可转债融资，都应该看作短期对股价的利空，可偏偏在利空不断的情况下，该股竟然创出历史新高，而且新高后的换手率又这么低，前面减持和解禁的股票数量那么大，这会儿又都到哪里了呢？显然，普通散户看到解套或者盈利时，是拿不住股票的，真正能够拿得住股票的人应该是有眼光和耐心的人，而且这些人之所以不卖出，一定是不认可这个价格是"高位"；这些持股者里也一定有很多人对公司的基本面比我们熟悉和了解得更深入，因此，在量能没有大幅度释放的情况下，股价轻轻松松就历史新高了。从整体走势看，股价在我们第二次买入后开启了单边上涨，在突破前期套牢盘前还有过一次冲高回落的试盘，显然机构在这里的突破有备而来。既然新高已经出现，基本面向好的逻辑未变，那么趋势大概率还要继续顺延下去，我们就做一个趋势追随者，耐心等待吧。

（五）想赚股票的钱就必须承受波动——2021 年 11 月 18 日（20：00　盘后交流）

客户 B：今天帝尔激光来了一个涨停，下午和朋友聊天的时候告诉他我的成本 130 元且重仓，目前涨停价格 190 元。我第一次拿到了 20CM 的涨停，更重要的是，我已经放下了追涨杀跌的念头，变成了稳定持股的投资者。这样的转变让朋友感觉很奇怪，还以为我有什么内幕消息。我从股价 150 元买完以后跌到了 99 元，然后从 99 元又涨到 203 元，203 元跌到 126 元后，重新回到今天涨停的 194.44 元，这来回的波动哪是一般人能受得了的啊？我和朋友说完 20CM 涨停以后，朋友还查了一下龙虎榜数据，晚饭时他说今天龙虎榜买家全是机构席位。庞老师，既然机构今天买得这么猛，你说会不会从这里放量启动，能否连续涨停啊？

笔者：能理解你说的来回波动的感受。实际上，之前标志性阳线突

图 3-189　帝尔激光日 K 线

破以后，股价从 160 元上涨到 203 元。然而趋势突破上去后，我也以为会在标志性阳线附近站稳，但股价还是从 203 元直接到了 130 元附近。我觉得创业板涨跌幅放大到 20% 后，似乎波动幅度也放大了。近期，我买的军工股也一直经历这样的震荡，但我们知道没有办法赚走波动的钱，所以来回做电梯的状态根本是无解。至于你说到的龙虎榜，我查了一下帝尔激光今天的情况，今天涨停买入前五的席位和卖出前五的席位都有机构席位现身，说明今天的涨停是机构对打的结果。现在新的买方机构进场建仓抢走了砸盘机构的筹码，新的巨量代表了新机构的建仓成本。你说的"能否连续涨停"，理论上有这种概率，但连续涨停的买法不是一线机构的投资风格，而是游资的投资风格。在没有游资加入抢筹的情况下，如果机构持续买入，若后面没有潜在利好，这种走势可以说是小概率事件。现在不要因为不符合实际的预期而搞坏了自己心态，进而影响到后续的操作，能否快速上涨，这种事情不要去想，有我们就笑纳，没有也要保持平常心。

表 3-4　帝尔激光 11 月 18 日交易公开信息

买 / 卖	会员营业部名称	买入金额（万元）	卖出金额（万元）
买一	机构专用	4727.99	0.00
买二	深股通专用	4339.62	5441.75
买三	机构专用	3162.24	0.00
买四	机构专用	2602.48	0.00
买五	华泰证券股份有限公司上海普陀区江宁路证券营业部	2391.47	0.00
卖一	深股通专用	4339.62	5441.75
卖二	机构专用	0.00	3918.93
卖三	中信证券（山东）有限责任公司淄博分公司	8.79	3025.73
卖四	长江证券股份有限公司武汉武珞路证券营业部	333.06	2554.69
卖五	机构专用	0.00	2444.28

客户B：心态不会坏掉的，自从你让我知道股票不能赚波动的钱后，我已经越来越不在乎个股的震荡了，今晚只是一时兴起和朋友吹吹牛，我会坚定地追随老师的步伐，雷打不动地在你的指引下坚定持股。

（六）帝尔激光的持股被"收藏"了——2021年12月29日（21：00　盘后交流）

客户B：最近很少关注股票了，今天偶然看了一下帝尔激光，股价又创了新高。可是你都不提这股票了，我想应该不是忘了，而是根本就不想卖！但我也好奇地问一下，什么时候才考虑卖出啊？

笔者：的确如你所说，真的不是忘了，而是打算"收藏"了。公司在2021年8月股价低迷时搞过一次可转债发行，募集20亿元用来扩产光伏设备生产。现在这个行业已经是"明牌"了，未来发展光伏战略确定的情况下，作为光伏上游的激光行业进一步发展是必然结果。虽然近期帝尔激光连续上涨，市值已经突破200亿元了，但如果从产业角度往下看，不可能光伏市场的上游龙头市值仅200亿元；如果从估值角度看，机构研报给予公司2022年的每股收益预测5元左右，但现在股价50倍市盈率和光伏龙头隆基股份的估值水平是一样的，由于未来市场将迎来进一步的货币投放，那么这里估值还有进一步走高的动能，而且行业未来有明确的上升空间，所以我基本上已经不太看它的价格波动了。

你有没有发现，当我们抛弃了追求市场波动差价利润以后，反而利润自己就找上门来了？我想之前巨量位置抢筹的主力资金，应该和我有一样的想法，都会觉得光伏设备这个市场的细分龙头200亿元估值应该是不贵的，所以之前增量资金和场内机构对打以后，目前一直在持股等待中，大家都不是只看眼前，而是静静等待帝尔激光利润有进一步的释放，股价向更高的地方前进。

客户B：那照你这样说，这只股票可以"收藏"了是吧？那收藏就收藏吧，我可以卸载股票软件了，正好手机都快没空间了。

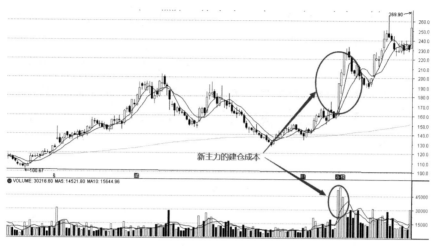

图 3-190 帝尔激光日 K 线

笔者点评:

在我做出买入决策时,我会把持续成长的基本面当成是个股非常重要的安全边际,这是为什么我在机构操盘 10 年没有被雇主炒鱿鱼的关键所在。因为有了基本面的持续增长背书,实战过程中容错率会大大地增加,即便是买入以后短期股价下跌,未来也大概率是在市场人气恢复后又能够获得可观的利润。选择投资品种时,一个行业的核心龙头在市场中获得比同类公司更高的估值溢价已经是市场常态了。因此选到市场龙头时,我们更多地应该看到未来的增长预期,只要短期估值水平和市值水平不是特别夸张,更多地应该以持股和做多为主。片仔癀(600436)2003 年上市以后,股价最低时跌到 9 元钱,那时候它 0.2 元的每股收益对应股价估值 50 倍,我看到这个估值水平大幅度高于同行,因此很草率地放弃了对它的研究。直到后来,我认识了一位买了 1000万股片仔癀的投资者,他跟我谈起公司产品发展的空间和核心竞争力,并且计划在片仔癀身上赚 1 亿元才考虑卖出。多年过去了,这位投资者1 亿元的目标早就实现了,而我已经错过了一次只需要持有行业龙头然后通过等待就可以轻松翻 10 倍的机会。

这里需要提醒读者的是:作为投资者,你必须清楚知道我们对诸多企业的基本面了解和认知都非常有限，就如同很多人连一个人说谎话还是说真话都判断不准，更不要说判断一个企业的发展动向或者未来趋势。因此在选股中我们更应该放弃对追逐差价的幻想，而应脚踏实地地研究到底哪些行业在未来有增长确定性，然后找到核心龙头躺平。至于"什么行业未来五年会好"以及"哪些公司是什么行业的龙头"这样的议题，我们在互联网的很多媒体上很容易就可以找到，只是一些急功近利的投资者不愿意去做研究分析。大家日后一定要和这些幻想着不劳而获的人区别开来，想做投资者赚钱，应该至少具备常识性的认知，这是最基本的。

十五、共创草坪（605099）实战回忆（2021年1月~2021年5月）

有没有注意过市场热点的炒作规律？往往市场在炒作大盘股时，小盘股就成为市场里没有赚钱效应的群体；同理，市场炒作小盘股时，大盘股也如休克一般死气沉沉。这个规律就像白天和黑夜永远在交替一样，反反复复在市场中持续发生。早在20世纪90年代末时，市场还是齐涨共跌市场，因为当时市场不到400家上市公司，每天的成交量只有几十亿元，因此钱来的时候，市场全部都在上涨，不需要特别明显的板块热点就能推动指数。而随着2000年后市场迎来货币供应和股票数量扩容的周期，市场从那时就彻底告别了齐涨共跌，迎来了分化炒作。再后来，行情来临时会根据炒作类别有不同的阵营，有时是题材股和价值形成了不同的阵营；有时是大盘股和小盘股形成不同的阵营；有时是绩优股和绩差股形成不同的阵营。如果我们想踏准市场节奏，往往在行情发动时，要先搞清楚哪些股票属于当期热点，哪些不属于当期热点，在市场对轮动方向形成时提前预判和准备。待到热点过热走向死亡、冷门股接力炒作成为市场热点时做好仓位切换，就可以实现踏准节奏，跑赢当期指数。

这种策略最主要的适用背景是大盘股，或者价值股持续时间较长，且市场处于货币投放周期阶段的上涨趋势里才可以应用。因为往往市场在上涨初期激活的都是价值股或者大盘股，随后因为连续上涨后获利盘开始从这些股票里退出，而此时因为行情还在继续，资金不想离开市场，因此热点自然会向小盘股或者题材属性板块转移。但市场处于下行周期时，经常会发生小股票和题材炒作在反弹周期涨幅领先市场，我们不可能在这种环境下还指望小股票或者题材股像大股票去轮动。所以，这个规律的应用一定要看准市场趋势，才能把握这种热点切换的机会。

（一）热点切换之前进行低吸潜伏——2021 年 1 月 15 日（20：00　盘后交流）

笔者：今天，我把买入帝尔激光（300776）余下的一半资金买入了共创草坪（605099），刚刚你给我发消息的时候我还在忙，现在有时间可以和你聊两句。

客户 B：你千万别嫌我烦就好，我就是想和你多学习买股票的方法。前几天你说过老学员 Varja 妈已经对这只股票进行了买入操作，今天终于看到我的账户里也有了。我这两天听你说过以后也观察了一下共创草坪，但实在是水平有限，没研究明白它到底是哪里好，还请不吝赐教。

笔者：关于共创草坪，实际上我关注了 3 只股票，并不是只有共创草坪目标股。但随着时间的推移，我发现只有共创草坪的逻辑和行业景气度更确定，所以重仓共创草坪。关于共创草坪的选股，有如下几个重点：

（1）基本面非常优秀。公司是做人造草坪的，目前行业排名世界第一。按照招股说明书中所披露的情况，公司 2016~2019 年营收和净利润都实现了持续稳定增长，其中，2019 年公司实现营业收入 15.5 亿元，同比增长 11.2%；净利润 2.8 亿元，同比增长 24.7%。虽然现在还没公布 2020 年全年业绩，但 2020 年前三季度净利润增长率高达 48%。上市募集资金的原因是公司业绩的进一步增长受限于产能的扩张，完成上市募集后将进一步地扩建产能，增长业绩。此外，营收数据表明新冠肺炎疫情并没有对公司的业绩造成明显冲击，未来产能扩张后还有机会抢走同行的市场。

（2）估值水平非常有优势。看了一下机构研报，有机构预计公司2020~2022年归属母公司净利润分别为4.07亿元、4.84亿元、5.79亿元，对应EPS分别为1.02元、1.21元、1.45元，目前买入价格对应2021年全年仅动态20倍PE。这个价格去买4000万股流通盘，业绩增速接近50%的次新行业龙头，如果不是市场热钱都在关注"核心资产"，如此拿便宜货的机会在上升趋势里肯定难得一见。

（3）一线主力资金驻扎迹象明显。正因为行业龙头低廉的价格和持续扩张产能的增长预期，公司在上市初期该股就迎来了主力资金入驻。从走势上看，该股上市次日打开涨停出现巨量换手，随后经过短期上涨后出现震荡回落，而回落的低点24元下方正是之前的巨量市场成本。这里的止跌动作很关键，表明有资金在维护前期巨量位置的买入筹码不被套牢。近期股价冲高后震荡回落，再度靠近前期低点，量能呈现了"量芝麻点"的特征，是上市以来的最低成交水平，表明阶段性市场抛盘已经殆尽。看来几番震荡以后，持股者心态趋于稳定，想必是一线机构上市以后大批量扫货的结果。

（4）大市值板块过热，未来或向小盘冷门板块切换，带来上涨契机。最近市场大股票连续上涨，其中，以隆基股份为代表的光伏、以宁

图3-191　共创草坪日K线

德时代为代表的锂电池，以及以贵州茅台为代表的白酒板块被称为"核心资产"。并且这些"核心资产"成为引领指数新高的主要力量。对应着两市上万亿元的成交水平和大盘股的领头上涨，小盘股在这种市场量能水平下是不受追捧的，因为它们整体的资金容纳程度非常有限，显得和大盘现在动辄上万亿元的成交水平"格格不入"。但大盘股激活的行情在未来势必要和小盘股进行轮动，隆基股份和贵州茅台最近都涨起来了，虽然不能猜测这里是上涨的顶部，但可以预计的是，未来这个板块一旦开始走弱，则小盘股的轮动机会就回来了。而对于共创草坪来说，它既是小盘股，也是次新股。大盘股向小盘股的轮动过程中，它上方没有明显套牢盘堆积，所以基本面和技术面都有突出且明显的优势。

综上所述，这样的个股既有足够的安全边际，又能够在接下来发生热点切换时有持续走强的硬性逻辑，现在的买入操作是低吸潜伏策略，只需等待市场主线从大盘股轮动到小盘股的契机。

（二）主升阶段已经开始了——2021 年 4 月 13 日（22：30 盘后交流）

客户 B：共创草坪股价最高已经突破了 40 元！回头看之前的买入位置，感觉这个买点可真是太牛了，妥妥地买在见底的位置。刚刚刷朋友圈，竟然刷到庞老师把共创草坪的 K 线图贴出来表扬它，这下觉得更有底了。虽然最近指数持续在调整，但你认为这里短线下跌以后还要新高，不然不会在朋友圈里贴图夸它，我分析得对吗？

笔者：哈哈，我能不能说看我朋友圈的这种分析方法真是太优秀了。在该股连续 3 个涨停以后，今天来了个低开大跌，但毫无疑问，我认为这只股票肯定还要涨！从整体趋势看，该股在主力底仓成本之上有效止跌，证明机构护盘明显。随后的次低点，就是我们建仓的位置，现在回头看，那里是个精彩的买点。我的搭档志强也问我，怎么当时考虑在那个位置买。这里只能说是常年的操盘经验积累帮助了我，正因为当年的失败，才有了现在的成功。那是 2007 年，我还在北京一家机构操盘时，曾经做过一只股票横店东磁（002056），当年的横店东磁是2006年上市的次新股，和现在的共创草坪如出一辙；而且市场背景也一样，都是大盘股作为主线热点向小盘股切换的位置。之所以那么多人喜欢技术分析，是因为"历史总是有惊人的相似之处"，你看看共创草坪和当时横店东磁的图表趋势，走势几乎都是一样。

看一下图3-193中所标注的位置，股价主力成本之上持续震荡，而震荡中曾经三次回踩颈线位置。由于当时的横店东磁正在第四次接近

图 3-192　共创草坪日 K 线

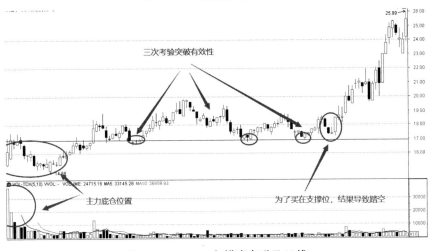

图 3-193　2007 年横店东磁日 K 线

支撑位，此时市场正在经历 2006 年底工商银行和农业银行的见顶，热点向小盘股开始切换。我知道真正适合它突破的市场环境要来了，但看着股价距离支撑位还有 2% 的距离，因此没有直接低吸，而是决定等它精确地再跌掉 2% 随即动手买入。可是 2006 年 12 月 26 日收盘前 40 分钟，股价突然急涨 6%，让我在没有准备的情况下被突然冲出来的多头资金"杀"了个措手不及。由于好的买点失去，导致后面只能在突破时做了一个追涨操作，而当时留给我的教训很深刻，就是不要打算把市场里所有的肉都吃干净！

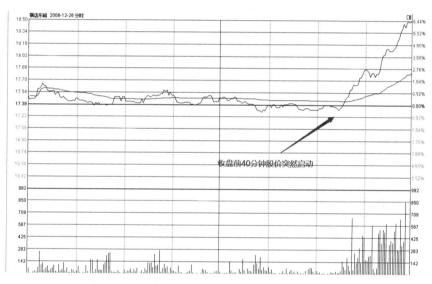

收盘前40分钟股价突然启动

图 3-194　横店东磁 2006 年 12 月 26 日分时走势

同样的环境和同样的市场背景，15 年后再看共创草坪这只个股，我不会再犯当年这种错误的。当我看到该股前期低点是 25 元附近时，26~27 元就可以动手了，所以才有了这样的结果。我觉得这个买点的操作，既有分析的逻辑也有运气的眷顾，当看到心仪的标的接近重要支撑并决定买入时，大可不必特别在乎两三个点的利润，这个交易习惯后来我一直保持了下来。

之前我们说到过，关于大股票向小股票热点切换是市场的必然结果。

然而前段时间贵州茅台和隆基股份一顿急涨，K线都快"站起来"了，就知道这些"核心资产"一旦调整，市场就面临风格转换了。我们简单地用贵州茅台和共创草坪进行对比。前面"核心资产"整体冲高，2021年2月10日春节前最后一个交易日到达顶点，2月18日春节后开市即告下跌，最终不是只有贵州茅台见顶了，而是形成了整个群体重要的顶部。

图 3-195　贵州茅台日 K 线

再看看共创草坪 2 月 18 日的位置。

图 3-196　共创草坪日 K 线

可以清楚地看到，大盘股见顶的日子正是小股票启动的位置。而且值得注意的是，这里共创草坪的起点正是指数的短期高点。因为前面"核心资产"是指数走强的主要做多力量，现在它们见顶下行也把指数给拉下来了。可是这种环境下，共创草坪是具备持续上涨条件的，主要有以下几个原因：

（1）全球陷入滞胀，目前货币泛滥的背景下，股市有很好的承接力，所以阶段性的指数走势有些糟糕，但不会出现大的下跌风险。

图 3-197 上证指数日 K 线

（2）正因为近期指数走势显得糟糕，共创草坪在这样的背景下逆势上涨。但它并不是题材炒作，而是真真切切的成长股。公司在 4 月 8 日公告 2020 年业绩增长 44.38% 的基础上，又预告 2021 年第一季度业绩增长 40%~50%，于是彻底激活了股价，产生连续涨停板。按照年报和业绩预告的结果看，公司目前股价在对应 40% 的业绩增速基础上，目前动态估值是 35 倍 PE，股价并不高估。

（3）从主力意图看，前期做局主力进场以后，股价持续在其成本区之上震荡半年后刚刚向上突破。如果从"主力三阶段"理论看，股价在做局资金打了底仓的位置为"第一阶段"；随后在成本区之上看到市面上有很多公司的研报推荐，是"第二阶段"。那么主股价主升趋势的

"第三阶段"是否会在后面出现？你看共创草坪现在刚刚突破盘区，机构进场后在业绩和增长都符合预期的情况下，还没有明显的主升浪。

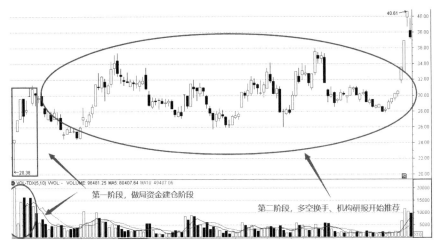

图 3-198　共创草坪日 K 线

所以，从市场环境、业绩增长和主力意图看，这只股票不符合卖出止盈的条件。我们建仓以后，股价也从 25 元涨到 36 元附近回落，但我们之所以忍着没有操作，正是因为在等它业绩落地以后资金进场的主升浪。现在看，好的业绩增长引发的资金流入使股价被激活，主升浪已经上路了。

（三）公开直播上喊话清仓——2021 年 5 月 17 日（22：30 盘后交流）

笔者：和你打个招呼，明天我要清仓共创草坪了！而且今天晚上做了一个关于市场的公开直播，我直接在直播上喊话粉丝和持股共创草坪的学员，我们明天要清仓，不知道这样算不算是太高调。

客户 B：啊！清仓共创草坪，是不看好它了，还是要买别的股票？

笔者：是这样的，最近两天我一直在考虑这个交易，下午的直播喊清仓，是经过明确的深思熟虑后的结果。其本意是告诉粉丝们，小盘股整体我看热点切换，所以前期上涨过的小股票这里要有调整预期，希望近期和我保持同步思路的同学能对小股票的热点切换有提前准备。

客户 B：这两天指数涨得挺好，但今天大盘上涨可个股基本都是下跌的，共创草坪连着两个涨停后，基本上有近 80% 的盈利，我以为这个成本要拿到翻倍呢，如果是预计热点要切换而卖出股票，那么通过什么样的分析，可以知道热点要切换呢？

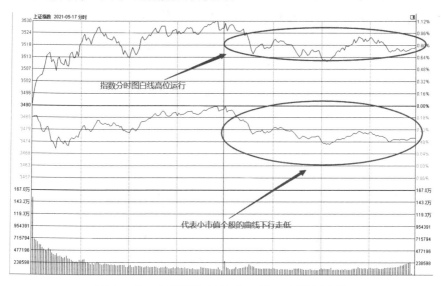

图 3-199　上证指数 2021 年 5 月 17 日分时走势

笔者：不能这样概括，一定不是单纯地因为热点要切换就卖出股票。其实正如你所说，今天的指数涨得很好，但黄白线分化严重，显示流入的资金在这里主要买入的方向是大盘股。因为新冠肺炎疫情，现在全球货币供应量都很大，所以流动性好的情况下，大股票的资金容纳性更具备优势，而我们对小盘股的操作其实没有绝对优势，我们只是找到板块轮动节奏做了一下小股票而已。这两天市场一起来，我觉得资金未来还是要买入流动性好的大股票，前段时间只不过是在大股票调整的背景下，共创草坪的主力打了个时间差进行一波上涨，但现在大盘开始走好，一旦资金开始流入大股票，那么共创草坪是有调整压力的。

这只是原因之一，我肯定不会仅仅是预期市场震荡，就把共创草坪清仓。这里除了短期大盘股的资金回流和热点切换，还有两个更重要的原因：

第一，资金的手法，共创草坪经过这波上涨以后，日线趋势上走了一个典型的"主力三阶段"走势。然而最近三天，该股走了一个大阴下跌，然后快速涨停收回，今日又涨停突破新高的走势。乍一看可能看不出有什么不正常。但这个走势让我想起一位张姓操盘手，在 2003 年时有幸与他共事一年多，他特别喜欢这个操盘手法，我当年在多数个股上见识过的。其原理是下跌释放了短线想逃跑的获利盘放任股价落体，随后大阳反包则立刻吸引短期市场的情绪资金和打板高手关注，创新高后在涨停板上把筹码分发给这些打板型短线散户。这个操盘方法当年通过短线运作使得机构有效地实现了高位减仓。今天的走势是涨停在下午打开，让我立刻找到了"熟悉的味道"。

图 3-200　共创草坪日 K 线

第二，如果"熟悉的味道"只是感觉，它并不可靠。更重要的原因是近期宏观面的经济滞胀已经开始了。滞胀最终要从下游向上持续地传导到原材料领域，共创草坪的原材料是化纤化工，恐怕接下来我们要迎来股价上涨后的成本上涨。因为我不是专业的研究员，对公司成本上涨造成的具体影响并不是很了解，但连续上涨以后估值水平已经明显提升，而后滞胀的压力肯定在股价趋势上有所反映，因此这种不确定性是我考虑离场的因素之一。

所以，把这些碎片化的信息揉合在一起进行权衡，我今天通过喊话

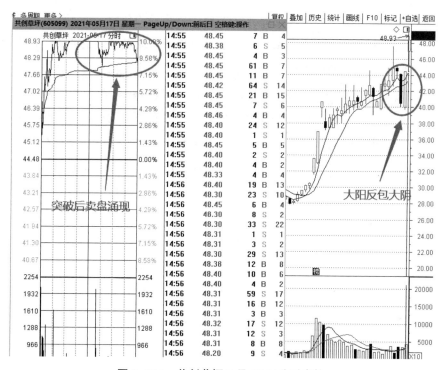

图 3-201 共创草坪 5 月 17 日分时走势

明日清仓共创草坪以提示大家规避小股票、规避原材料上涨预期下的中游制造业股票，明天的操作我一定也会这样做，这就是知行合一。

客户 B：那么如此说来，帝尔激光要涨 50% 才回本，要不要也先卖了？

笔者：当然不会卖出，因为我不了解共创草坪下游的客户需求，这个行业小众到我在百度上没有找到相关的行业数据资料。但帝尔激光完全不同，因为下游光伏企业未来需求的前景明确，只要下游需求确定增长，那么未来即便原材料涨价也可以轻松地把成本向下游转移，而共创草坪因为不了解，所以才先卖掉。目前我觉得帝尔激光已经回调到位了，本次清仓共创草坪后，正好是加仓帝尔激光的机会，具体我们卖光以后再看。

笔者点评：

我在 2021 年 5 月 17 日公开直播中提出我们次日冲高清仓共创草坪

的交易，回头看卖的正是最高点。这个既是正确的分析，也有巧合和运气。我从未想过一定要把上涨的股票卖出在某一波趋势的最高点，而是客观地考量自己的认知能力和客观地预估未来可能发生的各种情况做交易决策。本章的重点是把基本面和市场面以及板块轮动的分析综合应用，分析框架对于初学者会显得比较复杂，但它是我们整个操作的真实记录。其中，板块轮动规律在本章节首次提出，但它一直在市场的波动过程中反复发生。大家可以复盘2015年1月7日以中信证券为代表的大盘股当日的位置和后来的小盘股龙头恒生电子、同花顺等个股位置，你会发现我所分享给大家的方法，不管是本章中举例的2006年横店东磁还是2015年的恒生电子，其背后的逻辑和方法的持续应用从过去十几年到现在一直反复发生，未来还会在市场中反复出现。投资者应该举一反三，综合书中总结的其他知识点，在同样的机会再度来临时给予重点把握。